최고의
직장인

선배도
알려주지 않는
직장에서
인정받는 비법

최고의
직장인

BEST OFFICE WORKER

김진석 지음

휴엔스토리

현실적이고 실질적인
대안을 제시하다

직장의 개념이 변모하고 있다. 한곳에 정착하여 평생 동안 직장 생활을 한다는 것은 옛말이 되었다. 직장보다는 스스로 오랫동안 할 수 있는 직업을 가지는 것으로 선회하고 있는 추세다. 직장은 경제생활을 할 수 있는 기반과 미래의 비전을 달성하게 해주는 곳이다. 선망받는 안정된 직장에 입사해서 사회생활에 첫발을 디뎌 인정받는 직장인이 되고 싶은 것이 우리 모두의 희망이다. 어려운 관문을 통과하여 기대를 품고 설레는 마음으로 입사한 직장은 냉온이 수시로 교차하는 전쟁터를 불사하는 현장임을 간과하기가 어려운 것이 사실이다.

"이 자리가 꽃자리"라는 말이 무색할 정도로 평생직장이 사라진 작금의 상황은 밀레니얼 세대가 사회에 진출하면서 직장의 가치관을 변화시키고 있는 이유도 있다. 직장 생활을 하면서 받는 급여의 1%가 자신의 일에 대한 대가이고 99%는 직장 상사에게 깨지는 값이라는 말이 있을 정도로 직장 내의 보이지 않는 갈등은 심하다.

"최고의 직장인"은 활기차고 신명 나게 직무를 수행하면서 성과를 창출하여 인정받아 리더 반열 오를 수 있는 노하우를 사실적이고 현실감 있게 표현한, 직장인이 반드시 알아야 할 지침서다. 직장 생활의 모든 것에 대해서 이론적인 지식에서 벗어나 현장에서 발생하고 있고 실제 행해지고 있으며 앞으로도 지속적으로 발생할 일들에 대해 그럴 수밖에 없는 이유와 대안을 현실적으로 기록 정리한 직장 생활의 수칙이다.

이런 직장인에게 이 책을 권한다.

1. 사회에 첫발을 디딘 직장인
2. 빠른 안착을 바라는 이직 직장인
3. 상사로 인해 스트레스가 심한 직장인
4. 멘탈이 약한 직장인
5. 대인 관계가 원만하지 못한 직장인
6. 협업이 안 되는 직장인
7. 소통을 잘하지 못하는 직장인
8. 센스가 없는 직장인
9. 퇴사를 입에 달고 사는 직장인

10. 인정받고 싶은 직장인

11. 직위가 높은 직장인

12. 리더가 되고 싶은 직장인

직장은 이익을 창출해야 존립의 가치가 있는 조직체다. 직장에서 남보다 앞서가고 인정받고 싶은 욕망은 직장인이라면 누구나 가지는 공통점이다. 직장은 구조적으로 경쟁을 할 수밖에 없게 형성되어 있다. 해결하고 실천해야 할 일이 무수히 많이 발생하며 직무와 관련이 없는, 일 외적인 일로 인해 스트레스를 받을 수밖에 없는 조직이다. 이런 점을 해소하는 데 도움이 될 수 있게 해결 방안을 제시하는 데 초점을 맞추었다.

이론적인 표현은 완전히 배제하고 직접 직무를 수행하면서 겪은 사실 위주로 집필하였다. 현장 사례와 직장인이 해야 할 수칙을 요약 정리했으며 뜬구름 잡는 원론적이고 학술적인 내용에서 벗어나는 데 주안점을 두었고 독자가 공감할 수 있도록 하는 데 주력하였다. 오랫동안 직장현장을 직접 경험하지 않고서는 교과서 같은 조언밖에 할 수 없다. 그런 말은 현실과 동떨어질 수밖에 없는 내용이 되기에 이 점을 배척하는 데 심혈을 기울였다.

직장은 학습하는 장소가 아닌 실전의 장이다. 힘들게 예선을 통과하여 월드컵 본선 무대에 오른 11명의 선수와 같은 위치라고 여기고 직무를 수행해야 하는 곳이다. 갖추고 있는 실력과 능력 및 역량을 발산하는 장소다. 잠재 능력을 발휘하여 성과를 내도록 인원을 적재적소에 배치하여 시멘트 길을 아스팔트 길로 조성해 주어야 하는 리더의 역할과 책무에 대해서도 심도 있게 피력하였다.

직장은 신입 사원을 채용해서 육성하고 전문 인력으로 양성해서 성과를 내게 하는 것이 효과적이다. 경력 사원은 새로운 문화에 적응하기가 생각처럼 쉽지 않고 기대치가 높아서 안착하기가 쉽지 않다. 신입과 경력으로 입사한 직장인의 빠른 적응과 정착에 실제로 도움이 되는 태도 및 실행할 일을 강조하였다. 직장 경험으로 터득하고 축적한 지식과 지혜를 바탕으로 직장 현장에서 실제 일어나고 있는 일들에 대해 직장 상사가 곁에서 말해주는 것 같이 느낄 수 있고, 이해하기 쉬우며, 수긍이 되어 피부에 직접 와닿을 수 있도록 생활에서 사용되는 문장 및 어휘를 사용하였다. 일반적인 직장인의 자기계발서 내용에서 완전히 탈피하여 생동감 넘치게 기록하였다.

직장은 문제가 없는 것이 문제라는 말처럼 항시 해결해야 할 일이 발생하게 되어 있다. 탁월한 직무 역량과 멘탈을 유지하면서 센스와 눈치 있게 열정적으로 일의 강력한 실행을 할 수 있느냐가 직장에서 상대적으로 스트레스를 덜 받으며 인정받을 수 있는 관건이라 할 수 있다. 직장인이 주어진 직무를 잘 완수하기 위한 힘과 기량을 배양하여 신망받는 직장인이 되는 데 길잡이가 될 수 있도록 직장 생활의 전부를 가감없이 다루었다.

살아온 환경과 성품 및 가치관이 전혀 상이한 사람들과 어울리며 주어진 일을 완수해서 가치를 인정받아야 하는 직장에서 직장인의 역량을 증대시켜 신명 나게 일하면서 인정받아 잘나가는 직장인이 되는 데 도움을 주리라 확신하며 독자 모든 분이 리더의 반열에 오르기를 희망한다.

이 책을 접한 모든 분의 축복과 행운을 진심으로 기원한다.

김 진 석

차례

─┤ Chapter 1. ├─
직장에 대한 이해: 직장이란 무엇인가

Chapter 2.
직급별 직장 생활 비법

Step 1. 신입 사원에게 가장 필요한 직장 생활 꿀팁

Step 2. 과장보다 일 잘하는 대리

Chapter 3.
직장 생활 핵심 키워드

Step 1. 소통 : 직장인의 소통 능력은 직무 완수의 초석이다

Step 2. 보고 : 직장 생활은 보고에서 시작해서 보고로 끝난다

Step 3. 센스 : 눈치만 있으면 중간은 간다

Chapter 4.
최고의 직장인: 당신은 프로인가? 아마추어인가?

Step 1. 남이 못 하는 것을 할 수 있어야 프로 직장인이다

Step 2. 프로는 사물을 보는 눈이 다르다

Step 3. 고객을 감동시키는 직장인이 진짜 프로다

Step 4. 프로와 아마추어는 전문성과 역량에서 결정된다

Chapter 1.

직장에 대한 이해 :
직장이란 무엇인가

직장의 특질

직장은 타인에 의해 만들어진 건물 및 조직을 통칭하고 개인의 능력에 따라 일정한 보수를 받고 맡겨진 직무를 수행하며 생계를 유지시켜주는 일과 꿈의 터전이다. 직업을 가졌다는 것은 혼자서도 할 수 있는 기능과 경험 및 지식을 갖추고 경제생활을 영위해 갈 수 있을 때 사용하는 말이다.

사회는 통념적으로 직장에 다닌다고 하면 직업이 있다고 판단한다. 직장과 직업은 깊게 보면 다르다. "직장은 영원히 나를 보장해줄 수 없지만 직업은 나를 영원히 보장해줄 수 있다." 하는 말이 있다. 자신만의 기술을 지니고 있어야 오랫동안 직업을 가져서 삶과 보람을 느끼게 한다는 말과 같다. 현실적으로 볼 때 직장보다 직업이 더 중요하다고 할 수 있다. 장기적으로 직업이 직장보다 자신을 더 책임져줄 수 있기 때문이다.

이런 영향을 받아 직장을 직업을 가지는 수단으로 여기는 경우가 많아졌다고 할 수 있다. 한 곳에서 일평생 모든 것을 쏟아붓지 않겠다는 것을 방증해 주는 결과이다. 여러 여건상 한 직장에서 정년을 맞는다는 것이 현실적으로 쉽지 않다. 자의든 타의든 주변 여건과 환경 및 분위기가 자신에게 불리하게 되어 버리는 경우가 많기 때문이다. 국가에 귀속되어 있는 직장은 덜한 편이다.

1980년대부터 2000년대 초반 사이에 태어난 밀레니얼 세대가 직장이라는 개념을 변화시키고 있다. 일과 삶의 균형이라는 워라밸이 유행하고 있어서 일보다는 삶을 더 중시하고 있는 세대다. 취업난이 가중되어 직장을 아예 포기하는 경우도 있지만 사회에 발을 디디면서부터 혼자 경제 행위를 할 수 있는 직업을 가지려는 생각을 하고 있는 경우가 생각보다 많은 실정이다. 자영업자가 증가하고 있으며 한 직장에 얽매여 아침부터 저녁까지 생활하는 것에서 벗어나 자유로운 프리랜서가 직종마다 대세로 자리 잡아가고 있는 것이 이를 증명해 주는 결과라고 할 수 있다. 점점 직장인이 줄어들고 직업인이 증가하는 시대로 접어들었다고 말할 수 있다.

하지만 아직도 대다수는 직장인으로서 삶과 경제생활을 영위하고 있는 것이 현실이다. 생존 경쟁이 치열한 직장에서 살아남기 위해 많은 직장인이 지금도 불철주야 혼신을 쏟고 있는 형국이다. 직장에서 인정받고 출세하기 위해 동료를 누르고 올라가야 하는 일이 다반사로 일어나고 있다고 해도 지나친 말이 아니다.

직장이 지니는 속성은 일반 조직과는 상이한 면이 많다고 할 수 있다. 직장은 친목 단체가 아니고 하나의 목표를 이루기 위해 프로들이 모인 조직체이다. 신입 사원 시절을 벗어나서는 기업의 근본적인 목적인 수익 발생에 기여하는 것이 직장인의 책무이다. 자신이 받는 급여의 3 배 이상 이익 창출을 하는 데 도움을 주겠다는 생각을 가지고 직장 생활을 해야 한다.

직장에서는 정해진 호칭이 있다. 직위, 직급, 직책으로 나뉘어 불리고 있는데 직위는 직장인의 위치를 의미한다. 직장에서 승진했다고 할 경우 직위가 올라갔다고 본다. 직위에는 기업마다 다소 차이는 있을 수 있으나 대체로 사원, 주임, 대리, 과장, 차장, 부장, 이사, 상무, 전무, 부사장, 사장, 부회장, 회장 순으로 구성되어 있다.

직급은 급수와 몇 호봉인지 알고 싶을 경우 사용된다. 예를 들어 대리 2호봉, 과장 3호봉을 뜻하는데 실상은 대리, 과장이라고 호칭하지 대리 2호봉이라고 부르지 않는 것이 일반적이다. 직급이 무어냐고 물으면 "대리 3호봉입니다." 라고 말하지 않고 "대리입니다." 이렇게 말하기 때문이다.

현업에서는 직위보다는 직책을 더 부르고 있는 편이다. 직책은 책임과 권한을 뜻한다. 직책에는 팀장, 파트장, 본부장, 실장, 사업장 등이 있는데 회사 여건에 맞게 조직편제를 두고 있다. 직장에서 직책과 직위는 병행하여 사용되고 있다. 일반적으로 직장에서 대체적으로 직위가 무어냐고 묻는 것보다 직급이 무어냐고 묻는 경우가 많은 편이다. 직급이 직위를 대신하고 있다.

입사의 진입 장벽이 회사마다 상이하며 복지와 처우가 다른 것을 제외하고는 조직 체계를 비롯하며 직무와 일상생활 자체가 흡사하다고 단정 지을 수가 있는 곳이 바로 직장이다. 직장 생활을 하기로 마음을 정한 이상 직장에 입사하면서부터 직장관을 지혜롭게 지닐 필요가 있다. 어느 직장이고 받는 스트레스와 겪는 갈등은 대체로 유사하다는 것을 빠르게 간파하는 것이 중요하다. 누가 먼저 눈앞에 닥친 스트레스를 극복하고 헤쳐나갈 줄 아느냐에 따라 출세 가도에 한발 가까이 가게 되어 안정적인 삶을 영위해 갈 수 있는 기회를 잡을 수 있게 되어 있다.

직장은 어느 곳이고 직장의 범주에서 벗어나기가 힘들고 샐러리맨은 샐러리맨의 범주에서 벗어날 수가 없다. 직장 생활에서 내가 변하지 않고는 그 어떤 것도 원하는 바를 이루기가 어려우므로 자신을 먼저 깨닫고 스스로 변화하려고 노력하는 것이 필요하다. 깨달음이 무언지 모를 경우에 변화하기가 힘들고 변화하는 것조차 느끼지 못해서 하던 일만 반복하며 매너리즘에 쉽게 빠지게 된다. 내가 처한 상황과 나의 심리 상태와 앞으로 나갈 길에 대해 나 자신밖에 알 수가 없어서 무슨 일이든 결국은 자신이 결정해야 하는데, 이 과정에서 지속적인 자기 계발이 요구되는 곳이 직장이다.

직장은 무언가를 배우러 오는 학교 같은 곳이 아니다. 갖추고 있는 능력과 열정을 쏟아부어 성과를 창출하여 수익을 내는 데 일조를 하는 장소이다. 단 신입 사원은 직무를 이해하고 적응하는 데 일정 시일이 소요된다고 볼 수 있다. 직장인은 맡겨진 직무 수행을 잘해서 성과를 낼 수 있어야 한다. 직장은 이익 창출이 우선시 되어야 하는 조직이다.

직장은 일을 가르치며 급여를 주는 곳이 아니라는 것을 직장인은 염두에 두고 직장 생활을 해야 한다. 경력으로 입사한 어느 직원은 "잘 가르쳐 주세요. 열심히 배우겠습니다."라고 말하는 경우가 있다. 피해야 할 말이다. 보이지 않는 경쟁이 도사리고 있는 곳이 직장이기에 동료 및 후배 직원에게 쉽사리 모든 것을 전수해 주지 않게 되어 있는 곳이라는 것을 모르고 하는 말이다. 직장인은 스스로 찾아내고 묻고 알아내서 효율적인 안을 모색하여 실행할 수가 있어야 한다.

직장 생활 하면서 상사와 동료가 업무를 완벽하게 교육해 주고 알아듣게 알려준다고 생각해서는 안 된다. 가족이 아닌 이상 사회생활을 하면서 누군가가 축적된 지식과 경험을 자신에게 전수해 준다는 생각 자체가 오산이다. 직장은 나만의 고유한 노하우를 지니고 싶은 성향이 강하게 나타나고 있는 조직이다. 대다수가 승진이라는 울타리를 남보다 먼저 넘고 싶다는 열망을 가지고 있기 때문이다. 직장 생활을 하면서 업무에 대한 지식은 스스로 눈치껏 배우도록 해야 한다. 상사는 큰 틀에서 방향을 제시해줄 뿐 상세하게 학습시켜 주는 일이 드물기 때문이다.

직장 업무는 매일 새로운 지식을 요하는 것이 아니기에 직무 능력이 일정한 궤도에 오르면 그 후는 손쉽게 더 큰 역량을 배양하게 되어 있다. 그 시점에 도달하기까지 전반적인 직무 지식을 쌓을 수 있도록 노력하는 것은 순전히 본인 몫이다. 이 점을 직장인은 가슴속 깊이 새길 수 있어야 한다.

직장에서 현재 어떠한 일을 하든지 향후 반드시 도움이 되므로 맡은 일을 완벽하게 내 것으로 만들어 놓는 것이 필요하다. 사람은 무슨 일을 해도 만족하기가 쉽지 않으므로 그 속에서 만족도를 높이려는 자세가 필요하다.

지금 투자하는 시간과 자본은 그냥 날리는 것이 아니다. 먼 훗날 자신에게 플러스 요인으로 작용하여 돌아오게 되어서이다. 직장 생활에서 내공은 필히 쌓아 두어야 한다. 힘든 일과 많은 업무를 경험하면서 상사로부터 핀잔을 들으면서 쌓이게 되는 것이 내공이다. 직장에서 내공은 절대적으로 지니고 있어야 할 요소이다. 내공이 있어야 직장 생활을 하면서 스트레스를 줄일 수가 있는데 누구나 신입 때는 쉬운 일이 아니기에 받아들이려고 노력하는 자세가 필요하다. 스스로 이겨내서 남보다 빠르게 내공을 쌓으면 직장 생활에서 스트레스를 덜 받아가면서 일을 할 수가 있다. 내가 받는 급여의 99%는 상사에게 야단맞는 값이고 1%가 일에 대한 대가라고 생각하고 직장 생활을 하는 것이 지혜로운 처사이다.

어느 일정한 틀 안에 가두어 놓으면 나가고 싶고 자유를 주어 풀어주면 다시 누군가의 지휘를 받는 조직의 틀 안으로 들어오고 싶게 되는 것이 인간의 마음이다. 이 자리가 꽃자리라는 말을 직장인은 늘 염두에둘 필요가 있다.

상사의 선택과 교체

직장을 선택할 권리는 각자에게 주어지지만 직장에서 근무하는 상사는 자신이 선택할 수가 없고 교체가 어렵다. 입사한 후 자신의 의지와는 무관하게 만난 상사와 마주앉게 되는 곳이 직장이다. 직장은 어찌 보면 교묘하게도 성격과 가치관 및 인생관이 부합하지 않는 사람들로만 모여진 집단이라고 착각할 정도로 마음에 들지 않는 사람들이 모여서 일을 하는 곳이다. 동질감이 적은 집단에서 서로 시너지가 나오게 하여 조직의 목적을 이룬다는 것이 말처럼 쉽지 않다. 그 가운데 일보다는 일 외적인 갈등이 산재하여 스트레스 속에 하루를 보내는 직장인이 의외로 많은 것이 직장의 실상이다.

대우가 좋고 일이 적성에 맞아도 직장 내에서 직속 상사에 대한 갈 등이 심하면 일의 성과를 내고 직장에 정착하기가 만만치 않다. 또한 상 사가 아무리 잘해주어도 일에 대한 만족을 느끼지 못하면 역시 버텨내 기가 힘든 곳이 직장이다. 이 두 가지를 잘 견뎌내서 슬기롭게 헤쳐나가 일과 사람에 대한 신뢰를 상사로부터 받을 수 있어야만 소위 잘나가는 직장인, 인정받는 직장인이 될 수 있는 것이다.

직장 상사는 내가 바꿀 수가 없다. 내가 맞추어 나가야 한다. 직장 상사와 일적으로 문제가 있을 시 차상위자는 상사의 손을 들어주게 되 는 것이 조직의 생리이기 때문이다. 상사가 차상위자에게 자신의 입장 을 어필할 기회가 많기에 아래 직원이 불리하게 될 수밖에 없는 이유도 있다. 직속 상사와의 갈등이 있을 때 자신의 잘못이 없다고 객관적인 판 단이 들어도 차상위자는 직속 상사의 손을 들어줄 수밖에 없는 것이 직 장 조직의 생리임을 인정하면서 직장 생활을 하는 지혜가 필요하다.

특별한 경우를 제외하고 상사보다 직원의 손을 들어주는 회사는 지 휘체계가 근본적으로 미흡한 조직이라 할 수 있다. 직장 상사는 부하 직 원에게 잘해주는 사람이 아니라 직원이 잘되게 해주는 사람이 되어야 한다. 직장 상사는 과정보다는 결과를 보고 평가하게 되어있고 직장 동료는 과정을 보고 말한다는 점을 염두에 두고 일을 할 수 있어야 한다.

직장에서 일 외적인 부분으로 스트레스를 받는 원인이 직장 상사 때문인 경우가 많다. 직장에서 퇴사하는 근본적인 이유는 주어진 직무보다는 직속 상사와의 갈등 때문인 경우가 많다. 직장인은 상사와의 코드가 맞지 않아 받는 스트레스는 말로 표현하기 힘들 정도로 힘들다는 것을 경험하게 되어 있다. 상사에게 코드를 나 자신이 맞추어가는 지혜가 필요한 곳이 직장이다. 직장에서는 차상위자보다는 팀 내 바로 위의 직속 상사가 영향을 가장 크게 주게 되는 구조로 체계가 잡혀있기 때문에 상사가 유리할 수밖에 없는 것이다.

직속 상사는 실질적인 실무를 지시하고 확인하는 위치에 있기에 업무적으로 지적을 하다가 보면 본의 아니게 일 외적인 부분까지 나무라게 되는 일이 있다. 또한 상사의 개인적인 감정이 앞서서 공연히 나무라서 이탈시키려는 의도가 숨어 있는 경우가 있다. 상사로서 꾸지람을 하다 보면 자신도 모르게 해서는 안 되는 말까지 하게 되어 상대방 가슴에 비수를 꽂아서 퇴사를 결심하게 하는 주된 원인을 제공하는 경우가 많다. 상사와 나 둘 중 하나는 언젠가 인사 발령이 난다는 생각을 가지고 헤쳐나갈 수 있는 내공을 지니는 것이 중요하다.

직장 생활을 하다 보면 신입 사원 때는 입사를 잘한 것 같고 비전이 보이는데 직급이 올라갈수록 후회하고 실망하는 일이 있어 두 발을 담그지 못하고 한 발은 항시 밖에 두고 있으면서 이직을 생각하고 직장 생활을 하는 경우가 의외로 많다.

직장에서 어느 정도 직위가 오르기 전까지 업무로서 두각을 나타낸다는 것이 구조적으로 힘들다. 특히 대기업일수록 더하다. 누구나 겪어가는 과정이라 여기고 때를 기다릴 줄 아는 지혜가 필요하다.

첫 직장의 비중

사회생활을 처음 하는 사회 초년생은 어느 첫 직장에서 어느 상사에게 어떻게 직무를 배웠느냐가 평생의 직장 생활에 영향을 끼치게 되어 있다. 자신도 모르게 몸에 익숙해져서 같은 행동이 반복적으로 나타날 수 있어서이다. 그래서 첫 직장 선택이 중요한 것이다.

사회에 첫발을 디디는 경우 전문직과 자영업을 제외하고는 대다수가 직장의 문을 두드리게 된다. 입사를 희망하는 인원보다 채용할 수 있는 직장의 여력이 한계가 있어서 희망하는 직장에 입사를 한다는 것이 결코 쉬운 일이 아니다. 입사 후에도 직장인들은 동료와 때론 후배와 끊임없이 승진이라는 둘레에서 상호 경쟁해야 한다. 자신만의 차별화된 실력을 갖추고 있어야 인정받을 수 있는 곳이 직장이다. 자신의 소질을 발휘할 수 있는 업종과 직종을 결정하여 첫 직장을 선택하는 지혜가 필요하다. 경제적인 사정이 크게 좌우하지 않는다면 길게 보고 장기적인 안목에서 직장과 직업을 정할 수가 있어야 한다. 1년, 2년 빠른 것이 한평생을 놓고 보면 그렇게 중요한 시기가 아니기에 그렇다고 할 수 있다.

직장 생활을 하면서 능력 있는 상사를 만나는 것이 복이고 능력 있는 상사에게 인정받는 것은 더 큰 복이다. 첫 직장은 더욱 그렇다. 첫 직장에서 1년 정도 근무하면서 터득하고 학습된 직무 경험과 직장 노하우는 향후 30년 이상의 직장 생활에 큰 밑거름이 된다고 해도 과언이 아니다.

직장 생활은 학교생활에서 배운 지식을 활용하는 것이 아니고 일을 효율적으로 처리해 성과를 내는 결과물을 만들어 내는 장소이기 때문에 스펙이 좋으면 인정받는 직장인이 되기에 용이하다고 단정 짓기 어렵다. 현안 문제점을 찾는 기술을 배우고 대안을 찾고 처세를 배우며 의사결정을 내리는 시기와 내용을 합리적이고 효율적으로 습득하는 것이 중요하다. 이는 유능한 상사에게 배워야 하는 내용이고, 그래야 인정받는 직장인이 될 수가 있기에 상사를 누구를 만나느냐가 큰 영향을 미친다고 할 수 있다.

현대는 한 직장에서 평생 동안 근무한다는 것이 쉽지 않다. 자신의 의지와 무관하게 움직여지는 곳이기 때문이다. 공무원 생활을 하면 예외일 수 있으나 보편적으로 지칭하는 직장은 제반 여건과 환경으로 인해 첫 직장에서 정년을 맞는다는 것이 말처럼 되기가 어렵다.

첫 직장을 선택할 때 자신의 마음에 드는 곳에 입사하기 위해서는 우선 입사 관문을 뚫을 수 있는 실력을 갖추는 것이 필수이다. 취업난이 심한 현대는 자신이 희망하는 곳을 선택하여 직장을 구하기보다는 여러 곳에 입사 원서를 넣어 합격한 곳에 다니게 되는 것이 일반적이다.

첫 직장에서는 일도 중요하지만 일 외적인 부분이 역량 평가에 필요하기에 처세하는 법과 직장 예절을 습득해야 한다. 첫 직장이 중요한 이유이다. 첫 직장에서 만난 상사의 업무 처리 방식을 무의식중에 모방하여 그것이 나의 행동 양식으로 만들어지는 경우가 많다.

지금은 예전처럼 어느 대학을 나왔느냐에 따라 입사하는 데 유리한 고지를 점령하는 시대가 아니다. 대다수 기업이 블라인드 채용 방법을 선택하기에 스펙이 입사하는 데 영향을 크게 미치지 않기 때문이다. 일류 대학을 다니고 있다는 것은 재학 시절 자기만족과 부모들이 남에게 하는 자식 자랑거리에 불과하다. 졸업 후에 사회 나와서 어느 직장을 다니고 있고 무슨 직업을 가지고 있느냐가 진정한 자식 농사의 성공 판단 기준이 되고 있는 시대로 접어들었다고 할 수 있다. 첫 직장을 선택할 시 희망하는 직장의 보수와 주요 직무 및 복지 등 사전에 정보를 입수하고 판단하여 결정하는 것이 효과적이다.

직장이 처음에 여건이 안 좋고 대우가 흡족하지 않아도 감사하는 마음으로 묵묵히 일하다 보면 어느 순간부터 근무 분위기가 좋아지고 좋은 대우를 받게 되는 경우가 많다. 직장 생활은 인내와 끈기를 요하는 곳이다. 현 상황과 여건을 쉽게 빨리 판단하고 행동에 옮기면 의외로 좋은 기회를 놓치게 되는 일이 있다. 이런 경우에 어디를 가나 반복적으로 발생하여 현실에 만족을 못 해 아웃사이더로 변모하는 일이 자주 발생하게 될 수 있다.

직장 생활은 첫술에 배부를 수 없다는 격언을 상기하고 때를 기다리는 지혜가 있어야 호기가 오게 되어 있다. 쓰디쓴 시련이 지나면 그로 인해 새로운 전기를 마련할 수 있게 되어 예전보다 좋은 시기를 맞는 때가 찾아오는 경우가 의외로 많이 있다. 역경은 누구에게나 찾아오지만 받아들이고 처신하는 태도에 따라 플러스 요인으로 작용할 수도 있고 마이너스 요인이 될 수도 있다. 직장인은 긍정의 힘으로 역경을 전환하는 지혜가 필요하다. 금방 무너질 것은 환경을 맞아도 슬기롭게 이겨 내면 반드시 생각지도 못한 새로운 전기를 맞아 색다른 일이 찾아와서 삶 자체를 송두리째 바꾸는 일이 발생하게 된다는 점을 항시 인식하면서 직장 생활을 할 수 있어야 한다.

사회의 첫발을 제도권 밖의 비제도권에서 일을 시작하는 사람은 지속해서 비제도권으로 돌고 돌아 끝까지 유사한 업종에서 평생 일할 확률이 높다. 비제도권에 근무할 경우는 한곳에서 장기간 일할 수 있는 여건이 조성되지 않아 자주 이직할 수밖에 없다. 첫 직장의 선택이 그만큼 일생을 좌우하게 할 정도로 자신에게 중요하게 작용하는 이유이다.

어느 직장에서 일하는 것보다 무슨 일을 하느냐가 미래에 자신의 가치를 추구하고 생의 보람을 찾는 데 중요한 요소가 될 수가 있다. 첫 직장은 자신이 지닌 여러 능력과 적성을 고려하여 심도 있게 검토하고 고민하여 후회 없이 신명 나게 할 수 있는 곳으로 선택해야 후회하지 않게 되어 있다.

직장은 문제의 연속

조직은 항상 문제가 발생할 소지를 안고 있다. 어떻게 효과적으로 문제를 신속하게 해결하느냐에 따라서 회사의 비전과 목적 달성의 여부가 좌우된다고 할 수 있다. 조직은 현재 아무런 문제가 없이 순탄하게 흘러가는 것이 반드시 좋다고 할 수는 없다. 향후 문제를 생기게 할 원인을 제공하는 계기를 마련하는 경우가 있어서이다. 잔병치레가 많은 사람이 평소에 잔병치레가 없는 사람보다 장수하게 되는 경우와 같은 이치다. 자주 아픈 곳이 있을 때 병원을 자주 찾게 되어 큰 병에 걸리는 것을 미연에 방지하게 되는데 평상시 건강한 사람은 자신의 몸을 과신하고 지내다가 큰일을 겪게 되는 상황이 생기는 것을 주변에서 보아 왔을 것이다.

조직에 문제가 없다는 것은 조직원이 새로운 것을 시도하지 않고 현재에 안주하려는 경향이 원인인 경우가 많다. 문제가 없을 시 조직의 리더는 일부러 이슈를 만들어 문제를 야기할 수 있는 행동을 전략적으로 하는 것이 조직의 활성화를 위해 필요하다. 자극을 통한 반응을 유발시켜 경각심을 불러오게 하여 주변을 환기하고 에너지를 발산하게 하는 것도 때론 조직에서 필요하다. 그 속에서 창의력이 생기고, 문제를 해결하는 과정에서 응집력이 발생하여 구성원이 역동적으로 움직이게 되며, 새로운 아이디어 및 대안이 도출되어 창조적 사고가 유발되고, 집중력이 생길 수 있기 때문이다. 깨끗한 물보다는 흙탕물에 물고기가 많은 것과 같은 이치이다.

직장은 항시 문제가 생기고 분란이 일어나게 되어 있다. 상사와의 갈등을 비롯하여 동료와의 관계에서, 성과 창출을 하는 과정에서 문제가 야기되어 제동이 걸리게 되는 일이 다반사이다. 제반에 산적한 과제와 수시로 발생하는 해결해야 할 문제를 지니고 있는 것이 조직이다. 어떠한 문제가 발생하여 목적을 달성하는 데 장애 요인이 대두되었을 시에 의연하게 대처하는 자세가 선행되어야 한다. 큰일이 난 것처럼 당황한 표정을 짓지 말고 반드시 해결책이 있다는 생각을 해야 한다. 상사에게 보고하고 동료와 논의를 하여 최적 안을 도출해 낼 수 있는 실력을 지니는 것이 직장인에게 요구되는 대목이다. 직장에서 발생하는 일은 직책이 올라갈수록 대안과 해결책이 마련되게 되어 있다. 실무자가 혼자 급급해서 처리하려고 하지 말고 신속하게 상사에게 보고하는 습관을 갖도록 해야 한다. 직장에 대외적인 문제가 대두되었을 시는 의사 결정이 수반되어야만 해결할 수 있는 경우가 많다. 직책이 높을수록 권한이 많이 주어지기에 직장의 문제 해결의 원천적인 해법은 실시간 보고라 할 수 있다. 직장인은 문제 발생 시 정확한 보고를 해야 한다는 것을 잊지 말아야 한다.

직장에서 발생하는 내부 문제 중 하나가 일을 배워서 성과를 낼 만하면 퇴사하는 것이다. 회사를 설립한 지 오랜 시일이 지났는데도 입사 1년에서 3년 차 직원이 많은 기업이 있다. 역사는 깊어도 직원 구성으로 보면 신생 기업 같은 느낌을 주고 있다고 할 수 있다.

무언가 마음에 들지 않아서 정리를 하든지, 직무 능력이나 그 외의 문제로 상사로부터 신뢰를 받지 못해 자의 반 타의 반 자리를 떠나게 되는 현상이 빈번하게 일어나고 있는 것이 직장 조직이다. 역량이 탁월하지 않거나 업무 능력이 저조한 직장인이 한 직장에서 정착하기가 어려운 것이 직장이 지니고 있는 특질이라 말할 수 있다.

직장 내의 잦은 이직은 기업 문화와 조직 구조의 영향이 크다. 경영자와 임원의 지속적인 관심이 해결책이다. 직장의 문제는 밖의 문제도 중요하지만, 사내에서 발생하는 문제가 조직력을 와해하고 경쟁력을 약화해서 협업이 잘 안 되게 만들어 목적을 달성하는 데 한계에 봉착하게 되는 일이 많다. 경영자는 회사의 1차 고객은 사내에서 근무하고 있는 직원임을 인지하고 경영을 펼치는 것이 중요하다. 생산적이고 효율적으로 성과를 내는 것이 용이해지기 때문이다.

기회의 수혜

직장인은 현재의 위치와 여건이 자신에게 불리해도 선의로 받아들이며 낙관적으로 해석하고 긍정적으로 받아들여서 헤쳐 가려는 의지와 신념을 가지는 것이 필요하다. 직장인은 일에 대한 능력과 역량을 지니고 있어야 기회가 주어지고 기회를 잡을 수 있는 확률이 높다. 기회는 평소에 기회가 왔을 때 낚아채려는 준비를 하고 있는 자에게 오는 법이다. 그러기 위해서는 차별화된 경쟁력을 갖추고 있어야 한다. 꾸준한 자기 계발을 해 놓았을 때 가능한 일이다.

직장인은 어느 팀에서 어떤 일을 하든지 실력을 배양해 놓는 것이 우선이다. 무슨 일을 하든지 헛된 시간을 보내는 일은 결코 없어야 한다. 지금 일하고 있는 장소가 최고의 자리라고 생각하며 맡은 업무에 임하는 것과 그렇지 않은 것은 향후 매우 상이한 결과를 가져오게 된다. 직장인에게 현재의 조건에 만족할 수 있는 일은 어디에도 없으므로 현 자리에서 정성을 다해 능력을 발휘하는 것이 현명한 처사다.

사원은 대리 위치에서, 대리는 과장이라는 생각을 지니고, 과장은 부장 입장에서 업무를 처리할 때 직장에서 인정을 받게 되어 예기치 못한 좋은 기회가 올 수 있다. 현재의 직위보다 한 단계 위를 바라보며 그 입장에서 직무를 수행하는 것을 습관화하는 것이 직장에서 인정받는 비결이다.

　승진이 남보다 빠른 직원은 수익 창출에 집중하여 일을 추진해서 기대 이상의 성과를 내는 경우가 많다. 직장 일은 현실에 안주하면 획기적인 발상을 할 수가 없어 성과를 내기가 어렵다. 직장에서 "열심히"라는 말보다는 "잘하라."라는 말을 직장인이라면 대부분 귀가 따갑게 들어 보았을 것이다. 여기서 간과해서는 안 되는 일이 꾸준하게 직무를 추진하면서 잘해야 한다는 것이다. 직장에서 승진은 누구에게나 때가 있다. 특별한 상황을 제외하고는 자신이 원한다고 현재 신분이 바뀔 수가 있는 것이 아니기에 기다릴 줄 알아야 한다. 때가 오기까지 묵묵히 주어진 일을 잘 해내는 것이 무엇보다도 중요한 장소가 직장이다. 기다리는 것도 한편으로 기회를 잡을 수 있는 방책이라고 볼 필요가 있다.

　직장에서 작은 일을 대충 하고 중시하지 않으면 큰일을 할 기회가 주어지기가 어렵다. 큰일을 주더라도 더더욱 헤쳐 나가기 힘들다. 작은 일을 소홀히 하고 못하면 큰일은 더욱 못하게 되어 있으며 기회조차도 부여될 확률이 극히 낮으므로 직장인은 사소한 것에서부터 상사의 눈에 들어오게 행동하는 슬기가 있어야 한다.

　직장인에게 가장 기본적이고 쉬운 일 같지만 간과하고 지나쳐 버리기 쉬운 일이 자신의 주변 정리 정돈이다. 직장 내에서 일 잘하고 성과

내는 사람의 책상은 항시 깨끗하게 정리 정돈이 되어 있는 것을 볼 수 있다. 주변이 산만하게 놓여 있으면 생각의 집약이 어려워지고 행동이 늦어지며 사리판단이 흐려질 수 있다. 주어진 일을 잘 수행하는 사람들의 책상은 지위 고하를 막론하고 불필요한 것이 없으며 질서 정연하게 정리가 잘 되어 있다.

직장 상사는 직원의 근무 태도와 역량을 대부분 파악하고 있다. 유심히 관찰 후 능력자를 머릿속에 기억해 두었다가 기회가 왔을 시 천거하게 되어 있다.

한두 번은 좋은 실적과 성과를 내는 직원이 있으나 단발성으로 끝나는 경우가 직장에서 의외로 많다. 어떤 일을 하든지 꾸준하게 한다는 것이 결코 쉬운 일이 아니고 아무나 할 수 있는 것이 아니다. 분야에서 정해진 룰을 지키고 목표를 설정해서 성실한 자세로 임하며 매일같이 표준적인 행동을 해야만 가능하게 된다.

드라마를 보면 첫 회가 강렬한 드라마는 회를 거듭할수록 진부해진다. 첫 이미지가 너무 부각되면 차후 더 부각해야 시청자의 심금을 울리게 되는데 극 중 가장 뇌에 자극을 줄 수 있는 부분을 첫 회에 방영했기에 점점 흥미가 반감될 수밖에 없다. 시청자의 기대 심리는 더욱 커지는데 충족시키기 쉽지 않게 되어 인기가 하락하게 된다. 지속성의 중요함을 비유해주는 좋은 사례라고 볼 수 있다. 지낼수록 볼수록 믿음이 간다는 평을 듣도록 직장 생활을 하는 것이 지혜로운 직장인이 되는 방법이고, 기회를 잡을 수 있는 유리한 위치에 자신을 놓이게 하는 방법이라 할 수 있다.

현재 하는 일이 힘들고 어렵더라도 지속적으로 하게 되지 않는 것이 조직이 지닌 특성이므로 참고 견딜 줄 알아야 한다. 언젠가는 좋은 기회가 내 곁을 스쳐 가게 되어 있는데 그때 남보다 앞서서 꽉 잡을 수 있도록 평소에 역량을 배양해 두는 것이 선결 과제라 할 수 있다.

상사와 거리

직장 상사와 적당한 거리감을 두는 것이 좋다. 태양을 너무 가까이 가면 타죽고 멀리하면 얼어 죽게 되는데 직장 상사와의 관계를 비유하는 적절한 표현이다. 직장에서 상하 간에 지켜야 할 기본적인 것을 지키지 않으면 시일이 경과될수록 좋지 않은 결과를 초래하게 되어 있다. 직장예절이 중요하다는 것을 입증해 주는 말이다.

경영자와 유지해야 할 거리와 임원과의 거리는 달라야 한다. 경영자가 자신을 신뢰하고 있다고 직속 상사를 제치고 직접 가까이 가는 말과 행동을 했다가 불이익을 당하는 직원을 필자는 많이 봐 왔다. 직장인은 직위와 직책에 따른 조직의 체계를 중시하고 단계별로 업무 추진을 할 줄 알아야 한다.

직장 상사가 지시한 업무는 묵묵히 체크해 가면서 세부적으로 실행해 가야 한다. 직장 상사가 시일이 지나면 잊어버리겠지 하면서 느슨하게 일 처리를 하는 것은 금물이다. 업무를 지시한 상사는 지시한 업무를 보고받을 때 지시 할 때의 생각이 상기되게 되어 있다. 이 부분을 간과하고 놓치며 깔끔하게 일을 마무리하지 못하는 직원은 신뢰를 잃게 되기 시작한다. 반대로 지시한 상사의 의중에 부합하게 업무를 완결지어 보고하는 직원은 인정을 받게 되는 것이 직장의 원리이다.

직장에서는 동료를 대상으로 친구를 사귀려는 행동은 하지 말아야 한다. 동료와의 적당한 거리는 필요하다. 너무 가까운 사이가 되면 서로를 잘 알게 되어 공사 구별이 어렵게 돼서 결과가 좋지 않게 되는 일이 많다. 단위 조직의 장이 부임하고 보통 한 곳에서 2년 정도 경과되면 타 지역으로 인사이동을 시키는 것도 이 같은 이치에서다. 이해관계가 있는 지역의 인사들과 친숙해져서 공사 구별이 해이해져서 문제를 야기할 소지가 생길 확률이 높다고 판단하기 때문이다. 직장 조직도 같은 맥락이다.

직장에서의 관계는 상호 인격을 존중해 주면서 일정한 간격을 유지하고 서로 업무 협조를 이루어 이익을 내는 데 집중해 가는 것이 최선이다. 직장에서 특정인과 과하게 친밀감을 조성하는 행동은 별로 업무 성과에 도움이 되지 못하게 된다. 직장은 이익을 추구하는 이익 집단이기 때문이다. 나를 가장 아프게 하는 사람이 처자식이라는 말이 있는 것처럼 서로의 모든 것을 잘 알고 있을 경우 허물이 없어져서 체계의 근간이 무너지게 된다.

지킬 선을 넘어 예상치 못한 사소한 문제로 인해 관계가 안 좋게 되는 일이 다반사인 것이 사람 사이의 관계이다. 직장에서는 하나의 목표를 가지고 그것을 달성하기 위해 이질적인 가치관과 인생관을 지닌 여러 사람들로 구성된 조직체이다. 그러므로 더욱 기본을 지키는 것이 요구된다고 할 수 있다.

상대가 나와 친숙하니까 다 이해해 주겠지 하면서 다가가다가 큰코 다치는 사례가 우리 사회에서 흔하다. 일반적으로 직장 상사는 부하 직원을 자신이 속한 팀의 구성원으로서 목적 달성을 위한 일원이라고 생각할 뿐 더 크게 생각하지 않는다. 반면에 부하 직원은 상사가 나를 인정해 주고 있기에 도를 넘는 언행을 해도 괜찮겠지 하면서 다가가는 일이 있는데 해서는 안 될 처신이다. 상사와 부하 직원 간 상대를 바라보는 시각 차이에서 오는 괴리감이 크기에 이런 일이 생기게 된다. 부하 직원은 이 점을 각별하게 염두에 두고 직장 상사를 대해야 한다.

상사에 따라 다소 생각의 차이에서 오는 반응이 상이할 수 있으나 대체로 직장 상사의 태도는 유사하다고 보는 것이 옳다. 직장에서 상사와 업무적으로 의견 차이가 있을 시 상사는 자신이 옳지 않다는 판단이 들어도 그 자리에서 인정하지 않으려는 경향이 강하다. 상사와 이견이 생겼을 시 논리를 가지고 상사를 설득하기 위해서는 상사의 인품과 부하 직원의 능력이 맞아 떨어져야만 가능하다. 무조건 자신이 옳다고 우기는 상사에게는 대책이 없어서 수긍하는 것이 옳은 처사이다. 속된 표현으로 "꼬우면 출세하라."라는 말이 여기에서 유래된 것이라 할 수 있다. 직장 상사와의 적당한 거리를 유지하고 있을 경우에 상사에게 나의 주장을 관철하기가 상대적으로 용이하게 형성되어 있는 것이 직장 조직이다.

아부와 충고

직장에서 아부는 상사보다는 후배에게 하는 것이 인정받는 데 득이 된다. 상사의 마음에 들게 하려고 비위를 맞추며 알랑거리는 것은 오래 갈 수가 없다. 상사가 무언가 원하고 구하려고 할 때 그것을 캐치하여 채워주는 것과 아부는 엄연하게 다르다. 아부는 맹목적으로 이유 없이 시도 때도 없이 일의 본질과는 무관하게 하는 행동을 말한다.

아부는 가급적 아랫사람에게 해주는 것이 부하 직원의 사기진작 측면과 일의 능률을 오르게 하는 데 효과적이다. 사람은 자신을 인정해 주고 알아줄 때 충성을 다하게 되어 있다. 또한 그런 상사에 보상을 받고 싶어 한다. 그때 주는 보상은 향후 큰 성과 창출에 기여하는 시발점이 된다. 부하 직원을 인정해 주는 것처럼 직장에서 좋은 리더십은 드물다. "수고했으며 잘했다."라는 상사의 말 한마디에 업무 능력은 배가 되기 때문이다.

상사의 질책에는 "제가 생각이 짧았습니다. 죄송합니다."라는 말이 최고의 응대법이다. 구구절절 변명하는 순간부터 이미지가 실추되어 믿음을 저버리게 될 수 있어서이다.

직장에서 유난히 동료나 후배에게 충고와 조언을 하기 좋아하는 사람이 있다. 충고는 자신과 오랜 기간을 같이 지낸 사람에게만 해야 하고 조언은 상대방에 대해 모든 것을 알고 있을 때 하도록 해야 한다. 충고와 조언을 할 경우는 시기와 장소를 유념하고 해야 하며 상황을 보고 해야 한다는 것을 잊어서는 안 된다. 시도 때도 없이 도와준다는 생각이 앞서서 상대방의 처지를 감안하지 않고 해서는 안 된다. 충고나 조언을 할 때 자신이 왠지 상대보다 우월하다는 느낌을 주지 않도록 해야 하고 상대에게 어떻게 하라는 것보다는 내가 너라면 이렇게 하겠다는 식의 표현을 사용해야 한다. 또한 상대를 가르치려 들지 말고 이게 좋겠다는 식으로 말을 할 수 있어야 한다. 상대를 배려해서 도와준다고 하는 말이 자칫 잘못하면 도리어 더 열받게 만들어 버릴 수 있기 때문이다.

직장 생활을 하다 보면 상사로부터 자주 지적을 받게 된다. 지적을 받는 입장에서는 직장 조직의 지휘 체계의 특성상 자신의 과오가 크게 없어도 받아들일 수밖에 없는 경우가 많다. 상사는 업무 성격에 맞게 지적할 수 있어야 하는데 그렇지 못한 경우도 많다. 직장에서 업무 외적인 지적질은 듣는 사람에게는 큰 치명타가 될 수 있으므로 유의해야 할 부분이다. 세상에서 가장 쉬운 것이 남을 비판하는 것이다.

유난히 사소한 부분까지 틈만 나면 지적을 하는 상사가 있다. 지적을 받지 않도록 행동거지를 똑바로 하는 것이 우선이나 상사의 성격상 여의치 않은 경우는 당당하게 어필할 수 있는 용기도 때로는 필요하다. 직장에는 비상식적으로 부하 직원을 다루는 상사가 있을 수 있는데 앞 단락에서도 언급했듯이 상사를 바꾼다는 것이 말처럼 쉽지 않은 것이 직장의 특성이기에 상황에 따라 정당하고 당당한 태도를 취하는 것도 가끔은 요구된다고 단언할 수 있다.

상사의 질책

직장에서 상사가 혼내려고 하면 아무 소리 하지 말고 혼나는 것이 현명한 태도이다. 벼르다가 작정하고 혼내는데 거기다가 변명과 말대꾸를 하면 더 크게 혼나게 되어 있다. 혼내는 사람은 가슴속에 있는 말을 다 뱉었을 때 속이 후련함을 느끼게 되어 끝까지 혼내려는 습성이 있다. 그때 가만히 혼나는 것이 상책이다. 그래야 상사가 뒤끝이 안 남게 되고 혼낸 후에는 조금이나마 미안함과 후회를 하게 되어 있다. 무언가 적게라도 안 좋은 감정이 남아 있으면 두고두고 표출하게 되므로 한 번에 다 쏟아붓게 해주는 것이 상사와의 유대 관계 면에서도 좋다.

상사에게 혼난 후에도 혼낸 상사에게 웃으면서 다가갈 수 있는 배짱과 자신감이 필요하다. 대인배가 할 수 있는 행동인데 실상은 그리 쉽지 않다. 직장에서 임원이 되는 부류의 직원들이 하는 처신이다. 아무나 할 수 없는 행동인 셈이다. 사람은 심하게 지적당하고 나면 자책과 한숨으로 오랫동안 보내는 것이 일반적인 현상이다. 이것을 쉽게 떨쳐 버릴 수 있어야 내공이 생기고 멘탈이 강해져서 상사로부터 저 친구 인물이라는 평을 받게 된다.

상사가 혼낼 때는 나에게 관심이 있어서 더 잘하라는 취지로 하는 말이라고 받아들이는 것이 뱃속 편하게 되므로 합리화 및 정당화할 수 있어야 한다. 그러면서 같은 일이 반복되지 않게 주의를 요할 수 있도록 처신을 하는 것이 현명한 직장인의 자세이다.

직장 상사는 관심이 있을 때 큰소리로 질책하게 되어 있다. 싫은 소리는 부하 직원에게 애정이 있을 때 하며 자극을 주어 육성시키기 위해, 같은 실수를 반복하지 말고 업무를 잘하라는 취지가 강하다. 무관심은 상사의 머릿속에서 지워지고 있다는 징조의 시발점이다. 조직 구성원으로 도움이 안 된다고 판단하면 눈길조차 주지 않고 스스로 도태되길 기다리며 일 자체를 주지 않는다. 상사가 아는 체 안 하고 말을 섞지 않으며 남몰라 할 때가 제일 고달픈 직장 생활이다. 이때 자신이 무엇이 부족하고 미움을 받을 행동을 했는지를 간파해서 미리 이실직고하고 반성의 기미를 보이며 앞으로의 각오를 말하는 것이 효과적인 현실 극복 방책이다. 직장 상사의 무관심이 직장인으로서는 하루하루가 고달프고 견디기가 어렵다. 상사가 야단치고 싫은 소리 할 때가 좋은 시기라고 생각하고 같은 실수를 반복하지 않겠다는 마음 자세를 가지는 것이 올바른 직장 생활이다.

상사의 관심은 애정이 있다는 뜻으로 받아들이고 직무 능력을 키우겠다는 태도가 중요하고 우선시해야 할 대목이다. 때론 상사에게 심한 꾸지람을 들었어도 훌훌 털고 상사에게 먼저 다가가 "팀장님 식사하러 가시죠?" 하고 말할 수 있어야 한다. 이렇게 할 수 있는 배포와 아량을 지닌 직장인이 임원 승진이 빠르게 될 확률이 매우 높다.

직장 상사와 업무적으로나 업무 외적으로 의견이 대립했을 때 부하가 밀리게 되어 있는 것이 직장 조직의 실상이다. 상사와 부하가 충돌이 있을 때 차상위자는 상사의 손을 들어 주는 것이 일반적인 조직 생리이다. 조직이 가지는 상명하복의 성질도 있지만, 상사가 부하보다 차상위자에게 자신의 입장과 대안을 전달할 기회가 많기 때문이다. 실제로 직장에서 퇴사 이유를 분석해 보면 직속 상사 영향이 절반이 넘는다. 자신의 심정을 달래지 못해 조직을 자의 반 타의 반 이탈하는 경우가 초래되기 때문이다.

직장은 복잡하게 얽혀 있는 시스템에 융화되어 어우러져 지내야만 수월하게 생활할 수가 있다. 직속 상사의 성향과 업무 지시 방법과 관리력에 따라 지배를 받게 되어 있다. 직장 상사의 능력을 내 것으로 만들 줄 알고 활용하는 법을 익히어 실행하는 것이 조직 생활에서 앞서가는 방법이다.

승진 가도

직장에서는 일 잘하는 직원에게 중요한 업무를 맡기게 되고 일을 더 주게 되어 있다. 직장을 다니면서 자신에게 일이 많다는 것은 일이 없는 것보다 멀리 볼 때 득이 많이 된다고 보아야 한다. 일이 많지 않으면 지금은 편안해도 직장 수명이 짧을 수밖에 없다. 직장에서는 믿고 일을 맡길 수 있고 성과를 잘 내는 직원이 일복이 있다. 결국은 승진해서 큰일을 하게 된다. 일이 없는 직원은 현재는 좋을지 모르나 시일이 지나면 경쟁에서 밀린다. 많은 일을 접하고 처리하는 과정에서 실력이 배양되어 향후 큰일을 할 수 있는 기회가 더 많이 주어지게 된다.

일 잘하는 직원에게 직장 상사는 묵묵히 지켜보며 좋은 평가를 해주고 유심히 애정을 갖게 되어 기회가 오면 중책을 맡기고 육성하려는 의지가 강하다. 직장에서 업무를 수행하면서 현재의 직급보다 상위 직급의 자세로 임해야 동료보다도 빠르게 상사에게 인정받을 수 있는 기회가 주어지게 되어 있다. 주인 의식을 가지고 일에 임할 경우 성과 내기가 수월하다. 시야가 넓어지고 문제점을 쉽게 발견하고 유연한 사고를 지니게 되어 효율성이 높아지기 때문이다.

자신에게 일이 많이 하달될 때는 상사에게 인정받고 있다고 생각하고 주어진 일을 완수할 수 있어야 한다. 리더 반열에 오를 수 있는 기회가 오게 된다. 인정받는 직장인이 되기 위한 최상의 조건은 주어진 임무를 잘 해내는 것이다. 뛰어난 처세술을 가지고 예의를 지키면서 성실하게 직장 생활을 한다고 해도 일에 대한 실력이 부족하면 직급이 오를수록 신뢰가 하락하게 된다. 직장에서 지금 하는 업무가 힘들 때 그 고비를 넘기면 더 어려운 일도 해낼 수 있는 내공과 실력이 쌓이게 된다. 좀 버거워도 밝고 명랑한 태도와 자세를 취하면서 일을 하는 습관을 가지는 것이 좋다.

직장은 주어진 업무의 질이 높고 양이 많을수록 자신이 역량 배가에 도움이 되며 길게 보아 앞날이 순탄하게 된다. 특별히 하는 일 없이 직장에서 하루를 보낸다는 것이 며칠은 좋을지 모르나 시일이 경과될수록 견디기 힘들다. 간혹 대기 발령을 내는 경우가 있는데 지쳐서 스스로 사직을 하라는 뜻인데 일을 주지 않고 알아서 처신하라는 의미가 담겨 있는 것이다. 이처럼 일이 없는 것이 일 많은 것보다 더 견디기 어렵다는 것을 인식하고 직장에서 일 많은 것을 즐길 줄 아는 직장인이 되어야 한다.

직장 내에서 우유부단하고 소신이 없는 직장인은 밧줄을 놓치고 고무줄을 잡아 좋은 기회를 놓치는 때가 많다. 기회를 부여했을 때 이것저것 재다가 좋은 기회를 놓치는 일이 있다. 과감하게 결단내리고 자신의 주장을 확고히 하는 것이 좋으며 두 마리 토끼를 잡으려고 양다리를 걸치고 직장 생활을 하면 자충수를 두게 되어 불리한 입장에 놓이게 될 수 있어서 유의해야 한다.

직장 상사가 볼 때 '저 사람은 내 사람'이라는 인식을 주게 행동하는 것이 좋다. 뚜렷한 목표를 가진 사람은 자신의 노선을 명확히 정하고 외부에 발산하며 해당 라인에 속한 것에 자긍심을 가지고 생활한다. 잔머리와 잔꾀를 부리면 엉뚱한 결과를 초래하며 상사의 믿음이 깨지는 경우가 다반사이다. 직장 상사는 부하 직원이 순간을 모면하려는 술수를 금방 알아차리게 되어 있다. 자신도 그런 과정을 거쳐서 현재의 위치로 왔기 때문이다. 상사는 상대의 얄은수를 알면서 속아주는 일이 있는데 이런 직원에게는 직접적인 도움을 주지 않으려는 마음이 강하다. 얄팍한 행동을 하지 말고 진중하고 길게 보고 맡겨진 임무를 완수하는 직장인이 될 수 있도록 노력하는 태도가 필요하다. 직장 상사는 믿음이 가고 일을 잘하는 직원에게는 중책을 주게 되어 있다.

Chapter 2.

직급별
직장 생활 비법

(학교에서 가르쳐 주지 않는)

신입 사원에게 가장 필요한 직장 생활 꿀팁

팀 플레이어

조직에 속한 팀의 목표 달성을 위해 협력하여 행동하는 사람을 팀 플레이어라 지칭한다. 신입 사원은 업무 성과를 위해 능력을 발휘하는 것도 필요하지만 그보다 소속의 일원으로 공동 의식을 가지고 함께하는 자세와 태도를 취하는 것이 앞서야 한다. 신입 사원은 회사마다 방식은 다르지만 자기소개서와 면접 시 '팀플레이를 통해 성과를 낸 경험에 대해 기술하고 발표시키는 것'을 경험했을 것이다. 입사 후 직장에서 실전으로 활용하는 일이 빈번하기에 사전에 평가하는 차원으로 테스트하는 것이다.

직장에서 팀플레이 능력은 성과와 직결된다. 신입 사원은 조직의 일원으로서 시너지가 나오는 데 기여하도록 동료와 함께하는 정신을 가지는 것이 중요하다. 직장에서 신입 사원 시절은 자신이 지닌 능력을 표출하여 성과를 내기보다는 향후 실력 발휘를 하기 위한 전초전으로 일을 배우는 시기라 할 수 있다. 신입 사원이 입사하면 상사는 조직에 잘 순응하여 팀의 일원으로 적응을 잘하는가를 평가하게 된다. 팀원과 팀워크를 이루면서 시너지를 낼 수 있는가와 타 부서와도 업무 협조를 잘하는지 알아보게 되어 있다. 신입 사원의 협업 능력은 매우 중요하고 필수적으로 지녀야 할 덕목이다.

팀에 소속된 팀원이 공동의 목적 달성을 위해서 서로 관련성을 유지하며 협력하여 업무 성과를 내는 것을 팀워크라고 한다. 팀워크를 갖기 위해서는 공통된 목표 의식이 선행되어야 한다. 또한 전체 구성원의 도전하려는 마음이 있어야 한다.

팀워크를 잘 이루어 성과를 내기 위해서는 팀원 간에 상호 존중을 해주어야 하고 협력하고 단결한다는 자세로 맡겨진 역할을 수행해서 책임을 다하겠다는 정신 자세가 중요하다. 상대를 말과 행동을 이해해주고 진솔한 대화를 해야 하며 사기 진작을 시킬 수 있는 소통을 해서 서로에게 강한 자신감을 불러오게 하는 것도 놓쳐서는 안 될 부분이다. 팀워크를 형성하는 데 이기주의 발상과 상대를 질투하고 시기하는 습성은 장애 요소이므로 과감하게 떨쳐버려야 한다.

팀워크를 저해하는 말과 행동을 하게 되면 시너지가 나오지 않고 오히려 성과를 내는 데 해가 될 수 있다. 혼자선 어떠한 성과를 내기가 힘든 것이 조직의 생리이고 특질이다. 같이 해야만 효율적이고 생산적인 결과를 만들어 낼 수가 있다. 실행을 해야만 원하는 목적을 이룰 수가 있는데 구성원과 합심해서 도출해 낸 내용을 가지고 현장에서 실천에 옮겨야만 목표를 달성할 수가 있기 때문이다. 협업, 협치, 팀워크는 조직에서 필수 불가결한 요소이다.

직장에서 동료 간에 "저 친구는 4차원 같아." 하고 수군거리는 경우가 간혹 있다. 4차원은 이해할 수 없는 행동을 하면서 협업을 통해 업무 처리를 하지 않으며 자신의 잘난 맛에 살고 혼자만의 세계를 넘나드는 사람을 뜻한다. 개인 한 사람으로 보면 특출나고 스마트하며 시대를 앞서가는 사람같이 보일 수 있다. 직장에서 이 같은 돌출과 일탈 현상을 보이는 성품의 소유자가 요구되는 부서가 있을 수 있다. 하지만 조직원의 역량을 한군데로 집약시켜서 원하는 목적을 달성해야 하는 직장에서 개별적으로 특이한 처신을 하는 직장인은 인정받기가 쉽지 않아 중도 탈락하게 되는 경우가 많다. 팀워크를 특별히 강조한 직장에서 신입 사원 시절 일탈 행위는 인정받아 리더 반열에 오르는 데 큰 저해 요소가 된다는 점을 인식해야 한다. "모난 사람은 모나게 살다가 모나게 죽는다."라는 말이 있다. 우리 모두 새겨볼 필요가 있는 말이다.

　　새로운 환경 속에서 많은 동료 및 선배와 직장 예절을 지키고 어우러지면서 지낸다는 것이 신입 사원에게는 버거운 일일 수 있다. 각자 성향이 다르고 상하 간의 명확한 직장 예절이 정해져 있는 상황에서 자신을 내려놓고 조화롭게 처신한다는 것이 생각처럼 쉬운 일은 아니다. 유난히도 어느 집단에서나 잘 어울리는 사람이 있는가 하면 유독 단체 생활을 하면서 특이한 말과 행동으로 조직 분위기를 저해하는 경우가 있다. 자신을 낮추지 않고는 조직 내에서 융화되면서 믿음을 준다는 것이 결코 용이하지 않다. 굳혀진 성품과 인성을 의도적으로 변화를 준다는 것이 쉽지가 않은 일이다. 신입 사원은 상대를 배려하는 마음으로 겸손함을 유지하고 자신이 이익을 보겠다는 생각보다는 손해를 본다는 마음을 갖도록 해야 한다. 함께 해야만 성과를 낼 수가 있는 조직체가 직장이므로 나보다는 우리라는 마음 자세를 가지는 것이 요구된다고 할 수 있다. 우리를 앞세우는 것이 결국은 내가 인정받게 되는 비결이기 때문이다.

명료한 문서 작성

직장인은 페이퍼에 강하면 상사에게 인정받는 데 점수를 일단 얻고 들어간다는 소리를 하는 경우가 있다. 그만큼 보고서 작성 및 기획 능력은 직장에서 매우 필수적이고 중요한 부분을 차지하고 있다. 글로써 어떤 사항에 대해 일목요연하게 정리하여 상사가 현 상황을 한눈에 쉽게 이해할 수 있도록 했을 때 신입 사원의 주가는 올라가게 되어 있다.

직장은 정책 사항을 말로써 승인을 받아 실천하는 곳이 아니다. 서류에 의해 의사 결정권자의 최종 재가를 받아 현장에서 실행에 옮기는 곳이다. 직원은 중간에 직장을 떠날 수 있지만 기업은 오랫동안 지속되어야 하기에 직장 내에서 발생하는 제반 업무는 문서로써 흔적을 남기고 보관하여야 한다.

직장은 시스템 속에서 움직이고 있는 조직이다. 그 속의 일원으로 발을 디딘 신입 사원이 기획력이 있을 때 주변 시선을 모으고 자신을 어필할 수 있는 기회가 남보다 먼저 찾아오게 되어 있다. 상사에 따라서 말로 보고하는 것을 좋아하는 경우가 있고 보고서로 보고하기를 원하는 유형이 있다. 신입 시절에는 두 가지를 적절히 병행하여 보고하는 훈련을 해서 몸에 익숙하게 해 놓아야 한다.

문서는 작성하는 능력도 중요하지만 잘 보관하는 것도 필요하다. 언제든지 상사나 본인이 찾고 보고 싶을 때 신속하게 대응할 수 있도록 관리해 놓아야 한다. 현대는 컴퓨터를 통한 문서 작업이 대세를 이루고 있다. 특별한 프로젝트를 시행할 때는 별도 기획안을 작성하여 보고하지만 대부분의 문서는 그룹웨어에 의해 실시되고 있는 것이 현 직장의 실상이다.

신입 사원은 문서 작성 시 어떤 방식을 활용해서든 한눈에 핵심 사항이 들어올 수 있도록 문서를 작성할 수 있는 실력을 갖추도록 노력하는 의지가 있어야 한다. 말로써는 상사에게 의사 전달을 잘하지만 보고서로 작성할 시는 논리정연하지 못해 여러 번 다시 작성하라는 지시를 받는 일이 흔하다. 머릿속에 있는 핵심 내용을 간결하고 명료하게, 결재자가 이해하기 쉽게 작성하는 능력을 지니고 있으면 직장에서 인정받기 매우 용이하다. 신입 사원 시절에는 각별히 이 점을 유념하고 유능한 선배로부터 학습해서 터득해 놓아야 한다.

기획을 할 때는 기획자 스스로가 실행해서 성과를 낼 수 있는 기획을 수립하는 것이 효율적이다. 상사에게 보이기 위해 현실과 동떨어진 내용으로 만든 기획서는 실천하여도 인적, 물적 자원을 낭비하는 일을 초래하게 되고 생산성 증대에도 도움이 안 된다. 따라서 갖추고 있는 인프라와 구축되어 있는 기업의 시스템에 적합하게 조화를 이루어 실행 가능한 추진 안을 수립해야 한다. 실행력이 부족한 보여주기식 기획안은 한두 번은 그럴싸해 보이지만 현실성이 없다는 것을 어느 순간 들키게 되어 있다.

처해있는 기업 환경과 여건 및 인프라와 시스템을 종합적으로 고려한 상황 판단을 하여 거기에 걸맞게 세부 실천안을 수립해야 한다. 현장에서 실행하여 효율적인 성과를 거둘 수 있도록 보고서를 작성하는 것이 최고의 기획안이라 할 수 있다. 보고서를 비롯하여 문서 작성을 잘하는 직장인을 볼 때 상사에게 우선 점수를 받고 들어가는 것이 직장 조직이 가지는 특성이다. 신입 사원은 특히 이 점을 유의하면서 직장 생활을 할 필요가 있다.

진정성 있는 인사

신입 사원이 직장 생활을 하면서 상사와 동료에게 인사만 잘해도 점수를 반은 얻게 되어 있다. 인사는 상대가 진정성 있게 느낄 정도로 공손하게 하는 것이 무엇보다도 중요하다. 형식적인 인사는 겉치레하는 느낌을 받을 수가 있어서 주의해야 한다. 처음 몇 번은 인사를 잘할 수 있지만 지속적으로 한다는 것이 생각처럼 쉬운 일이 아니다. 실질적으로 직장에서 상사를 볼 때마다 진정 어린 인사를 하는 것이 쉬운 일이 아니다. 상사니까 어쩔 수 없이 고개를 숙이는 경우가 허다하다. 외식업을 하는 매장에서 종업원이 고객에게 인사만 공손하게 잘해도 70%의 매출을 가지고 갈 수 있다고 한다. 마찬가지로 직장 생활에서 인사성 밝은 신입 사원은 상사에게 호감 가는 이미지를 항시 주어 동료보다 좋은 기회가 왔을 때 승기를 잡을 수 있는 확률이 높을 수밖에 없다.

인사는 하는 사람보다 받는 사람이 진정성 있게 하는 인사인지를 알게 되어 있다. 진실하고 참되게 상대방에게 인사를 하게 되면 상대의 마음을 사로잡는 데 유리할 수밖에 없다. 직장 상사에게 진심 어린 인사를 하는 신입 사원은 남보다 빠르게 신뢰를 받게 되어 중요도가 높은 업무를 다룰 기회가 주어지어 직무 능력이 자신도 모르게 좋아지게 될 수 있으므로 인사는 기본적으로 잘할 수 있어야 한다.

사무실에 출근할 때 출입문에 들어서자마자 "안녕하십니까!" 하면서 큰소리로 인사를 하면서 들어오는 신입 사원이 있을 때 그 광경을 목격하는 순간 직장 상사는 '참 괜찮은 친구네.' 하는 마음이 들게 되어 좋은 점수를 주는 경우가 있다. 신입 사원이라면 필히 해야 할 인사 수칙이다. 인사를 잘하는 신입 사원은 몇 달만 지나면 자신도 모르게 직장 내에서 상사로부터 대우가 달라지고 있음을 피부로 느끼게 되어 있다.

비단 직장 생활뿐만 아니라 사회생활을 하면서도 인사는 인간관계의 첫 번째 필수 실행 덕목이라고 해도 과언이 아닐 정도로 중요하다. 인사는 몸에 배어서 일상생활화할 수 있도록 하는 것이 좋다. 사람마다 똑같이 고개를 숙이면서 인사를 하는데도 인사하는 사람에 따라서 진심인지 아닌지 다른 것을 누구나 느끼게 된다. 진정성이 곁들여진 인사인지를 삼척동자가 아닌 이상 다 알게 되는 것이 인사법이다. 상대방은 내가 하는 인사의 진정성 유무를 순간 알아차린다는 것을 인식해야 한다. 직장에서 신입 사원은 마음에서 우러나오는 공손한 인사를 하는 것을 잊어서는 안 된다.

상사일지언정 부하 직원에게 먼저 정성 어린 마음으로 인사를 하게 될 경우 아랫사람으로부터 좋은 평판을 받을 수 있다. 먼저 보는 사람이 밝고 명랑하게 마음을 담아 정성껏 인사하는 것이 좋다. 유난히 인사성이 밝은 사람을 보면 왠지 호감이 가고 가까이하고 싶은 심정이 드는 것이 인간관계의 이치이다.

형식치레 인사에서 벗어나 진정으로, 마음속 깊이 상대를 존경하는 마음으로 인사를 하는 습관을 가지는 것이 필요하다. 출근할 때부터 "안녕하세요, 좋은 아침입니다." 하고 큰소리로 인사를 하는 사원을 보면 기운이 넘쳐 보이고 일을 잘할 것 같다는 예감이 들게 된다. 조직 생활에서 인사성이 좋으면 우선 호감을 주게 되므로 신입 사원은 필히 인사 습관을 실천할 수 있어야 한다.

인사와 더불어 감사의 표시와 고마움을 잘 전달하는 능력도 갖추고 있으면 금상첨화이다. 진정성 있는 감사의 말을 상대방에게 전할 줄 알때 상대와 친밀도가 생기게 되어 있기 때문이다. 인사는 상대와의 관계를 잘하고 싶다는 표시를 상대방에게 무언으로 전하는 하는 방법이다. 출근과 퇴근 시 상사에게 하는 인사는 자신의 이미지를 부각하는 데 힘안 들이고 할 수 있는 최고의 방법임을 인식하는 것이 신입 사원 시절에는 매우 중요하다.

척 안 하고 실수 인정

직장 생활을 하면서 신입 사원은 모르는 일을 아는 것처럼 포장하는 것은 금물이다. 상사의 질문에 알고 있는 것처럼 척하는 것은 오히려 반감을 살 수가 있다. 상대의 믿음을 저버리게 하는 것이 척하는 것이다. 적당히 알고 있는 사항을 마치 다 아는 것처럼 답변하다가 조만간 진실이 밝혀지게 되어 이미지가 바닥을 치게 되는 경우가 종종 있다. 사람에 대한 신의를 저버리게 되기가 쉬우므로 유의해야 한다.

신입 사원은 특히 모르는 것은 모른다고 하고 실수를 했을 때는 실수를 인정하는 자세가 필요하다. 상세하고 정확히 알지 못하는 것은 있는 그대로 말하는 것이 포장해서 말하는 것보다 득으로 돌아오게 되어 있으므로 유념해야 한다. 신입 사원이기에 회사에서도 웬만한 것은 이해하게 되고 용서를 해주려는 마음이 강하기 때문이다. 허니문 시절이 주어지는 것과 같다고 할 수 있다. 습관적으로 자신을 합리화하다 보면 잘못된 결과도 인정하지 않으며 변명만 늘어놓게 되어 좋은 평판을 듣기가 어려워질 수가 있어서 신입 사원 시절에는 특히 유의해야 한다.

상사가 지시한 업무에 대해 지적을 받을 때는 지적 사항 대해 현장에서 그대로 인정하는 자세가 필요하다. 방향이 누가 봐도 180도 바뀌는 사항이고 상사의 개인적인 감정이 섞인 지적을 당한다고 해도 그 자리에서는 인정해 주는 태도가 좋다. 상사는 자신의 주장이 틀린 것 같다는 생각이 들어도 부하 직원 앞에서 인정하기 싫은 심리가 있다. 자신의 의견을 상사에게 관철시키고 싶을 때는 지적당한 후에 일정한 시간이 경과되었을 때 지적당한 부분을 보완하여 다시 논리정연하게 보고를 하는 뱃심과 추진력이 필요하다. 상사의 기분을 상하지 않게 하면서도 자신의 생각과 판단이 그르지 않았다는 것을 행동으로 보여주는 신입 사원은 직장에서 점점 능력 있는 직원으로 자리매김하게 되어 있다.

상사에게 지적당했을 시는 "죄송합니다. 제가 생각이 짧았습니다." 라고 표현하는 것이 상책이다. 실수를 깔끔하게 인정하며 같은 실수를 반복하지 않는 신입 사원이 되도록 노력해야 한다. 신입 사원 시절의 실수에 대해서는 상식을 지닌 상사라면 교육을 해주는 것이 다반사이며 이해하고 넘어가는 것이 일반적이다. 이때 부하 직원의 태도를 유심히 살펴보는 것이 일반적이다. 지적에 대한 마음 자세와 처신을 잘하는 것이 신입 사원에게는 무엇보다도 중요하다.

신입이 약간의 지식으로 전부를 아는 양 아는 척하고 자신의 과오를 이런 핑계와 저런 핑계를 대면서 그 자리를 모면하려는 태도를 보이면 안 된다. 윗사람이 볼 경우에 볼썽사납다는 말이 적당한 표현인 것처럼 해서는 안 된다. 신입 시절을 벗어나기까지는 적당한 침묵을 유지 하는 것이 좋고 실수를 범했을 시 있는 그대로 인정하고 재발하지 않도록 주의를 하는 것이 자신에게 플러스 요인이 된다는 점을 명심해야 한다.

하나를 알아도 확실하게 정확하게 자기 것으로 만들어가는 자세를 가지는 것이 신입 시절이다. 항시 배우려는 마음 자세를 지니고 일에 대해서만큼은 완벽에 가까울 정도의 능력을 발휘한다는 각오를 가지고 접근하는 것이 인정받는 직장인이 되는 지름길이다. 신입 사원은 자신의 능력과 역량에 따라 신입 시절에서 벗어나는 기간이 단축된다는 점을 염두에 두어야 한다. 남과 다른 업무 처리와 직장 예절을 준수하는 자세와 태도가 요구된다고 할 수 있다.

확신에 찬 전화 응대

직장에 걸려오는 전화를 처음 받는 직원의 응대는 그 회사의 얼굴이라 해도 틀린 말이 아니다. 사회 어느 곳에 전화했을 때든 최초로 전화받는 목소리에 따라서 그곳의 이미지에 대한 호불호를 판단하게 되고 자신의 말투가 달라지는 것을 누구나 경험을 했을 것이다. 얼굴을 안 본 상태에서 상대와 소통을 할 경우는 자신의 감정을 그대로 전하기가 어려운 점이 있다. 본인의 의도와 무관하게 상대가 받아들여 괜한 오해를 낳기가 십상인 것이 전화 소통이다.

직장에서 신입 사원이 주로 직장에 걸려오는 전화를 받는 경우가 많은 편이다. 직장의 전반적인 업무 파악이 안 된 상황에서 전화를 받을 때는 두렵고 남의 시선을 의식하는 것이 당연한 일이다. 이때 당당하고 자신에 찬 목소리로 전화 응대를 할 수 있는 신입 사원은 일단 상사에게 좋은 이미지를 부각 각인시키게 된다.

입사 후 당분간은 전화받기가 두려워서 꺼리게 될 수 있다. 이것에서 남보다 먼저 탈피하여 전화를 받으려는 태도를 취할 줄 아는 신입 사원이 되는 것이 중요하다. 신입이 전화를 잘 받기 위해서 직무 관련된 지식이 수반되는 것이 필수이다. 전화를 걸었는데 전화받은 사람이 자신은 잘 모르니 누군가 바꾸어 드리겠다고 할 때 그 회사에 대한 이미지가 하락하게 되는 것을 상기하면 이해가 빠를 것이다. 신입 사원 시절의 전화 응대는 이처럼 자신을 밖으로 표출할 수 있는 좋은 기회임을 인식하고 자신 있고 확신에 넘치는 전화 응대를 할 수 있어야 한다.

직장에서 전화를 받고 소통할 때 신입 사원 입장에서 자신 있게 응대한다는 것이 그리 쉬운 일이 아니다. 회사에 걸려오는 전화는 업무에 관련된 일이 주를 이루는데 입사한 지 얼마 안 되는 신입 사원은 업무 파악이 제대로 되어 있지가 않기에 전화를 자신 있게 받는다는 것이 쉽지 않은 것은 당연한 일이다. 특히 상사와 동료가 보고 듣는 앞에서 무슨 이유로 걸려오는 전화인지 모르는 상황에서 전화를 받기에 더욱 그럴 수가 있다.

직장 생활은 신입뿐만 아니라 누구나 자신감 있고 당당한 의사소통을 하는 것이 중요하다. 그러기 위해서는 업무 파악을 제대로 하고 있어야만 한다. 신입은 입사 후 신속하게 눈치껏 회사의 정책과 팀 내에서 추진하는 일을 파악할 줄 알아야 한다. 업무를 모르고는 전화를 잘 받는다는 것이 쉽지가 않기 때문이다. 직장에서 전화로 직무를 수행하면서 일을 처리하는 비율이 점점 높아지는 추세이므로 친절하게 받으면서 회사를 대변한다는 마음 자세를 갖도록 해야 한다.

누군가로부터 직장 내 부서로 걸려오는 전화도 있지만 자신이 업무상 상대방에게 전화를 거는 경우도 많다. 얼굴을 안 본 상황에서 자신의 의견을 전달해서 상대를 설득시킨다는 것이 생각처럼 용이하지 않기에 사전에 준비해서 짧은 시간 안에 요약해서 논리 있게 전화로 말할 수 있어야 한다.

능력이 있는 직장인은 전화 통화를 오랫동안 하지 않는다. 간결하게 핵심만 끄집어내어 상대하고 업무 처리를 하는 경향이 짙다. 신입 사원은 선배와 동료의 통화하는 모습에서 전화 응대하는 요령을 눈치껏 학습하는 것이 중요하다. 선배와 동료가 전화 소통하는 내용만 잘 귀담아들어도 업무 파악이 수월해질 수 있다. 직장에서 전화 업무가 반은 차지한다고 보아도 틀린 말이 아닐 정도로 전화 응대가 중요하다는 것을 신입 사원은 유념하고 직장 생활을 해야 한다.

예의 있고 당당하게 명함 주고받기

명함 예절은 신입 사원 때부터 제대로 좋은 습관을 들여놓을 필요가 있다. 신입 사원이 처음으로 자신의 개인 정보가 기재된 명함을 받았을 시 그 뿌듯함은 이루 말로 표현하기가 어렵다고 할 정도로 기분이 좋다. 더군다나 사회적으로 이름이 나 있는 직장의 명함이라며 더욱 그렇다.

신입 시절에는 상사가 누군가를 소개할 때 명함을 받고 주는 일이 생각처럼 쉽지 않고 긴장하게 되어 있다. 사회적으로 높은 위치에 있는 사람말 속에서 표출되는 그것만의 다른 대상과 구별됨이 피부에 와닿을 정도로 다른 느낌을 말투라고 정의할 수 있다. 말 속에서 표출되어 다른 대상과 구별되며 피부에 와닿을 정도로 다른 그것만의 느낌을 말투라고 정의할 수 있다. 의 작은 것들이 제품의 완성도를 높여준다는 것을 의들의 명함 주고받기를 보면 반듯하고 자신감과 당당함을 엿볼 수가 있기에 신입 사원 시절부터 명함 예절이 더욱 중요하다고 할 수 있다. 사소한 일이라고 생각할 수도 있지만 이러한 일을 남하고 달리 실천하는 신입이 향후 임원이 될 확률이 높다.

사소함을 중시하고 성실성과 진정성이 나타나게 하는 것이 명함 주고받기에서부터 비롯된다고 할 수 있다. 첫 대면 시 명함을 주고받는 에티켓을 지키며 상대를 대하는 사람은 그 후의 행동도 영락없이 겸손하게 상대를 배려하고 대화하게 한다는 점을 신입 사원뿐만 아니라 직장인은 유의할 필요성이 있다.

명함 지갑은 구비하고 있어야 한다. 명함을 꺼낼 때 명함 지갑을 활용할 때 상대가 자신을 느끼는 가치는 별도의 방법으로 명함을 전달할 때와 확연하게 다르기 때문이다. 일에 대한 준비성과 비즈니스 하는 태도는 대수롭지 않게 느낄 수도 있는 명함 주고받기에서부터 비롯된다는 것을 신입 사원은 특히 인지하고 있어야 한다.

또한 명함 예절에서 중요한 것은 항시 명함을 준비해서 몸에 지니고 있어야 한다는 것이다. 자신에게 도움이 될 수 있는 누군가를 언제 어디서 만나게 될지 모르기에 그렇다. 처음 상대방과 인사하고 명함 지갑에서 명함을 꺼내 공손하고 자신 있게 자신의 신분을 상대방에게 전한다는 것이 상대가 받는 나에 대한 이미지를 좌우할 수도 있다. 이것이 명함의 중요성이라고 염두에 두면서 직장 생활을 하는 것이 좋다.

직장 생활을 하는 동안 비즈니스 관계로나 아니면 일반 사회의 관계 형성을 위해 수많은 사람과 여러 번 명함을 주고받을 기회가 많다. 명함을 받고 가지런히 테이블에 올려놓는 상대방을 보면 왠지 믿음이 앞서게 된다. 상대에 대한 배려와 기억을 하겠다는 징표로 곧바로 지갑에 넣어 놓지 않은 상태에서 미팅하는 동안 자신과 상대방이 보이는 위치에 놔둔다고 보면 된다.

명함 예절을 보면 반듯하게 사회생활을 하고 있는지를 간파할 수가 있다. 사소한 일도 중시하면서 상대에 대해 배려하는 마음과 공경심이 있는지를 알게 되는 기준이 되는 것이 명함 주고받기이다. 명함은 항시 몸에 지니는 습관을 갖도록 해야 한다. 언제 누구를 만나게 되고 상사가 언제 불러서 인사를 시킬지 모르기 때문이다. 갑작스러운 만남에 명함을 두고 와서 허둥지둥하는 모습은 가급적 피해야 한다. 신입 사원 시절에 명함 예절이 익숙해져야 오래가므로 첫 단추를 잘 맞추어야 한다. 명함 예절도 일의 연속이라 생각하고 유념하면서 직장 생활을 해야 한다.

신입 사원은 편견과 욕심을 버리고 상대의 말을 빠뜨리지 말고 듣고 표정을 밝게 하고 단정한 용모를 지니며 진실되게 표현하고 신의를 지키며 겸손함을 유지해야 한다. 첫 만남에서부터 좋은 이미지를 심어 줄 수 있도록 명함 주고받기부터 정성을 다하는 습관을 지닐 수 있어야 한다.

늘 메모하는 습관

메모는 상대방이 말한 내용 중 핵심적인 사항을 짧게 기록하는 것을 뜻한다. 글을 읽다가 필요한 부분을 정리하고 교육을 받고 상사로부터 지시를 받을 경우 중요 사항을 정리하는 경우가 있다. 메모는 통상적으로 상대방이 있는 경우와 없는 경우에 요점만 정리해서 기록하는 것을 의미한다.

메모할 때는 상대방이 부담을 갖지 않도록 하는 것이 우선이다. 처음부터 전부를 받아 적는 메모 태도는 좋지 않은 메모 습관이다. 누군가가 내가 말한 전체를 적어 내려간다는 것이 부담을 느낄 수 있기 때문이다. 중간중간 필요 사항만 눈치 있게 메모하는 것이 좋다. 메모할 때는 같이 자리한 상황에 맞게 대표적인 제목을 정하고 언제 누가 무슨 내용을 전달하고 지시하며 교육했는지를 요약 정리해서 기록하는 지혜가 있어야 한다.

특별히 직장에서 신입 사원은 긴장하고 회사 분위기와 문화에 익숙하지 않아서 상사가 지시한 내용에 대해 얼떨결에 대답하는 경우가 있다. 무슨 지침을 받았는지 명확히 파악이 안 되어서 엉뚱한 방향으로 일을 추진하게 되는 경향이 있어서 믿음을 주지 못하게 되는 경우가 있다. 항시 메모하는 습관을 지녀야 하는 이유가 여기에 있다고 할 수가 있다.

메모를 성심껏 잘하는 신입 사원을 보면 상사는 우선적으로 신뢰감을 갖게 된다. 왠지 반듯해 보이고 실수를 적게 할 것 같으며 업무 지시 사항에 대해 놓치는 일이 없을 것 같은 예감이 들기 때문이다. 신입 때부터 메모 습관이 평생의 믿음을 주는 시작이 될 수 있으므로 신입 사원은 유념하면서 직장 생활을 할 수 있어야 한다.

　메모는 소통 시에만 하는 것은 아니다. 업무를 하면서 필요한 중요 부분에 대한 내용은 자기만의 수첩을 활용하여 요약해서 수록해놓고 수시로 볼 수 있어야 한다. 개인에 따라 다소 차이가 있을 수 있으나 인간은 망각의 동물이기에 시일이 경과되면 기억이 가물가물하게 되어있어서이다. 적시에 핵심 사항과 중요 사항에 대해 상기를 하고 업무 추진을 하는 것이 직장에서 필요하다. 메모는 자신의 몸에 꼭 달라붙게 하여 익숙해지게 해서 습관화시켜야 한다. 직장인 해야 할 임무 중에서도 최우선순위가 메모하는 습관 가지기이다.

　사람의 기억에는 한계가 있다. 경영자의 훈시를 비롯해서 상사가 지시를 한다든지 비즈니스 파트너와의 미팅에서 핵심적인 사항을 기록하는 태도 습관을 가지는 것이 직장인에게 필요하다. 메모는 형식적인 메모를 할 바에는 안 하고 그 자리에서 집중하여 듣는 것이 낫다. 직장은 수많은 업무 지시와 상황이 발생하기에 놓치고 잊어버리게 될 수 있는 환경적 요인이 많으므로 신입 사원은 기록하고 정리하는 것을 일상생활화하는 것이 유익하다. 분위기와 상황에 따라 중요 부분만 메모히는 태도를 취하는 것이 올바른 메모 습관이다.

　메모하는 것도 중요하지만 메모한 내용을 내 것으로 만드는 것이 더욱 중요하다. 메모 자체만 중시하고 자리를 옮겨서는 유심히 들여다보지 않는 경우가 생각보다 많은 것이 직장인의 현실이다. 메모를 잘하고 메모한 내용을 현업에 적용하여 실행할 수 있는 신입 사원이 남보다 일 처리를 잘하게 되어 인정받을 확률이 높은 것이 자명한 사실이다.

지시받은 일 명확히 이해한 후 추진

상사가 업무를 지시할 경우 신입 사원은 낯선 직장 환경 속에서 지시한 내용을 명확하게 알아듣고 추진하는 것이 생각처럼 용이하지가 않다. 신입 사원은 인지가 덜 되었거나 내용이 이해가 안 되었을 경우 즉석에서 어떤 의미로 지시한 내용인지를 문의해서 상사의 업무 지시 의도를 정확히 파악해야 한다. 그래야 방향이 본론에서 벗어나지 않고 업무 실행을 하게 되어 상사에게 믿음을 줄 수가 있다. 대답만 무작정 "네" 하고 돌아서는 태도는 바람직하지 않다. 결과물이 만족스럽지 않아 신뢰를 얻는 데 도움이 안 되는 경우가 발생할 수가 있기에 유의해야 한다.

상사가 시키는 일을 처리하기 전에 우선적으로 상사가 왜 이 일을 하라고 하는지 핵심적인 사항을 간파할 줄 아는 능력이 있어야 한다. 직장 일을 하면서 빠른 것보다도 더 중요한 것은 상사가 원하는 대로 의중을 파악하고 확실하게 실행할 수 있느냐이다. 일정한 시일이 지나 일의 숙련도가 높아지면 신속성은 좋아지게 되어 있다.

직장에서 상사가 지시한 일에 대해 의도와 의중을 제대로 파악하지 못해서 다르게 알아들어 질책을 받고 두 번 세 번 수정하게 되는 일이 의외로 많다. 집중력과 이해도가 부족해서 발생하게 된다. 집중력 부족은 얼마든지 고쳐나갈 수가 있지만 이해력은 이미 학습된 영향이 크게 미칠 수밖에 없는데 지속적인 자기 계발을 통해 실력을 배양해 놓는 방법밖에 없다. 개인차가 확연하게 드러나는 것이 일에 대한 이해력이다.

신입 사원은 회사에 입사하는 순간부터 맡은 직무와 상사에 대한 집중도를 높일 수 있는 눈치가 필요하다. 직장에서 인정받기 위해서는 상사의 가려운 부분을 긁어 줄 수 있는 능력을 갖추고 있어야 한다. 결국은 센스가 있느냐 없느냐로 상사의 업무 지시에 대한 처리 결과가 달라지게 되어 있기에 눈치 빠른 신입 사원이 되도록 부단한 노력을 경주할 필요성이 있다.

상사에 따라 어떤 업무를 지시할 때 구체적으로 방향을 잡아주는 경우와 큰 틀만 말하면서 알아서 실행하라고 하는 경우가 있다. 지시를 받은 직원이 눈치껏 간파해서 추진해야 하는데 이때 정확한 이해가 안 될 때는 그 자리에서 한 번 더 구체적으로 핵심 사항을 반문하는 것이 좋다. 지시를 들은 직후에 궁금한 사항을 질문하는 것이 상사로 하여금 빠르게 알아듣지 못한다는 생각을 하게 할 수 있지만 바람직스럽지 못한 결과물을 완성하는 것보다 훨씬 도움이 되기 때문이다. 순간의 창피함을 의식하다 보면 향후 훨씬 더 큰 부정적 시각을 심어주는 결과를 초래하게 되는 것과 같은 이치이다.

직장 상사가 원하는 바를 분명히 간파하지 못하면 불필요한 시간 낭비가 심하게 나타날 수밖에 없다. 안 해도 될 일을 반복해서 하게 되기에 효율성이 저하되게 되므로 유념해야 한다.

신입 시절부터 야무지게 일 처리를 하기 위해서는 상사가 하라는 업무의 의도를 정확히 파악하는 것이 먼저다. 직장에서 상사가 자주 사용하는 말이 "시키는 거라도 잘했으면 좋겠다."라는 표현이다. 획기적인 새로운 것을 바라지 않을 테니 하라는 거나 제대로 해 가지고 오라는 뜻이다. 상사 입장에서는 당연한 주문이다. 신입 사원 때는 상사가 시키는 일만 잘해도 인정받게 되어 있다. 시키는 일도 못하면 더 이상의 중요한 일을 맡기지 못할뿐더러 직장에서 인정받는 자체가 어렵게 된다.

상사의 지침을 잘 받으려면 폭넓게 보는 시야와 여유 및 자신감이 있어야 한다. 학창 시절에 국어 시험을 볼 경우 줄거리를 잘 파악하는 것과 같은 맥락이라고 보면 쉽게 이해가 될 것이다. 비단 직장에서뿐만 아니라 상대의 의중을 파악하는 것은 사회생활을 하면서 필수 불가결한 일이라고 단정 지어도 무방할 만큼 중요하다. 상대가 말하려는 요지와 기대치를 명확하게 간파하는 신입 사원은 일 처리가 매끄러울 수밖에 없다.

출근 일찍 하기

직장 생활에서 출근은 직장인에게는 가장 기본적인 사항이다. 신입 사원은 정해진 출근 시간보다 일찍 나와서 하루의 일과를 준비하는 습성을 가지는 것이 좋다. 몇 번은 남보다 빠르게 나오고 출근 시간보다 이르게 나올 수 있으나 꾸준하게 일찍 나온다는 것이 생각처럼 쉽지 않은 것이 출근이다.

출근 시간을 별것 아닌 것 같이 생각할 수 있으나 일찍 출근하는 직장인은 상사에게 큰 점수를 가지고 들어갈 수 있는 이점이 있다. 좋은 부분은 언젠가 반드시 경영층에게 들어가게 되어 있는 것이 직장 조직이다. 출근이 늦었다고 생각하여 헐레벌떡 사무실 문을 여는 직장인의 모습은 보기 안 좋고 왠지 안정감이 없어 보여 일도 그렇게 할 것 같다는 생각을 상사에게 심어줄 수 있으므로 조심해야 한다.

현실적으로 직장에서 성공한 대부분은 남보다 일찍 출근한다는 것이 입증된 사실이다. 정신 자세가 남다르지 않으면 사무실에 조기 출근한다는 것이 쉽지 않다. 직장인이 출근을 일찍 한다는 것은 그만큼 직장 일에 열의가 있다는 것을 방증한다고 할 수 있다. 아침에 일찍 직장에 빨리 가고 싶은 마음이 드는 직장인은 남보다 빠르게 승진할 확률이 상대적으로 높게 나타나고 있는 실정이다. 직장을 다니면서 자신보다 직위가 낮은 직원이 자신보다 늦게 출근하는 모습을 보게 되면 어딘가 흡족하지 못하다는 생각을 갖게 된다. 인지상정이란 말이 어울리는 표현이라 할 수 있다.

신입 사원은 직장에서의 출근 시간이 사람에 대해 평가할 수 있는 첫 번째 단계임을 특별히 인지하고 있어야 한다. 출근 시간을 정상적으로 지키지 않는 직장인은 아무리 역량이 출중해도 중도에 탈락하는 경우를 필자는 수없이 봐 왔다. 직장 회식 후 다음날의 출근 시간은 더욱 주의를 요하는 것이 신입 사원 시절이다. 정신력으로 회식 다음날도 늦지 않게 상사보다 일찍 나와 있는 모습을 보여주는 것이 필요하다. 직장 상사는 단체 회식 다음날 출근을 체크 하면서 유심히 마음속 한가운데 늘 간직하고 있다는 것을 신입 사원은 유념하고 있을 필요가 있다. 작은 일 같지만 출근 일찍 하는 것은 상사에게 엄청난 믿음을 심어주게 되는 것이 직장의 원리이다.

퇴근 시간도 직장 생활을 하면서 중시해야 할 부분이다. 요즘은 추세가 직장 상사 눈치를 별로 안 보고 퇴근 시간이 되면 퇴근하는 분위기가 강하다. 출근 시간은 퇴근 시간과 다른 양상을 보이는 것이 직장이 가지는 특성이다. 출근은 하루의 시작이고 출근하는 시간에 따라 직무에 접근하는 태도를 엿볼 수가 있다. 신입 사원은 물론이고 직장인이라면 누구나 각별히 신경을 써야 할 부분이 출근 시간이다.

퇴근 준비는 퇴근 시간이 지난 후부터 하는 것이 좋으며 오늘 한 일을 체크하고 내일 할 일에 대해서 점검한 후 퇴근하는 습관을 지녀야 한다. 책상 정리 정돈과 주변 정리를 잘해놓고 나가는 것을 일상생활화해야 한다. 책상 주변의 정돈 상태를 보면 그 직원의 평소 업무 처리 태도를 엿볼 수가 있게 되기에 늘 정리 정돈이 잘되어 있다는 인식을 줄 수 있도록 해야 한다. 누가 보아도 깔끔하게 되어있다는 이미지를 주어야 한다는 것을 유념하면서 하루의 일을 마무리할 줄 알아야 직장에서 인정받는 데 유리하게 작용할 수가 있다. 출근 못지 않게 퇴근 후의 정리 정돈이 중요한 이유이다.

직장에서 업무를 보다가 자리를 떠날 경우가 생겼을 시 상사에게 행선지와 용무 및 되돌아오는 시간까지 구체적으로 보고하고 나가는 지혜가 있어야 한다. 작은 것에서부터 신뢰를 주는 것이 필요하다.

퇴근 시에도 퇴근 시간이 지난 다음부터 퇴근 준비를 하도록 하는 것이 좋다. 보이지 않는 일 같지만 누군가 다 보고 있는 것이 직장 조직이다.

과장보다 일 잘하는 대리

깔끔한 일 처리

회사에 입사한 동기 중 임원이 1명만 나와도 성공한 기수라고 말할 정도로 직장 내에서 경쟁은 치열하다. 직장에서 인정받아 출세 가도를 달리기 위해서는 업무 처리에 대한 실력이 최우선적으로 있어야 한다. 직급과 직책에 맞는 일 처리 능력이 없이는 직장에서 잘나갈 수가 없다.

가장 기본적으로 갖추고 있어야 할 조건은 주어진 일을 잘할 수 있는 직무 능력이다. 일 외적인 것보다 일로써 능력을 인정받을 수 있을 때 다음 단계를 보게 되기 때문이다. 직급이 올라갈수록 업무 성과에서 오는 차이는 수면 위로 현저하게 드러날 수밖에 없다. 아무리 일 외적인 부분에서 인정받고 있다고 해도 일정 시일이 지나면 한계에 봉착하게 되어있으므로 직무를 처리하는 실력을 먼저 갖출 수 있어야 한다.

나에게 주어진 미션을 잘 수행하기 위해서는 일에 접근하는 자세가 남달라야 하고 열정이 있어야만 가능하다. 자신만의 비전과 목표를 설정하고 구체적으로 실천해 나가는 습관을 갖도록 해야 한다.

일을 잘하기 위해서는 상사가 요구하고 원하는 것이 무엇인지를 간파하고, 업무 지시하는 사항에 대해서 세부적인 실천 사항을 수립할 줄 알아야 한다. 어떤 방법으로 일의 과정을 거쳐 완성 시키겠다는 계획이 앞서야 한다. 사전에 머릿속에 그림을 그리지 않고 일을 실행하면 상사가 기대한 작품을 만들기가 수월하지 않게 되어 있다. 추진 계획을 만들 줄 알아야 효율적이고 효과적인 결과물이 나올 수가 있다.

직장인이 직장 생활을 하면서 인정받기 위해서 반드시 해야 할 선결 과제가 있는데 상사가 지시한 내용에 대해 놓치지 않는 일이다. 여기서 놓친다는 뜻은 상사가 시킨 것에 대해 잊어버리고 실천을 하지 않고 나중에 상사가 확인하면 잊었다고 대답하는 경우이다. 직장에서 절대로 해서는 안 될 일이다. 상사가 지시한 것은 반드시 메모해서 빠뜨리지 않고 원하는 날짜까지 완결지어 보고할 수 있도록 해야만 인정받는 직장인이 될 수가 있다.

현실적으로 직장 내에서 직무를 수행하면서 여러 일이 산발적으로 많이 부여되기에 자칫하면 놓치는 일이 많이 발생할 수 있지만 일을 잘하는 직장인은 놓치는 일이 없다. 직장에서 인정받고 못 받는 차이는 업무 지시받은 것에 대해 완수하는 능력이 크게 좌우한다.

직장에서 승진할 경우는 직급만 올라가는 것이 아니고 직무에 대한 승진도 병행되기에 모든 직장인이 승진을 갈망하는 것이다. 그러기 위해서는 맡은 직무를 완벽하게 놓치지 말고 할 수 있는 역량을 지녀야 한다. 직장 상사는 무심코 지나가면서 힐끗 직원의 근무 자세를 보게 되어 있다. 일관성 있는 평소의 근무 태도가 중요한 이유이다.

직장인은 일에 대한 신뢰와 사람에 대한 신뢰를 주는 것이 출세의 밑거름이다. 맡겨진 일에 대해서 자부를 가지고 책임을 지고 완결해서 상사에게 인정을 받겠다는 의지가 있어야 업무 처리 능력이 배양될 수 있다. 적당히 처리한다는 생각을 가지는 순간부터 일의 방향성이 다르게 가게 되어 상사에게 꾸지람을 듣게 된다. 일을 잘하는 사람의 공통점은 자신이 완벽히 마무리 짓고 말겠다는 생각이 강하다. 그래야 정성을 쏟아붓게 되어서 좋은 작품을 완성할 수가 있다. 직장을 다니면서 "즉시 한다. 반드시 한다. 될 때까지 한다."라는 직장 관을 가지고 근무하는 마음가짐이 있을 때 인정받게 되어 있다.

기본기가 확실히 자리 잡고 있는 직장인은 새로운 환경에서도 실력 발휘를 하여 들쑥날쑥한 실적을 보이지 않으며 안정적인 성과를 낼 수가 있다. 기초를 튼튼하게 쌓지 못하고 기술만을 우위로 삼고 학습하게 되면 여건과 상황에 따라서 상하 폭이 심한 결과를 자주 보이게 된다. 수학의 기초 실력이 없을 때 학년이 올라갈수록 점점 문제 풀이가 어려워 우수한 성적을 내기가 쉽지 않은 것과 같은 원리이다.

직무에 대한 전문성은 일 잘한다는 평을 받기 위해 첫 번째로 갖추고 있어야 할 부분이다. 직무에 대한 지식이 없이는 다음 단계로 간다는 것은 말장난에 불과하다고 할 수 있다. 업무 파악 능력과 기본적인 지식이 바탕이 되어 있지 않고 성과를 낸다는 것은 있을 수 없기에 그렇다. 전문적인 직무 지식을 배양하기 위해서는 신입 사원 시절부터 주어진 일과 회사 전반적인 업무 흐름을 파악할 수 있는 능력을 부단히 익혀 나가서 자신만의 노하우를 축적해 놓을 수 있어야 한다. 전문 자격증을 취득하고, '직업'뿐만 아니라 '직장'을 가진 직장인에게 전문성이란 그리 큰 것이 아니다. 직장 생활을 충실히 하면 충분히 자기 것으로 가져올 수 있는 부분이다.

주어진 일을 효율적으로 잘 처리하는 직원의 특징은 일의 우선순위를 정해 놓고 추진한다는 것이다. 일을 잘하는 직원은 일의 중요도와 해야 할 일에 대한 우선순위를 정할 줄 안다. 일을 못하는 직원의 공통점은 일에 대한 우선순위가 없다는 것이다. 일에 대한 에너지가 부족하고 항시 바쁘다는 말을 자주 한다. 열심히 일하는 것 같은 데 결과물이 더디고 나오지 않는 직원과 업무 지시를 하면 빠른 시일 내에 피드백이 되는 직원이 있다. 일의 중요도를 정할 줄 모르는 데서 비롯되는 경우와 직무 능력의 부족에서 나오는 결과이다. 직무에 대해 추진할 순서를 정할 줄 아는 것도 능력이다.

직속 상사와 차상위자가 업무 지시를 할 때 지시한 시기와 일의 중요도를 판가름할 줄 알아야 하고 누가 시켰는지까지도 고려해서 업무를 해야 한다. 여러 상사가 일을 지시했을 때는 최상위자가 지시한 일을 먼저 해야 한다. 예를 들어 임원과 대표가 지시했다고 했을 경우 임원이 먼저 일을 지시하고 대표가 나중에 지시했어도 대표가 시킨 일부터 먼저 처리할 수 있어야 한다.

역량이 부족한 직원일수록 항상 바쁘다고 말하는 경우가 많다. 업무 능력이 부족한 것이 주된 원인이지만 일의 우선순위를 효율적으로 정하지 못해 생겨나는 경우도 무시하지 못한다. 속칭 저 직원은 일머리가 없다는 말을 들어봤을 것이다. 일에 대한 센스가 부족하다는 말과 같은 뜻이다. 그로 인해 상사가 언제까지 하라고 지시한 날짜를 지키지 못하게 될 수밖에 없어 믿음을 주지 못하는 직원으로 낙인찍히게 되는 경우가 생긴다.

일에는 중요한 것이 있고 급하게 처리해야 할 일이 있다. 무엇을 먼저 추진하는 것이 옳은지 견해가 분분한 것이 사실이다. 중요하고 급한 것을 우선 추진하는 것이 좋으나 굳이 하나를 선택하라고 하면 중요한 것을 먼저 하는 것이 효율적이다. 잘나가고 인정받는 직장인은 일에 있어서 무엇이 중요하고 급한 일인지 현명한 판단을 잘해서 실천하는 공통점을 지니고 있다. 진정한 일의 고수는 급한 일을 사전에 차단할 수 있도록 일 처리를 완벽하게 처리해 놓으려는 경향이 짙다.

협업을 통한 성과 창출

직장에서 인정받으며 속칭 잘나간다는 소리를 듣기 위해서는 부서 간 소통과 협력을 통해 최적의 안을 도출해서 성과를 내야 한다. 상호 간의 갈등을 조정하고 상대방의 견해와 주장을 수렴하여 생산적인 결과물을 산출하는 능력을 지녀야 한다. 협업을 잘하려면 무엇보다도 조직원 서로 간 원활한 소통이 이루어져야만 가능하다.

직장인이 자신을 낮추면서 타부서의 동료를 배려하고 의견을 경청하여 반영시킨다는 것이 실제 협업에서 쉬운 일이 아니다. 경쟁이 심한 직장 조직의 특성으로 인해 자신의 주장을 굽힌다는 것이 생각처럼 용이하지 않기 때문이다. 직장 일이라는 것이 아무리 능력이 출중하다고 해도 혼자서 이루어 낼 수 있는 일이 많지 않다. 대부분 여럿이 아이디어를 짜내고, 공동으로 합작해서 경제적이고 효과적인 실행안을 수립하여 현장에서 실천했을 때 소기의 목적을 달성할 수가 있게 되어 있다. 협업을 잘하는 능력을 갖춘 것은 직무에 대한 실력뿐만 아니라 대인 관계와 커뮤니케이션 능력도 우수하다는 것을 방증해 주는 결과라고 할 수 있다.

직장은 서로 다른 성향의 구성원이 모인 집단이다. 협업을 잘하기 위해서는 왜 협업을 해야 하는지 중요성을 인지시켜 스스로 깨우치게 하는 것을 우선해야 한다. 리더는 팀원에게 동료와 업무를 같이했을 때 효율성과 경제성이 얼마나 좋아지고 시행착오를 줄일 수 있는지에 대해 교육을 통해 강조해야 한다. 직무 외에도 직원 간의 대인 관계가 업무 성과에 미치는 영향에 대해서 주입을 시켜 서로 잘 어울리면서 직장 생활을 하도록 인식시켜 놓을 필요가 있다. 특히 상사와의 관계, 동료와 후배와 좋은 관계를 형성하고 협상을 통해 좋은 안을 창출할 수 있도록 주입을 해 놓는 것도 놓쳐서는 안 된다.

협업을 잘하려면 직원 간의 공동 의식을 불러올 수 있는 비전과 목적을 명확하게 조성해 놓을 필요가 있다. 개인이 아닌 우리라는 사고를 갖도록 해야 하는 것이다. 그래야 하나가 아닌 전체를 이루어 최고의 추진 안을 수립하고 실행하여 성과를 낼 수 있기 때문이다. 리더는 팀원이 합심할 수 있는 공통의 목표를 설정해 놓고 그것을 달성했을 경우의 보상책을 만들어야 한다. 팀원이 맡은 업무를 제대로 실행하게끔 여건을 조성해 놓아야 기대하는 협업의 성과를 낼 수가 있다.

    직장에서의 협업이란 추구하는 직무의 성과를 내기 위해 주위 동료의 머리를 빌리는 것이라 할 수 있다. 공동의 작업을 통한 시너지 창출 효과를 보는 것이 협업이다. 획기적인 혁신을 하기 위해 절대적으로 필요한 행동이다.

    협업할 때 유의할 사항은 기대하는 실적을 내기 위해서 협업을 한다는 것을 잊지 말아야 한다는 점이다. 무언가 배가되는 성과를 내기 위해서 하는 공동 일이 협업인 것이다. 잘나가는 직장인은 대화와 협조를 잘하여서 매사 독단적인 업무 스타일을 배제하고 동료와 의견을 함께하여 성과를 낸다.

    직장의 궁극적인 목표가 영리 추구라는 것은 누구도 부인할 수 없는 현실이다. 수익을 내려면 자신만의 견해에서 탈피하여 주위 동료와 함께하여 최고의 추진 계획을 수립해야 한다. 그러기 위해 직장에서의 협업은 절대적이다. 직원의 협업을 통하여 이루어진 내용에 대해 직장 상사는 내용을 긍정적으로 받아들이면서 승인하게 될 확률이 높다. 최상의 성과를 내기 위한 직장인의 협업 능력은 직무 성과와 곧바로 직결되게 되어 있다. 협업을 하면서 일 처리를 해야 하는 이유다.

호감 가는 말투

말 속에서 표출되어 다른 대상과 구별되며 피부에 와닿을 정도로 다른 느낌을 말투라고 정의할 수 있다. 직장에서 상대와 소통 시 같은 말이라도 듣는 사람이 불편하지 않고 편안함을 주도록 하는 것이 필요한데 업무를 접하다 보면 구조적으로 그렇게 한다는 것이 실상은 어렵다.

다정다감한 언어 구사는 친밀도 유지에 도움이 된다는 것을 모르는 사람은 없다. 조직 구조가 그렇게 만들어져 있어서 불가피하게 큰소리도 나고 업무상 이견이 생길 경우 자신의 주장을 펼치다 보면 안 할 말도 나와서 얼굴을 찌푸리게 되고 상대에게 마음의 상처를 주는 일이 많은 것이 직장 조직이라 할 수 있다. 정녕 악의가 없는데도 상대에게 말로써 불쾌감을 주는 경우가 직장에서 빈번하다.

직장에서 같은 말이라도 누가 하느냐에 따라 상대가 받는 느낌은 완전히 다르게 와닿게 된다. 경영자의 한마디에서 오는 중압감과 무게감은 이루 말할 수 없다. 그만큼 전달자가 누구이고 어떤 형태로 말을 하는지가 가슴에 비수를 꽂게 되어 시쳇말로 멘붕에 빠지기도 하고, 사기가 충만하게 이루어져 성과를 내기가 용이하게 되는 일이 직장에서는 다반사이다.

말하는 사람의 의도와 전해 듣는 사람이 해석하는 것이 상반되게 흘러가는 경우가 자주 발생하는 것이 말이 지니고 있는 특색이다. 직장에서 상하 간에 업무적으로 소통 시 상대방이 수긍할 수 있도록 말을 해야 한다. 단정 짓는 말투는 상대에게 믿음과 신의를 잃게 하고, 그 영향이 부메랑이 되어 자신에게 돌아온다. 상대와 소통이 원활하지 못하게 되면 조직 생활에서 마이너스 요인으로 작용한다는 점을 유념해야 한다.

어떤 사안에 대해 쉽게 판단하고 결정하며 행동할 때 많은 실수를 하게 되며 후회하게 되어 있다. 자신의 의견을 무조건 옳다고 단언하여 상대를 믿게 하려고 강한 표현으로 말하는 것처럼 어리석은 짓은 없다. 그 순간은 고개를 끄덕여도 돌아서면 거부감이 생기게 되어 있으므로 주의를 해야 할 필요가 있다.

직장에서 말투 때문에 동료 및 상사와 관계가 멀어지게 되는 경우가 의외로 많다. 상사에게 반문하는 식의 말투는 좋지 못하다. 직장은 직장만이 가지는 고유의 말투가 존재한다. 직장은 경영자와 임원 및 상사에 의해 움직이는 조직이라 할 수 있다. 윗사람 의중대로 실행해야 하는 것이 어찌 보면 당연한 처사이기에 같은 말을 해도 긍정적인 인상을 줄 수 있는 말투를 사용해야만 인정받기가 수월하게 되어 있다.

부득이한 사정으로 늦게 출근했더라도 변명보다는 우선 "죄송합니다."라는 말을 한 후 이유를 설명하는 것이 올바른 말투이다. 보고와 대화는 확연하게 다른 뜻을 내포하고 있다. 보고는 정보를 전달하는 것이고 대화는 상대의 말을 경청하는 것이 앞선다고 할 수 있다. 말투를 좋게 하려면 말의 표현 능력이 요구된다. 어떤 어휘를 구사하느냐가 듣는 사람의 심징을 편안하고 수긍하게 할 수 있어서이다.

부서의 장이 되면 임원과 경영자가 합류한 실적 회의를 하게 되는 경우가 많다. 이때 경영자의 질의나 질책을 받을 때 표정과 말투를 잘못하여 낙인 찍혀 승진은 고사하고 자의 반 타의 반 눈 밖에 나게 되는 경우가 있다. 일대일로 상사하고 마주쳤을 때와 달리 전체 회의 시는 더욱 말투를 조심해야 한다. 상사가 받아들이는 강도가 여럿이 있을 때 배가 되기 때문이다.

상사에게 핀잔을 받는 경우 마음이 상해 있고 그 안 좋은 잔재가 남아있어 업무를 하다가 다른 상대방에게 자신의 의지와 무관하게 불쾌한 감정이 드는 말투를 하는 경우가 있다. 이런 상황이 자주 발생하는 것이 직장 생활이다. 꼭 그 상황에서 다른 동료 및 상사와 업무적으로 마주치게 되는 경우가 생길 수밖에 없는 환경이 조성되기에 그렇다. 머피의 법칙과 같은 현상이 도래된다고 할 수 있다. 말투는 나아가 인상까지도 영향을 미치게 되어 있다. 직장의 말투는 "합니다." "입니다." 가 표준어이다.

이미지 제고

직장 생활을 하면서 경영자나 임원에게 믿을 만한 사람으로 평판이 나는 직장인은 앞날에 서광이 확실하게 비치게 되어 있다. 상사의 믿음 속에서 승승장구하여 좋은 대우를 받고 주요 보직에 오르게 되어 중추적인 역할을 수행하는 기회가 주어질 확률이 매우 높다. 직장에서 "저 친구는 믿을 만해."라는 소리를 들을 수 있다는 것은 엄청난 행운이다. 직무가 힘들고 환경이 마음에 안 들어도 불평하지 않는 습관을 가지는 것이 좋다. 불평은 하기 시작하면 자신도 모르게 입에 배게 되어 지속적으로 나오게 되기에 더욱 유의해야 할 필요가 있다.

불평을 자주 늘어놓는 직원치고 직장에서 인정받는 경우는 드물다. 더군다나 불필요한 부정 바이러스를 남에게 전파하게 되어 조직에서 도움이 안 되기에 믿을 사람으로 평가받기는커녕 오히려 조직에서 불필요한 사람이라는 이미지를 심어줄 수 있으므로 주의해야 한다. 동료도 처음에는 동조하고 동질감을 느끼다가도 불평이 지속될수록 부정적으로 이미지가 부각되어 점점 거리를 두게 되어 구성원으로 외톨이가 될 확률이 높아지게 되므로 불평하는 습관을 버려야 한다.

남에게 과시하기 좋아하고 보여 주기 위한 삶을 사는 데 익숙해지면 순간은 뿌듯한 무언가를 느끼지만 항시 허탈하고 채워지지 않는 부족한 자신을 발견하게 된다. 내면에 충실한 사람이 꽉 찬 감정을 가지고 언제 어디서 누구를 만나든지 허튼 모습을 보이지 않으며 상대가 가볍게 볼 수 없게 말하고 행동한다. 명품으로 치장하기를 좋아하는 것과 같은 맥락인데 외형을 고급품으로 치장해도 내면은 채워질 수가 없는 것이 세상의 이치이다.

직장에서 사람에 대해 함부로 평가하는 게 제일 좋지 않은 평가다. 자신이 부족할 경우 자주 남을 평하게 되는데 단점만 부각시켜 화젯거리로 삼기를 즐긴다. 이는 비열하고 비굴한 행태이다. 속으로 생각하고 상대의 좋은 면을 찾을 수 있는 안목과 도량을 지니며 알고 속아주는 지혜를 가지고 있을 때 상대도 나를 평하지 않게 된다.

집단에 다수가 속해 있을 시 꼭 한 명 이상은 본인과 안 맞아 꼴도 보기 싫은 사람이 존재한다. 미움을 받는 상대방은 아무렇지도 않은데 미워하는 당사자가 더 손해인 경우가 많다. 청국장을 자신이 먹을 때는 냄새를 못 느끼는데 남이 먹을 때는 이상야릇한 냄새를 맡게 된다. 나 위주의 편향된 발상이 뇌를 자극해 냄새의 척도를 상이하게 만들기 때문이다. 이기주의 사고를 근본에 가지고 살아가는 사람들의 심리를 후각에서도 느끼게 하는 대목이다. 남보다는 나 위주의 생활이 고정되어 가슴 속에 정립되어 버린 결과이다. 나의 부족한 점은 묻어두고 남의 단점과 치부만 드러내어서는 안 된다는 말과 같은 비유이다. 직장인은 새겨보면서 자신의 이미지를 제고할 필요가 있다.

직장은 전국에서 온 각계각층의 사람들로 구성된 조직이다. 당연히 저마다의 생각과 사물을 보고 판단하는 척도가 다를 수밖에 없다. 또한 직원마다 직급과 직책이 다르게 부여되어 있다. 상사가 엄연히 존재하게 되어 있는 집단이다.

이런 조직에서 남의 말을 하는 재미로 직장에서 받는 스트레스를 푸는 직장인이 대다수라고 해도 무방하다. 사람은 유독 남의 말을 하기를 좋아한다. 그러므로 직장 상사나 동료에 대한 말을 뒤에서 하는 것을 특히 주의해야 한다. 저 직원은 뒷담화를 많이 한다는 이미지를 주는 순간부터 정보가 단절되게 되어 있다. 상대가 중요한 말을 하지 않으려고 하기 때문이다.

"너에게만 하는 이야기야." 하면서 전하는 말은 말이 끝나는 이후 남들에게 전해도 된다는 말과 같다. 그만큼 비밀이 있을 수 없다는 뜻이다. 뒷담화를 잘하는 동료를 보면 어디 가서 내 이야기도 하겠지 하고 가까이하기를 꺼리게 되는 것이 사람의 심리이다. '저 사람은 뒷담화를 안 하고 입이 무겁다'는 인식을 주는 직원은 직장 내에서 구설수에 오르지 않고 탈이 적게 나서 남보다 승진을 빠르게 할 수 있는 플러스 점수를 받게 되어 있다.

본의 아니게 말실수로 불이익을 당해서 중도에 직장 생활을 하는 데 곤란한 지경이 닥치는 사례가 빈번하게 일어나고 있는 것이 직장 현실이다. 불필요하게 동료 및 선배를 입방아 찧기를 즐기는 직원이 있는데 결국 자신에게 해가 되어 돌아오게 되어 있기에 조심해야 한다. 남을 헐뜯는 행위는 전혀 직장 생활에서 도움이 안 된다는 것을 직장인은 명심해야 한다.

외모에 투자하기보다 표정에 투자하라는 말이 있는 것처럼 표정 관리는 직장 생활을 하면서 매우 중요하다. 표정이 밝지 못한 사람은 긍정적인 사고를 지닐 수가 없다.

조직의 리더는 표정 관리에 능숙하다. 화를 냈다가도 금방 웃을 수 있는 표정을 지을 수 있도록 표정 관리를 한다는 것이 결코 쉬운 일이 아니다. 사진 찍을 때 활짝 웃는 모습을 아주 자연스럽게 지으면서 찍을 수 있는 사람은 자신에 대한 신뢰와 당당한 생활 태도를 가지고 있다고 할 수 있다. 지금 순간 환경에 대해 필연적으로 받아들여 적응하려는 의지가 강해 어느 곳에서 무슨 일을 해도 정면 돌파하여 좋은 결과를 이룩하는 경우가 농후하다. 밝은 표정을 짓지 못하고 어색한 행동을 마지못해 하는 사람은 적극성이 결여되어 하는 일마다 억지로 한다는 뉘앙스를 주게 되어 결과가 좋지 않게 되는 일이 많다. 자신감 넘치는 당당한 표정과 업무 성과는 비례하게 되어 있다.

누군가에 활력을 줄 수 있는 표정을 짓는다는 것은 그 사람으로 하여금 에너지를 갖게 해주고 호감을 불러일으키게 할 수 있어서 좋은 대인 관계를 이룰 수 있는 발판을 마련하게 해 준다. 어찌 보면 가장 쉬운 방법이라고 할 수 있다.

무표정과 시큰둥한 표정은 소통을 원활하게 하는 데 적이나 다름없다. 사람은 상대와 말을 할 때 자신의 말에 대해 진정으로 귀를 기울이는지를 알게 되고 상대의 모습에서 느낌을 받게 되기 때문이다. 스펙이 좋고 언변이 좋아도 표정이 밝지 못하면 상대에게 유능하다는 느낌이나 호감을 주기가 힘들다. 표정의 중요성을 그대로 나타내는 의미이다.

직원을 채용하려고 면접을 볼 때 내면에서부터 드러난 밝은 표정을 짓고 있는 모습을 보게 되면 일단 점수를 얻고 들어가게 되어 있는 것과 마찬가지이다. 살아 움직이는 것과 같은 긍정의 메시지를 주는 표정을 지으며 직장 생활을 하였을 때 호기가 찾아오게 되고 상사로부터 인정받는 데 유리하게 된다. 좋은 표정은 주변 사람을 나와 가깝게 만들고 유익한 정보를 얻는 데 도움이 됨을 인식하고 직장 생활을 하는 것이 필요하다.

선택과 집중

선택과 집중을 하기 위해서는 자신에 대한 비전을 명확히 설정하고 인지하고 있어야 한다. 비전을 지녀야 그것을 달성하기 위해서 자신의 강점과 경쟁력을 목표 달성을 위해 한군데로 모아서 실행하게 되기 때문이다. 자신이 잘하는 것이 무엇인지 파악하고 더 잘할 수 있는 쪽으로 기량과 힘을 다하는 것이 선택과 집중이라 말할 수 있다. 잘나가는 직장인이 가지고 있는 필수 요인이다.

업무 단계별로 선택할 수 있는 보는 눈을 가지는 것도 올바른 선택을 위한 길이다. 직장은 항시 선택을 해야 하는 조직체이다. 업무 진척에 따른 효과적인 선택은 수익 창출에 큰 영향을 미치게 되어 있다. 선택이 바르게 되었을 때 일에 몰두하고 전력을 다하게 되므로 직장에서는 올바른 선택이 선행되어야 한다.

과거에 크게 성공한 경험이 있는 창업주 경영자는 시대의 변화에 아랑곳하지 않고 옛것을 강조하며 그대로 답습해서 실천하기를 바라며 주장을 굽히지 않는 경우가 있다. 시대착오적인 발상이다. 지난 일에 얽매이면 올바른 선택과 집중을 하기가 힘들기 때문이다.

효과적인 선택과 집중을 하기 위해서는 상대를 정확히 파악하고 다양한 정보를 접해서 최적의 안을 도출해낼 수 있어야 한다. 적을 알아야 승리할 수 있다는 말과 부합한다고 할 수 있다. 선택과 집중은 80% 대 20%의 파레토 법칙이 적절한 비유이다. 집에 있는 옷장을 가정해볼 때 우리가 가진 옷장의 옷 전체에서 자주 입는 20%의 옷들이 착용 비율의 80%를 차지한나는 것이다. 소수의 작은 것들이 제품의 완성도를 높여준다는 것을 의미한다. 직장에서 성과물은 몇몇 핵심적인 요인들과 구성원에 의해서 나오게 된다는 것과 같은 이치이다. 결국 직장 비전 달성은 각 부서에서 선택과 집중을 잘했느냐에 달려있다고 해도 과한 말이 아닌 것이다.

불필요한 시간과 비용을 낭비하지 않고 생산적이고 효율적인 방식으로 경제 원칙에 입각하여 기업의 최종 목표인 영리 추구를 이루기 위해서 직장인의 직무에 대한 선택과 집중은 중요한 요소이다. 유능한 직장인은 선택과 집중을 잘해서 지치지 않고 직무를 자신의 박스 안으로 들어오게 하면서 처리하는 기술을 지니고 있다.

일을 잘해서 칭찬받는 직장인은 열정과 에너지를 쏟아야 할 곳을 구분해서 집중적으로 쏟을 줄 안다. 매사 적당히 하는 일이 없고 선택과 집중을 할 줄 알기에 어떤 부분에 모든 노력을 다해야 하는지 안다.

사람은 매사에 최선을 다할 수는 없다. 그랬다가는 지쳐서 노력을 쏟아부어야 할 곳에 전력을 다할 수가 없게 되어 있으므로 에너지를 비축해 두었다가 열정을 쏟아부어야 할 곳에 다할 수 있어야 한다. 비축하고 축적한 힘과 능력을 다할 수 있을 때 일의 성과가 나오게 되어 있는데 직장인은 이 부분을 최대한 활용할 줄 알아야 한다.

간혹 면접을 보게 될 때나 상사가 업무 지시를 하였을 경우 "최선을 다하겠습니다." 하고 대답하는 사례를 많이 볼 것이다. 항시 최선을 다한다는 것이 말처럼 쉽지가 않다. 목숨 걸고 매사 실천하는 사람이 있을 수 있으나 극히 드문 케이스다. 순간순간에 온 정성과 열정을 쏟아부을 수 있는 사람이 진정한 프로 직장인이라 할 수 있다.

디테일 중시

어떤 상황이 발생하거나 일이 주어졌을 경우 빈틈이 없게 섬세하고 상세히 처리해 나가는 것을 디테일하다고 지칭한다. 디테일은 소심하다는 표현과는 다르다. 소심하다는 것은 대범하지 못해 근심이 많다는 것을 뜻하고 디테일은 일 처리가 완벽함을 의미한다. 능력 있는 직장인은 세부적인 부분을 중시하고 작은 것도 놓치지 않고 업무 처리를 하며 가능한 실수를 범하지 않도록 디테일하게 업무 수행을 한다.

작은 일을 잘하지 못하는 사람은 큰일은 더욱 못하게 되는데 직장에서는 직무를 줄 때 그대로 적용하고 있다. 직장에서 하찮은 일이라고 대충 일 처리를 하는 직장인은 큰일은 더욱 할 수가 없다. 리더들은 디테일 경영에 강한 면모를 보여주고 있다. 직장에서 일을 잘하는 사람에게 더 중책을 맡기게 되는데 섬세한 부분까지도 놓치지 않고 일을 매끄럽게 처리하기 때문이다.

개인의 성향도 있겠으나 디테일은 신입 사원 때부터 직무를 수행할 때 중시하고 습관화시켜 놓는 것이 좋다. 디테일하지 못한 업무 수행은 잦은 실수를 하게 하여 신뢰를 잃게 만드는 직접적인 요인이 되므로 유념하면서 직장 생활을 하는 것을 잊지 말아야 한다.

어떤 문제가 발생했을 시 실질적인 핵심 요인은 아주 세부적인 부분에 있다는 것을 의미하는 "악마는 디테일에 있다."라는 표현이 있다. 쉽게 해결할 수 있어 보이는 사항의 속을 들여다보면 신중을 기해서 열정을 다해야 대안이 나오고 해결할 수 있다는 것을 의미한다는 말이다. 직장의 일은 당면한 일에 대해 대책이 없을 것 같아도 상급자로 올라갈수록 문제점에 대한 대안이 보이는 것과도 같은 논리이다.

디테일하지 못하면 작은 부분을 놓쳐서 시행착오를 일으키게 되는 빈도수가 높다. 작은 부분의 실수로 인해 큰 것을 이루지 못하게 되는 것이 직장 일이다. 경영자가 작은 것은 아끼고 쓸 데에는 과감히 지출하는 것과 같은 이치다.

상사가 업무 지시를 하거나 지침을 주고 결과에 대해 이유를 묻게 될 경우 부하 직원이 확실한 대답을 못 하고 머뭇거리며 두리둥실 적당히 그 자리를 무마하려는 경우가 있다. 역량이 부족한 직장인의 행동이다. 디테일에 강한 직장인은 상사의 질의에 구체적으로 상세하게 답을 하게 되어 있다. 직장에서 디테일한지 그렇지 않은지의 기준을 판가름하는 잣대가 되는 사례이다. 직무 처리는 작은 것에 중요한 요인이 숨겨져 있다는 생각을 하고 추진해야 한다.

동료와의 관계나 대인 관계를 할 경우에도 디테일을 중시해야 한다. 직장 동료에 대한 세심한 배려가 곧 자신의 경쟁력을 높이는 데 득이 되어 돌아오기 때문이다. 겉치레만 하는 대인 관계는 오히려 실이 되는 일이 많다. 사람은 상대의 진정성 없는 태도와 행실을 금방 알아차리게 되어 있다. 마음속으로는 항상 묻어 놓기에 결정적인 순간에는 돌아서게 되는 법이다.

고수는 알고 있으면서 모른 체하고 속아주는 경우가 있기에 상대와의 디테일한 관계를 만드는 것이 지혜로운 직장인의 행태이다. 특정 분야에서 두각을 나타내고 있는 사람들의 대다수가 작은 것을 중시한다.

남이 볼 때는 저런 사소한 것을 왜 그렇게 신경을 쓰고 중요하게 생각하지 하고 의아심을 품을 수도 있지만 정녕 당사자는 신중을 기해서 처리하고 있다는 점을 직장인은 마음속에 간직하면서 직무 수행을 해야 한다. 디테일은 위대하다는 말이 나오는 이유이다. 책상 주변 정리 정돈부터 디테일이 시작되는 곳이 직장이다.

빠르고 정확한 핵심 파악

직장에서 남보다 일을 잘한다는 소리를 듣는 직장인은 업무적으로 중요한 부분에 대해 파악하는 능력이 뛰어나다. 어떤 것을 집중적으로 실천해야 하고 중시해야 한다는 것을 머릿속에 꽉 집어넣어 놓고 행동으로 옮기는 습성이 있다. 어떤 사안에 대해 키포인트를 알아차리기에 불필요한 시간 낭비를 하지 않고 성과를 낼 수 있는 부분에 집중하기에 남보다 일의 능률을 올릴 수가 있게 된다.

직장 조직은 무수히 많은 문제가 수시로 발생하고 해결해야 할 일이 생기게 되어 있다. 새로운 추진 사항이 있을 수도 있고 난제에 부딪히는 일이 많다. 여러 상황이 발생 시 일을 잘하는 직장인은 극복할 수 있는 핵심 요인을 잘 간파하여 처리한다는 공통점을 지니고 있다. 핵심을 모르면 엉뚱한 일을 하게 되는데 자신은 열심히 일했다고 착각에 빠지게 되므로 중요 사항을 파악할 줄 알아야 한다.

직장 일은 대부분이 상사의 지시를 받고 추진한다. 최고 경영자의 경영 방침을 조직 체계에 의해 하달하여 실행에 옮기게 되는 조직의 특성이 있어서이다. 직장 상사가 업무 지침을 줄 때 업무 내용의 목적이 무엇인지, 왜 해야 하는지, 어떻게 추진하는 것이 효율적인지 명확하게 이해해야 한다. 정확한 이해를 바탕으로 업무를 실행할 수 있어야 성과를 내서 일을 잘한다는 소리를 들을 수가 있다.

정확히 알아듣지도 못하고 "네." 대답을 하고 일을 추진하면 반드시 핀잔을 듣게 되어 있다. 방향이 다른 곳으로 가기 때문이다. 한 번은 넘어가 줄 수 있으나 자주 반복이 되는 순간부터 상사로부터 믿음을 주지 못하는 직장인으로 낙인찍히게 된다. 상사마다 일을 주는 스타일이 다르다. 상사를 맞추어 가면서 빠르고 정확히 일의 본질을 파악할 수 있도록 능력을 배양하는 것이 필요하다. 일 잘하는 직장인은 상사의 업무 스타일을 우선 간파하고 거기에 맞추면서 직무를 처리한다.

인정받는 직장인은 일 외적으로 처한 환경과 여건 및 분위기 파악을 해서 거기에 적합한 말과 행동을 할 줄 안다. 현재의 상황을 파악해서 눈치껏 언행을 한다는 것이 생각처럼 쉬운 일이 아니다. 요령과 센스가 곁들여져야 가능한 일이다.

직장에서 상사의 비위를 맞추고 가려운 곳을 긁어 줄줄 아는 것도 지니고 있어야 할 능력이다. 실력 이상으로 중요한 부분이라 할 수 있는데 과하지 않게 적절하게 할 수 있는 지혜가 필요하다. 직장 생활은 아부해서 상사에게 인정받으면 오래갈 수가 없는 구조적인 형태를 지니고 있기 때문이다.

능력이 출중한 직장인은 직장마다 상이한 직장 문화에 적합한 말과 행동을 하고 현재 어떤 상황이고 분위기가 어떤지를 빠르게 알아차리고 알아서 처신한다. 직장 일은 실시간으로 항시 상황이 발생하게 되어 있다. 순발력이 필요한 이유다. 긴장의 끈을 놓지 않고 순간의 지혜를 발휘할 수 있도록 마음 자세를 갖도록 해야 한다. 직장에 출근해서는 일에 몰두하고 일 외적으로 불필요한 생각을 버리는 것이 중요하다. 그래야 집중하는 힘이 생겨서 어떤 상황이 도래해도 핵심을 파악하기가 용이하게 되고 대안을 마련하는 획기적인 안이 나와 인정받을 수 있는 직장인이 될 수가 있다.

할수 있다는 자신감

자신감은 내가 나를 믿는 것이다. 어떠한 일을 감당할 수 있고 실행할 수 있다는 확신을 가지는 것을 뜻한다. 직장에서 일을 잘하는 사람은 항시 당당하고 누구를 만나도 자신감이 넘쳐 보이며 적극적인 마인드를 가지고 있다. 또한, 어떤 일이 주어져도 잘해낼 거라는 믿음을 갖게 해 주는데 일을 잘해서 당당해 보이는 것이 아니고 매사 당당하게 처리하게 일을 잘하는 경우가 많다.

처음 본 상대와 몇 마디만 말해 보면 태도와 언행에서 자신감이 배어 나와 능력을 금방 알아차리게 된다. 주어진 일을 잘하는 사람은 대상과 장소에 상관없이 항상 당당하며 명랑하고 밝으며 넓은 아량을 지니고 있다. 행동거지가 당당하면 무슨 일을 하면서 누구를 만나도 기선을 제압할 수 있고 상대가 먼저 자신감과 실력을 갖추고 있다고 판단하도록 만든다.

미리 '실패하면 어떻게 하지?' 하고 불안한 마음이 앞서면 될 일도 안 되는 것이 인생사다. 직장에서 발생하는 일들은 해결하기 힘든 것이 거의 없다고 보는 것이 옳다. 반드시 해결책이 있기 마련이다. 동료와 부서 간 협업을 통해 최적 안을 도출하여 성과를 내느냐가 관건이다. 그러기 위해서는 해낼 수 있다는 자신감이 우선시 되어야 한다. 이처럼 자신감은 무슨 일이나 성공적으로 수행할 수 있다는 믿음을 갖게 해주는 발로이다.

낭중지추란 말이 있다. 주머니 속에 있는 뾰족한 송곳은 시일이 지나면 저절로 뚫고 나온다는 말이다. 자신이 굳이 의도적으로 나타내려고 하지 않아도 때가 되면 자신의 능력을 상대방이 저절로 알게 된다는 의미이다. 그러므로 자신감은 가지되 잘난 체는 안 하여도 된다는 뜻이다. 굳이 나를 알아달라고 어필할 필요가 없으며. 직장인은 자신감이 오만으로 보이지 않도록 주의해야 한다.

명확하고 자신에 찬 의사 전달과 겸손하면서도 밝은 표정, 활기 넘치는 행동이 직장 생활에서 자신을 어필하는 데 큰 요인으로 작용하게 되어 있다. 긍정적 사고를 지닌 사람은 긍정적인 말과 표현을 한다. 매사 할 수 있고 잘될 거라는 믿음과 확신은 말에서부터 시작되는데 부정적인 사람은 부정적인 생각과 말이 앞선다. 해보지도 않고 지레짐작해 안 된다고 하면 이룰 수가 없으며 앞만 보고 실행할 때 성과를 낼 수 있다.

말 속에서 긍정과 부정이 시작된다. 직장인은 안 되는 방법보다 되는 방법을 모색하고, 포기하지 않고 끊임없이 연구하며 골똘히 생각하고 방안을 마련하는 자세를 지니도록 해야 한다.

　따뜻한 태도, 남을 배려하는 여유로움은 자신을 믿는 자신감이 있는 사람에게 생기게 된다. 자신감은 기본적으로 제반 역량을 갖추고 있을 때 나오게 되어 있다. 열등감이 있으면 작은 것에 자주 화를 내고 자신의 부탁에 대한 상대의 거절에도 서운함이 앞서서 나타나는 경우가 있다. 먼저 주고 베풀려면 자신감이 충만해야 한다. 직장에서 차가움은 자신으로부터 모두를 멀리하게 하며 생활에 득이 되게 하는 경우가 거의 없다.

　자신감은 원활한 소통의 기본이 되며 전부라고 해도 지나치지 않다. 예를 들어 전화가 걸려 왔을 시 자신의 이름을 말하면서 전화를 받는 사람은 일거수일투족 당당하게 살아가는 편이고 여성일 경우는 더욱 그러하다. 어딘가 자신감이 부족하고 소극적이면 자신 있게 이름을 밝히지 못하게 되어 있다. 내가 하는 일에 자부심이 클 때 할 수 있는 일로서 듣는 상대방에게 첫 이미지부터 강렬한 당당함을 심어 주게 되어 업무 처리가 수월해지고 원하는 목표에 대한 성사가 용이하다.

　자신에 대한 믿음과 확신이 있으면 혼자서도 당당하게 식당을 가고 영화를 보고 여행을 가며 즐겁고 활기차게 주위 의식을 하지 않고 생활한다. 주관이 뚜렷하고 가치관이 확실하게 정립되어 있는 사람들의 행동이다. 자신에 대한 확신이 없을 때는 남들은 관심이 없는데 주변을 의식해 어색해 하고 소극적인 생활을 하게 된다. 나를 믿고 신뢰하는 것이 최고의 무기이다. 혼자서도 즐길 줄 알고 자신만의 공간 속에서 보내는 방법을 아는 것이 사는 지혜이다.

카카오톡 프로필에 자신의 인물 사진을 등재하는 사람은 살아가면서 자신을 믿고 사랑하는 마음이 강하다. 자신의 현재 얼굴을 만인에게 공개한다는 것은 떳떳하게 살면서 현재의 일에 자부를 가지고 지낼 때 할 수 있는 행동이다. 매사 음성적이기보다 양성적이고, 당당하고 자존감이 높으며 스스로 신뢰하고 있다는 표시이다. 그러므로 자기 사진을 공개하는 사람에게는 은연중에 자신을 외부로 표출시키고 싶어하는 심리가 존재하며 그런 사람은 자아 존중감이 높다.

자신감은 나아가 자존감이 된다. 자기에 확신이 있어야 자신을 사랑하고 존중하게 되기 때문이다. 자신감이 넘치고 자존감이 강한 직장인은 직무 성과가 우수하다. 자신감이 결여되어 낮은 자존감으로 이어지면 자주 화를 내게 되고 직장에서 원만한 동료 관계를 유지하기가 힘들게 되어 업무 효율이 저하되어 지속적인 직장 생활이 어려워지는 상황이 발생하기도 한다. 일을 대할 때 자신감이 있게 부딪히면 생산성이 생기고 좋은 실적을 올리게 된다. 그래서 상대적으로 자존감이 높아지게 되고 인정받는 직장인이 될 수가 있다.

좋은 습관

직장 생활을 하면서 주변으로부터 잘나간다는 소리를 듣는 직장인은 자기만의 정해진 행동이 있다. 장기간 반복적 실천을 통해 몸에 밴 탓이다. 좋은 쪽으로 작용하는 행동이라는 것이 그들만이 지니고 있는 강점이다. 이렇게 행동해야지 하면서도 의지대로 실행이 안 되는 것이 현실이다.

그럼에도 불구하고 인정받는 직장인은 그 한계를 뛰어넘어서 잘 나갈 수밖에 없는 행동을 한다는 공통점이 있다. 가장 중요한 것은 자신 스스로를 믿는다는 것이다. 인정받는 직장인은 그것을 바탕으로 성과를 낼 수 있는 쪽에 초점을 맞추고 긍정적인 사고를 가지고 적극적으로 실천하는 습관을 지니고 있다. 또한 언젠가 반드시 좋은 기회가 오리라 굳게 믿으며 해서 안 될 것이 없다는 신념을 가지고 있다. 앞날에 대한 목표가 분명히 있으며 목적 달성을 위해서 일의 세부적인 실천 계획을 수립하고 실행에 옮길 줄 안다. 자신감이 넘치고 무슨 일이 중요한 것인지를 인지하고 효율적으로 일 처리를 하며 적절한 카리스마를 지니면서도 동료와 함께하는 근무 자세를 취하는 습관을 늘 지니려고 노력한다. 인정을 받을 수밖에 없는 좋은 습관을 가지고 있어서 잘나가는 직장인이라는 평을 받게 된다.

잘나가는 직장인의 특징은 열린 사고를 가지고 무엇이든지 일단 받아들이려는 태도가 강하다. 안 되는 방향으로 생각하기보다는 '어떻게 하면 될 수 있을까?'라는 생각 속에 항시 가능성을 열어 두면서 상대의 견해와 주장을 듣는 습관이 있다. 잘나가다가도 작은 실수로 인해 쌓은 업적을 잃을 수도 있다는 생각에 자신의 몸가짐에 주의를 기울인다. 아무리 해도 안 되는 일에 대해서는 과감하게 포기할 줄도 알며 지나간 일에 대해 집착을 하지 않고 현재를 중시하는 마음이 앞선다. 후회해 보아도 의미가 없고 변화를 줄 수 없다는 것을 알기에 현실을 직시하고 행동을 한다. 남과 같이 행동해서는 무언가를 이룰 수가 없고 직장에서 인정받기가 힘들다는 것을 확신하면서 직장 생활을 한다. 조직에서 유별나게 확 튀지도 않으면서 상황에 맞게 대응을 잘하면서 직무에 충실이 하여 업무 성과를 낼 수 있도록 직장에서 일과를 보내는 언행을 한다.

신뢰받는 직장인은 누구나 하는 기본적인 일도 열의를 가지고 진정성 있게 행동하고 적당히 넘기려는 자세를 취하지 않는 습관을 보인다. 작은 일 같지만 그 속에서도 남과 비교될 수 있도록 정성을 다하고 시간을 헛되이 보내지 않으려는 경향이 남다르다. 잘나가는 직장인은 일반적으로 보통 사람이 말하는 바른 습관을 넘어서 직장에서 눈에 확연히 보이지는 않아도 시일이 경과될수록 속에 숨어있는 진가가 서서히 겉으로 드러나는 태도를 지니고 있다. 결과적으로 상사의 눈에 들어 믿음을 주기 시작하는 것이 잘나가는 직장인이 가지고 있는 특색이다.

출근부터 퇴근까지 직무를 이행하고 행동 습관에 흐트러짐이 없게 하기가 웬만한 내공과 멘탈이 없이는 쉬운 것이 아니다. 자신을 믿고 명확한 목표 의식을 지니고 도전하여 달성해서 성취감을 맛보겠다는 굳건한 신념과 의지가 함께하여야 가능한 일이다. 직장에서 임원이 되고 최고의 리더 반열에 오르려면 남이 못 가지고 있고 못 하고 있는 좋은 습관을 지니는 것이 필수적이고 절대적이다.

팀장을 맡은 자, 그 무게를 견뎌라

팀장 역할

팀장은 팀이 어느 곳으로 나아가는 것이 효율적인지를 정해서 팀원에게 제시하고 팀 목표 달성을 하기 위한 실행력을 강화시킬 수 있어야 한다. 그리고 팀원을 대신하여 공식적으로나 비공식적으로 상사와 타부서에 의견을 전하는 일과 팀원의 능력 향상을 위한 지도자로서 역할을 수행할 수 있어야 한다.

직장에서 팀장이 해야 할 역할은 가히 짐작하기 어려울 정도로 중차대하다. 경영자를 비롯하여 직장 내의 임원과 팀원 사이에서 교량적 역할을 하는 것이 팀장이 할 일이다. 기업마다 인적 물적 시스템이 다르고 여건과 환경이 상이하지만 어느 조직에서나 팀장이 누구냐에 따라서 목표 달성 여부가 달려있다고 해도 결코 틀린 말이 아닐 정도로 팀장의 역할이 조직에서 미치는 영향은 크다.

팀장은 팀이 가야 할 방향을 정립하여 팀원에게 명확히 제시해줄 수 있어야 한다. 팀에서 추진해야 할 일에 대해 전체적인 공감이 주어질 때 좋은 성과를 낼 수 있어서이다. 팀원에 대한 사적인 일에서부터 직장 생활의 전반적인 사항에 대해 속속들이 알고 있으면서 긍정 에너지를 불어넣어 주는 일도 해야 한다. 팀원의 개별적인 실적을 평가하고 관리하여 팀 목표 달성을 할 수 있도록 성과 관리를 하는 역할을 담당해야 한다. 타 팀과도 원활한 소통을 하여 협업이 잘되도록 매개체 역할을 해서 목표 달성하는데 기여할 수 있도록 해야 한다.

팀장은 직장에서 중간 관리자로서 팀원의 활동 사항을 점검하고 지도해 줄 수 있어야 한다. 팀원이 일차적으로 제반 사항에 대해 보고를 하는 대상이 팀장이다. 팀장은 팀원의 일거수일투족을 꿰차고 있어야 한다. 관심과 배려가 있어야 팀 성과가 나오는 데 유리하게 작용한다. 팀장은 업무를 전략적으로 접근하는 능력을 갖추고 있어야 한다. 어떤 일을 달성하기 위해 팀원의 지혜와 역량을 한곳으로 모아서 최적의 안을 수립하여 실천할 수 있도록 리더십을 발휘해야 한다.

팀장은 팀원 간에 소통이 잘되도록 정보를 제공하여 모두가 공유하고 합심해서 일 처리를 할 수 있도록 만들 수 있어야 한다. 실행력 강화를 위해 여러 성향의 팀원을 일사불란하게 업무에 배치하고 강한 조직을 만들어서 주어진 임무를 수행하도록 여건을 만드는 일도 팀장의 역할이라 할 수 있다. 부여받은 팀 목표 완수를 위해서 팀원의 개별적 목표를 부여해 주고 목표 달성을 위한 과정 관리와 진척 관리를 해 줄 수 있어야 한다.

관리보다 중시해야 할 부분이 팀원에 대한 객관적인 평가와 보상이다. 공과에 대해 공정하게 시행할 수 있는 제도적인 장치를 마련할 수 있어야 한다.

팀장은 실현 가능한 목표를 설정할 수 있어야 한다. 도전 가능한, 현실성이 있는 팀 목표를 수립할 수 있어야 팀원이 혼연일체가 되어 업무를 추진하려는 마음 자세가 강하게 나타날 수 있기 때문이다. 팀장이 심혈을 기울여 할 부분이 팀 목표 설정이다. 실적 달성을 위해 합리적인 목표가 세워져야 하기 때문이다. 사리사욕을 벗어 던지고 오로지 팀과 회사를 위해 판단하고 결정하는 태도를 가지고 행동을 할 수 있어야 한다.

또한 팀장은 팀원이 강력한 실행력을 발휘하도록 환경적인 요인을 만들어서 활기찬 팀 분위기를 조성시킬 수 있어야 한다. 직무상 팀원 간에 격의 없는 대화를 하여서 효율적인 안을 도출할 수 있도록 해주는 것도 크나큰 팀장의 역할이라 할 수 있다.

이처럼 직장에서 팀장이 해야 할 일은 업무 성과와 직결되는 일이 대부분이다. 팀장이 곧 회사라고 해도 틀린 말이 아닐 정도로 중요한 직책을 부여받은 직장인이 팀장인 셈이다. 팀장은 팀원의 거울이 되어야 하고 팀원의 역량을 배양시켜주는 스승이자 멘토가 될 수 있어야 한다.

팀장 책무

팀장은 팀원을 육성시켜야 할 임무가 있다. 시대가 변해서 요즘은 자신만의 업무 노하우를 좀처럼 부하 직원에게 알려주지 않으려는 경향이 많은 편이다. 특히 잘나가는 팀장은 더욱 그런 편이다. 직장에서 상사에게 궁금한 사항에 대해서 알려 달라고 하는 것이 말처럼 쉬운 일이 아니다.

하지만 팀장에게는 상황이 다르다. 팀원은 팀장이 귀찮아할 정도로 업무적인 사항을 알아낼 수 있어야 한다. 지혜로운 팀원의 처사다. 실제적으로 직장은 팀장에게 직무를 배우는 것이 전부라고 할 수 있어서다. 팀장을 잘 만나는 것도 직장인의 복이라는 말이 나오는 이유다. 물론 팀장도 팀원을 잘 만났을 때 팀 실적이 좋아지게 되므로 마찬가지 입장이다.

간혹 팀장이 팀원 육성은 아랑곳하지 않고 자신의 영달만을 위해 상사에게 아부하고 팀원의 성과를 소홀히 해서 사기를 저하시키는 사례도 있는데 하수 팀장이 하는 일이다. 평판이 곧 안 좋게 돌아서 불이익을 초래할 수 있기에 팀장이라면 유념해야 할 사항이다.

팀장은 팀원의 직무 향상을 위해 지도하고 과정을 관리해 줄 의무가 있다. 조직에서 장이라는 직책을 부여받았다는 것은 그 분야에서 능력을 인정받았다는 것과 다름없으며 구성원을 육성시켜 달라는 책무도 함께 주어졌다는 것을 알고 있어야 한다.

팀장은 팀원의 경쟁력을 알고 있어서 능력에 맞는 업무를 줄 수 있어야 한다. 팀원의 부족한 부분을 파악하여 교육하고 지도 편달을 해서 개선해 줄 책무가 있다. 다양한 성향의 소유자가 함께 일하는 팀 내에서 팀원 간의 사소한 갈등이 빈번하게 발생하게 되는데 이런 갈등을 해결해 주는 것도 팀장의 임무이다. 팀이 혁신적인 미션 수행을 하게 될 경우 팀장이 중심을 잡고 선두에서 잘 이끌어 가야 성공적인 임무 완수를 할 수 있게 된다. 팀장이 멀티플레이어가 되어야 하는 이유다. 기업에서 중간 관리자 위치에 있는 팀장은 항시 열린 사고를 지니고 팀 미션을 수행할 수 있도록 처신을 하여야 하고 팀원 개개인의 강점은 살려 주고 약점은 보완해 주는 책무를 완수해야 한다.

팀장은 팀원에게 업무의 중요도에 따라서 책임과 권한을 주고 결과에 대해 객관적인 평가를 해서 공정한 보상이 돌아갈 수 있도록 해줄 수 있어야 한다. 요즘은 팀의 집단 평가에 의해 팀원 고과를 산정하는 기업이 주류를 이루고 있는 실정이다. 자신 혼자 아무리 뛰어난 재능을 가지고 일해도 팀 실적에 의해 평가를 하는 추세이기에 팀플레이가 중요하고 팀워크가 더욱 강조되고 있는 실정이다.

그래서 팀장의 역할과 책무가 더욱 중시되고 있다고 할 수 있다. 인사 고과를 기대 이하로 받게 되었을 경우 팀원들 사이에서는 팀장이 무능해서 그런 결과가 나왔다고 이구동성으로 말하고 다니는 것이 부인할 수 없는 직장의 현실이다. 그만큼 팀장이 팀원에게 미치고 있는 영향은 이루 말로 표현하기 힘들 정도로 크다고 단정 지을 수가 있다.

타 팀으로부터 자신의 팀원이 업무상 불합리한 대우를 받지 않도록 든든한 버팀목이 되어줄 수 있는 것도 팀장의 책무다. 직장은 남몰래 타 부서장으로부터 직무상 혼선을 초래하게 되는 일이 발생하는 경우가 있다. 인정받지 못하는 팀장을 만나서 함께 일하게 될 경우 나타나는 현상이다. 팀장들이 새겨보아야 할 사항이다.

유능한 팀장

직장 생활을 하면서 직무 실력이 좋고 역량이 뛰어난 팀장과 일할 수 있다는 것은 직장인으로서 큰 행운이다. 팀원은 팀장의 위치에 업무적으로 보이지 않게 직간접적으로 영향을 받게 되어 있어서다. 능력 있는 팀장은 자신이 직접 하는 것보다 팀원이 일 처리를 잘할 수 있도록 환경을 만들어주고 잠재 능력을 발휘할 수 있도록 지도해줄 줄 안다. 스스로 일을 실행해서 마무리하려고 하지 않고 팀원의 역량을 최대한 응집시키는 능력이 있다. 팀장은 팀원과는 차원이 다른 직무를 수행하는 자리이기 때문이다.

유능한 팀장은 팀원을 효율적이면서 생산적으로 성과를 낼 수 있도록 앞에서 선도를 잘해 방향을 잘 제시해 주는 능력을 지니고 있으며 팀원이 신명 나게 주어진 일을 할 수 있는 여건 조성에 주력하는 데 힘을 쏟을 줄 안다.

경영 목표를 달성하는 초석은 유능한 팀장을 많이 확보하고 있느냐에 달려 있다고 단정 지어도 무방할 정도다. 직장에서 실력이 있는 팀장은 팀원과 공감을 잘하고 동기 유발을 해주어 사기 진작을 통한 주어진 일을 잘해내도록 옆에서 서포트 해 주는 팀장이다.

능력 있고 팀원에게 인정받는 팀장은 팀원의 주장에 대해 진정성 있게 들어주고 왜 그런 말을 하는지 새겨볼 줄 아는 팀장이다. 말도 안 되는 말 같아도 돌아서서 왜 그런 의견을 냈을까 하고 생각해 보는 유형이다. 이런 팀 분위기가 조성되어야 팀원은 다양한 의견을 허심탄회하게 전하고 소통의 장이 마련될 수 있어서 효과적인 실행 안을 만들어 팀 목표 달성을 이루게 되기 때문이다.

유능한 팀장이 되려면 먼저 팀원에게 직무 능력이 우수하다는 평을 들을 수 있어야 한다. 팀원들이 해결하지 못하는 과제에 대해 풀어갈 수 있는 방향을 제시해 준다든지 아니면 스스로 실천하여 해결하는 능력을 보여줄 수 있어야 한다.

팀원이 좋은 성과를 보였을 경우에 칭찬을 아끼지 않고 모든 공을 팀원에게 돌릴 수 있을 때 팀원들로부터 유능한 팀장이라는 소리를 듣게 된다. 직장에서 이 부분을 이행하는 팀장이 그리 많지 않은 것이 현실이다. 가장 팀원들이 아쉬워하고 불만을 토로하는 점이라는 것을 모든 팀장은 가슴속에 새겨볼 필요가 있다. 직장 조직에서 쉽게 풀리지 않는 과제이다.

팀장 중에는 능력을 인정받아서 자리에 오른 경우가 대다수이지만 상황과 여건상 직무 능력이 검증되지 않았는데 팀장이 된 경우도 있다. 이런 유형의 팀장을 만난 팀원은 일을 처리하는 과정과 실적에 대한 보상도 타 부서 팀원보다 불이익을 당하는 경우가 생기게 되는 경우가 많다. 팀장은 팀원이 이직하게 되는 첫 번째 원인을 제공하기도 하지만 팀원이 오랫동안 직장 생활을 하면서 인정받을 수 있는 실력을 배양해 주는 스승이자 멘토가 되기도 한다. 그래서 팀장의 역량이 중요한 것이다.

좋은 팀장은 직무 실력이 있고 팀원의 업무 능력을 향상시켜 줄 수 있으며 팀원의 공을 가로채지 않는다. 활기차고 신명 나게 일할 수 있는 팀 분위기를 조성시켜 주고 팀원의 능력을 응집시켜 팀 목표를 완수한다. 결과적으로 좋은 팀 평가를 받아서 타 부서 팀원보다 좋은 고과를 받게 해 주어 합당한 보상까지 받게 해 주는 팀장이 요즘 세대의 팀원이 원하는 팀장이다.

어떻게 생각하면 남을 이겨야만 직성이 풀리고 물질적인 것에 집착한다고 할 수 있을 수도 있으나 이것이 누구도 자신 있게 부인할 수 없는 직장 현실이다. 팀원의 길잡이가 되어줄 수 있는 팀장이 유능한 팀장이다. 팀원의 공로는 결국은 팀장에게 돌아오게 되기 때문이다.

최악의 팀장

팀장 중에는 팀원으로부터 칭송받고 존중받으며 자신도 향후 팀장 같은 팀장이 되겠다는 마음을 갖게 하는 경우도 있는 반면에, 저런 팀장은 되지 않겠다고 다짐하면서 조속히 팀장이 교체되기를 희망하는 사례가 의외로 많다. 상사를 바꾸기가 힘든 조직이 직장이기에 인내가 다하면 타 팀으로 인사이동을 요청하기까지 이르게 되는 경우가 있다. 그렇지 않으면 이 팀장 아래서는 배울 것이 없고 자신의 실력을 부각할 필요가 없다고 판단하고 팀장이 교체될 때까지 적당주의식으로 업무 처리를 하게 되는 경우가 있다. 최악의 팀장의 사례이다.

내가 팀원일 때는 이렇게 했는데 왜 이것밖에 못 하느냐고 호통을 치는 팀장은 실력이 부족한 팀장이다. 하루가 다르게 변화하고 있는 시대에서 예전의 행동을 그대로 답습하여 그렇게 하기를 바라는 것은 요즘 말로 꼰대 팀장 소리를 들을 수밖에 없게 되기에 팀장은 유념해야 할 부분이다. 팀원이 가장 상사로부터 듣기 싫어하는 말 중의 하나가 "이전에는 이랬는데."라는 소리다.

최악의 팀장의 행태 중에는 객관성 있고 공정한 팀원 평가를 하지 못한다는 것이 있다. 평가를 받는 입장에서 사적인 감정이 곁들여져 있음을 느끼게 되면 믿음은 그 순간부터 사라지게 되므로 팀장은 팀원 평가 시 특히 주의를 기해야 한다. 상사로부터 좋은 평가를 받아서 인정받아 직장에서 잘나가고 싶은 심정은 직장인이라면 누구나 지니는 희망이기 때문이다.

최악의 팀장들은 여러 공통점이 있다. 팀원이 업무 실수를 했다든지 직장 생활 예절을 안 지켜서 질책을 하게 될 경우 개인적으로 불러서 잘못된 사항에 대해서 알아듣게 조목조목 전하면서 혼을 내는 것이 아니고 전체가 모인 곳에서 질책하는 일이 빈번하다. 팀원이 다 있을 때 공개적으로 야단맞는 당사자가 받는 상처는 더 크게 되어 오랫동안 잔상이 남게 되므로 지양해야 한다. 반대로 칭찬은 여럿이 모인 곳에서 해주는 것이 효과적이다.

팀 회의를 자주 하고 오래 하는 팀장도 팀원에게 좋은 평을 듣기가 어렵다. 회의는 짧을수록 좋다는 말은 수차례 들었으면서도 정작 팀장이 되면 회의를 자주, 오래 하는 경우가 있다. 전형적인 무능한 팀장 유형이다.

팀장이 생각하고 있는 사항과 팀원의 생각이 다른 방면으로 가는 것 같을 때 무조건 팀원의 의견을 무시하고 배척하는 팀장도 인정받기 힘들다. 자신의 컨디션과 취향대로 팀원의 입장은 아랑곳하지 않고 팀원들과 사전 예고 없이 술자리 갖기를 좋아하고 팀원과 마주칠 때마다 두서없이 직무상 잔소리를 늘어놓은 팀장도 최악의 팀장 부류에 속한다.

팀장이라는 자리가 무슨 큰 명예를 얻은 양 행세를 하는 팀장은 팀원으로부터 신뢰를 받기가 힘들다. 자신의 탓은 없다고 하고 팀원의 탓으로 돌리기를 일삼는 팀장은 더욱 팀원에게 배척당할 수밖에 없다. 팀원이 실수했을 경우 먼저 해결할 생각은 안 하고 팀원을 혼내는 것을 우선시하는 팀장은 무능한 팀장이다. 이런 상황이 발생 시 팀장이 질책하기보다는 순탄하게 일 처리를 해 주었을 경우 해당 팀원은 팀장을 전폭 신뢰하고 존중하게 되기에 팀장은 유념할 필요가 있다.

팀장이 팀원의 심정은 헤아리지 못하면서 임원이나 경영자에게만 아부하는 경우 팀원이 먼저 알아차리게 되어 믿음이 사라지게 되어 있다. 팀장은 상사보다 팀원에게 아부할 수 있어야 직장에서 승승장구할 수 있다는 점을 인식해야 한다. 아래로부터의 평판이 더 중요한 시대이기 때문이다. 팀원 중에 유난히도 좋은 방향으로 관심받을 행동을 하는 경우가 있는데 눈에 보이게 팀원을 편애하는 처사를 해서는 안 된다. 팀은 공동으로 일을 풀어 가야 하는 집합체이기 때문에 팀장은 팀원들로부터 누구만 챙긴다는 말을 들어서는 안 된다.

최악의 팀장으로 분류되는 중요한 사항은 팀원이 팀장에게 배울 게 없다는 소리를 하고 다니는 것이다. 팀장 입장에서는 참으로 비참한 상황이다. 여기서 덧붙일 것은 업무 지시를 할 경우 명확하게 내리지 않고 대충 일을 준다는 것이다. 정확하게 지침을 주지 않아서 간혹 타 방향으로 일을 처리해서 보고하면 왜 이렇게 했느냐고 혼을 내는 팀장이다. 무능한 팀장의 전형적인 실태다.

팀 성과 향상법

직장은 전적으로 팀플레이에 의해 성과를 내게 되고 팀 체제로 운영되고 있다. 훌륭한 팀장 아래 좋은 실적을 보이는 팀이 많아야 건실한 기업으로 거듭나게 되는 것이다.

팀 성과를 높이기 위해서는 우선 팀원 간의 소통이 먼저다. 업무 처리를 통해 신속하게 결과를 내려면 팀원이 서로 진행하고 있는 업무를 공유하고 공감하면서 진척 사항을 체크해야 한다. 팀원이 서로 협력하여 좋은 안을 제시하고 논의하여 최적의 안을 도출하는 팀 문화가 형성되어야 한다. 일이 편중되지 않게 팀원에게 적절한 업무를 배정해 주어야 하고 일이 많은 팀원을 동료 팀원이 함께 도와주는 팀 풍토가 조성되면 팀 성과는 올라가게 되어 있다.

팀장은 실무자일 때와 일을 처리하는 방식과 자세가 달라야 한다. 개인이 아닌 팀의 목표를 달성하기 위해 팀원의 잠재 능력을 발휘할 수 있도록 팀 목표와 비전을 제시해 주어 도전 의욕을 불어넣어 주어야 하기 때문이다. 팀장은 팀 목표 달성을 위해 팀원에게 긍정적인 영향을 미치는 일을 할 수 있어야 하고 팀원에게 인정받을 수 있는 행동을 해야 한다. 그래야 최고의 팀이 될 수 있어서다.

팀 성과를 높이기 위한 팀 회의를 회사 내에서, 때론 한적한 장소를 빌려서 맑은 정신으로 마음을 터놓고 실시하는 일이 있다. 예를 들어 많은 회사가 팀 매출 증대, 팀의 당면 과제와 혁신 방안, 신규 고객 발굴 요령, 프로젝트 달성 방안 등 다양한 주제를 가지고 팀의 실적 향상을 위한 자리를 마련하고 있다. 참석 인원 전체에게 민주적인 발언권과 동등한 자격이 주어진다. 활발한 의견 개진이 이루어지도록 진행자의 효과적인 진행이 필수적으로 요구된다고 할 수 있다. 팀 회의 시 팀장이 진행하는 경우가 일반적이다. 팀장은 팀원의 아이디어를 종합적으로 효율성 있게 정리해야 한다. 팀원의 견해를 묵살하는 행동은 금물이다.

팀에 특출나게 능력이 우수한 인원을 영입한다고 팀 실적이 좋아지는 것이 아니다. 오히려 팀이 가지는 특장점의 기능이 저하될 소지가 있다는 것이 입증된 사실이다. 그만큼 팀은 팀 성과를 내기 위해서는 팀워크가 우선이다. 팀에서 받쳐 주지 못할 경우는 아무리 인재라고 해도 역량 발휘가 어렵기 때문이다. 팀장이 책임지는 환경이 중요함을 방증해 주는 사례다.

요즘은 팀에 의해서 목표를 달성하고 성과를 내는 시대다. 뛰어난 스펙을 지니고 있고 자타가 인정할 수 있는 역량을 갖춘 팀원들로 구성한 팀이 방향성을 잃어버리고 팀원의 갈등이 산재되어 팀 실적이 안 나는 사례를 필자는 여러 번 경험했다. 한 명의 스타보다는 사명감을 가지고 함께 팀의 목표를 위해 달려가는 여러 팀원이 필요하다고 할 수 있다. 요즘, 세계를 제패하여 국위선양을 하고 있는 그룹이 적나라하게 입증해주고 있다. 그룹의 특출난 리더 한 명으로 인해 인기가 있는 것이 아니라 팀 전체 인원이 일사불란하게 함께하기에 전 세계에 이름을 떨치고 있다고 볼 수 있다. 어느 팀이고 그 팀이 가지는 특성이 있기 마련이다. 그래서 우선적으로 팀에 같이 동화될 수가 있어야만 성과를 내기가 수월해지는 것이다. 좋은 실행 안은 상호 협력이 없이는 이루어 내기가 힘들다. 팀장이 팀 성과를 올리기 위해서 팀장의 팀 운영 방침과 팀장의 일 처리 방식을 팀원에게 전해주는 것이 팀을 하나로 응집시키는데 효과적이므로 참조할 필요가 있다. 팀장은 상하 관계 직원 및 동료, 추가로 타 부서와도 협력 체제를 구축하고 있어야 팀 성과를 높이는 데 효과적이므로 필히 염두에 두어야 한다. 팀 성과는 팀장의 역량에 따라 달성과 미달성이 결정된다고 해도 지나친 말이 아니다. 아니 거의 전부라는 말이 정답이라고 할 수 있다.

경력 사원 인싸 되는 방법

경영 정책 숙지

　경력 사원이 정착하기 위해서는 회사의 경영 방침을 빠르게 간파할 줄 알아야 한다. 회사에서 영향력이 강한 상사가 누구이고 의사 결정의 주된 핵심 인력이 누구인지를 파악하는 것도 중요하다. 팀의 구성 인원과 어떤 형태로 팀이 이끌어가고 있는지도 관심을 가져야 한다. 팀에서 핵심적인 키 맨이 누구고 동료 관계가 어떻게 형성되어서 움직여지고 있는지도 파악할 필요가 있다.

　조직 문화를 이해하는 데 정보력이 영향을 크게 미친다. 기업 문화는 경영자의 성향과 정책에 의해 좌우되는 것이 일반적인 실상이다. 그러기에 경력 직원이 중시해야 할 사항은 최종 의사 결정권자에 대한 정보력을 가지는 것이다. 정보라는 것은 내가 먼저 상대에게 주어야 상대도 마음의 문을 열고 주게 되어 있다. 나의 지식과 지혜를 새로운 회사의 동료에게 줄 수 있어야 나도 상대로부터 받을 수가 있다.

　경력 사원으로 입사 시에는 회사와 팀 내에서 내가 할 직무에 대해 확실하게 인식하고 인지해야 한다. 회사의 일 처리 방식도 눈여겨보면서 내 것으로 만들어 놓을 필요가 있다. 회사마다 일을 처리하는 프로세스가 다르기 때문이다. 결재 라인을 비롯해서 회사 전반적인 업무의 흐름과 시스템을 이해할 수 있어야 한다.

경력 직원이 필히 유의해야 할 점은 경영 정책을 이해하는 것이다. 능력이 있고 실력이 있으며 제반 역량을 갖춘 경력자가 오히려 안착을 못 하고 중도 탈락하는 경우가 있는데 경영자의 경영 방침에 반하는 사고를 가지고 업무 추진을 하면서 자신의 고집을 숙이지 못하는 데서 오는 원인이 크다. 직장에서 상사와 의견이 상충될 경우 상사가 이해할 수 있도록 설득할 수 있어야 한다. 상대가 나의 입장이 되도록 설득하기 위해서는 합리적이고 생산적이며 효율적인 대책을 강구해서 논리정연하게 풀어나가는 능력이 있어야만 가능하다. 하지만 부하 직원이 아무리 좋은 추진안을 제시해도 상사는 즉석에서 승인하려는 마음을 갖지 않고 뜸을 들인 후 오케이 사인을 주는 경우가 생각보다 많은 편이다. 돌아서서 한 번 더 생각해 보고 직원의 손을 들어주려고 하는데 일말의 자존심 때문이 아니라 상사의 위치가 있기 때문이라고 판단하는 것이 부하 직원의 입장에서 편하다. 상사가 거절했다고 상심하지 말고 시기를 기다릴 줄 아는 지혜가 필요하다.

새로운 직장에 고위직으로 스카우트되어 경영자와 중요 경영 정책을 놓고 의견이 서로 달라서 고민에 빠지는 일이 꽤 있다. 직장 생활에서 상사와 경영자를 업무적으로 대할 때는 상황 판단을 잘하면서 접근해야 한다. 경영자의 하드웨어는 가급적 건들지 않는 것이 직장 생활의 지혜이다. 소프트웨어는 얼마든지 자신의 주장을 관철시키려고 노력해도 되나 하드웨어는 아니다. 경영자의 하드웨어에 대해 상반된 안을 지속적으로 내놓다가 중도에 직장을 떠나는 경우가 흔하다. 특히 직급이 높은 경력 사원일수록 빈번하게 일어나는 상황이다. 회사마다 고유의 경영 방침과 독특한 사업 시스템을 보유하고 있는데 경력직으로 입사 시는 최대한 빠르게 내 것으로 만들 줄 알아야 한다. 그것이 능력을 발휘할 수 있는 초석을 다지는 길이다.

직장인은 사표를 가슴에 품고 다닌다는 말이 있다. 우스갯소리 같지만 한편으로는 가슴속에 간직하고 있다는 증거이다. 그러면서 다니는 곳이 직장이다. 조만간 그만둘 것 같은 직원이 오히려 오래 다닐 거라고 생각이 드는 직원보다도 더 오래 다니는 경우가 많은 것이 직장의 아이러니한 부분이다.

조직 문화 순응

경력 사원이 안착하기에 최대 장애 요인이 되는 것이 조직 문화이다. 그 회사만이 가지고 있는 조직 문화에 하나가 되어 어우러진다는 것이 어렵기 때문이다. 기존 인력의 텃세는 어디서나 존재한다. 새 인력이 오면 공연히 적대감을 가지게 되어 자신보다 우월하면 어떻게 하지 하는 우려도 있고 자신의 아래로 들어오게 하려는 의도가 마음 한편에 도사리고 있어서 지기 싫어하고 먼저 다가가는 것을 꺼리게 되는 일이 많다. 물론 자신이 다른 곳에 이직을 하여도 그곳에서 마찬가지 현상을 겪어야 한다. 이것이 경력 사원이 받아들여야 할 과제이고 이겨내야 할 숙제이다.

조직 문화는 최고 경영자의 경영 철학과 경영 방침이 깃들여져 있어서 만들어진다. "조직 문화는 최고 경영자."라는 말이 적합한 표현이다. 내가 맞추어 가야 한다는 뜻이다. 간혹 혹자는 직장의 구성원이 조직 문화를 바꾸어가는 것이라 주장하지만 현실적으로 녹록지 않은 것이 직장의 현 실상이다. 최고 경영자가 인사권과 자금 사용권을 쥐고 있는 상황하에서 이미 정해져 버린 조직 문화에 변화를 준다는 것이 말처럼 용이하지 않아서이다.

조직을 활성화하기 위해서 금붕어가 가득한 어항에 잉어 한 마리를 의도적으로 넣어 두는 것처럼 외부에서 인재를 도입하여 기존 직원과 경쟁을 유도하기 위해 경력직을 도입하는 경우가 많다. 새로운 인력이 도입되면 기존 직원은 당연히 긴장하게 되어 있다. 리더의 결정에는 이 점을 활용하여 상호 업무적으로 교류를 통한 혁신을 이루어 새로운 전기를 마련하려는 의도가 숨어져 있다. 잉어에게 먹히지 않으려고 금붕어는 발버둥을 치며 사력을 다하게 되는 것과 같이 뒤처지지 않으려고 선의의 경쟁을 하게 되어서 기대 이상의 성과를 내도록 하는 것이 경력 사원 도입의 주된 이유 중 하나라 할 수 있다.

신입 사원을 육성시켜 리더 반열에 오르게 하는 것이 기업의 미래 성장을 위해 유리하다. 현실적으로 대부분의 리더는 신입부터 차곡차곡 계단을 올라가며 지금의 결과를 이루어낸 경우가 다반사다. 상대적으로 경력으로 입사해서 리더 반열에 오른다는 것이 여러 여건상 만만치가 않은 것이 현실이다. 단 전문 경영인 조직은 탑의 위치에서 의사 결정을 해야 하므로 외부에서 경험이 출중한 능력자를 영입하기에 예외라 할 수 있다.

조직에 적응하는 능력은 개인차가 크다. 오히려 새로운 직장에서 그 조직을 더 긍정적이고 적극적인 문화로 전환해 주는 경우도 있다. 이 말은 어디서나 내가 하기 나름이라는 말이 통용되는 것이라고 할 수 있다. 경력 사원이 새 둥지에서 정착하여 성과를 내기 위한 요소 중에 조직 문화에 흡수되어서 같이 어우러질 수 있는 환경을 조성시킬 수 있느냐가 최대의 관건이다.

조직 문화는 성과 창출을 이룰 수 있게 하고 능력이 뛰어난 인재를 확보하는 데 중차대한 역할을 한다. 또한 기업의 경쟁력을 강화시켜서 브랜드 가치를 증대시키는 데 크게 기여한다. 현대의 젊은이들은 예전의 세대와 달리 특히 기업의 조직 문화를 중시하는 편이다. 경력 사원은 이미 굳어져 버린 조직 문화에 자신이 스며들게 처신을 하는 것이 지혜로운 행동이다. 비전은 조직 구성원이 변화를 줄 수 있지만 조직 문화는 결코 쉽지가 않다. 이 점을 경력 사원은 깊이 간직할 필요가 있다.

업무 시스템 이해

경력 사원을 도입하는 궁극적인 이유는 맡겨진 직책을 잘 완수하여 좋은 성과를 내기를 기대하는 마음이 있기 때문이다. 경력 사원은 전직 회사의 업무 프로세스를 벗어나고 새로운 조직의 업무 시스템을 이해하고 파악하는 것을 우선시해야 한다. 특히 유의할 점은 회사가 걸어온 경로와 오랫동안 지켜서 직원들 간 행해져 온 일과 질서 등에 대하여 인정하고 존중하는 마음 자세를 가져야 한다는 것이다. 그래야 그 후에 업무의 흐름도를 빠르게 파악할 수 있고 그 흐름이 와닿게 되기 때문이다. 자신이 그동안 쌓아온 직무 지식과 아이디어가 이미 거론되었던 적도 있을 수 있겠다는 생각을 가지고 일에 접근하는 태도를 가지는 것이 중요하다.

기존 직원과 직무 외적으로 개인적인 유대 관계를 가지는 것도 업무 시스템을 이해하는 데 도움이 되므로 유념할 필요가 있다. 궁금 사항이 있을 시 자주 질문을 하여 신속히 조직에 동화되려고 노력하는 자세가 있어야 한다. 새 조직에서 조기 정착하기 위해서 시간과 인내를 가지고 묵묵히 주어진 일을 해낼 수 있어야 한다.

큰 틀에서 보거나 전체적인 맥락을 통해서 보면 회사마다 업무 시스템이 유사한 것 같지만 속을 들여다보면 다양하게 추진되고 있는 것을 알 수가 있다. 경영자의 경영 스타일과 기업 문화에 의해 결재 방식과 업무 프로세스가 각양각색으로 이루어지고 있다고 보면 된다. 회사가 추구하는 목표 달성을 위해 어떤 형태로 조직이 구성되고 체계화되어있으며 과정이 형성되어서 결과를 도출해 내는지를 빠른 시일 내에 파악할 수 있어야 한다.

경력 사원은 지난 직장에서 실행한 일의 강점을 현재의 직장에서 이해한 업무에 접목해서 더욱 생산적인 업무 프로세스를 정립해야 한다. 새로운 바람을 불러오게 해서 조직에 활력을 심어 주는 경력 사원이 되도록 능력 발휘를 해야 한다. 그것이 경력 사원을 도입하는 근본 목적이라 할 수 있다.

회의는 언제 어디서 누가 주관을 하는지, 경영 실적 보고는 어떤 형태로 누구에게 해야 하는지 등을 머리에 주입하는 것이 필요하다. 업무 시스템을 파악하기 위해서 직장에서 타인과 좋은 관계를 유지할 수 있을 때 이득이 많이 되기에 전략적으로 친목을 도모하는 것도 센스 있는 태도이다.

업무 시스템을 신속히 이해해서 업무에 적용하기 위해서는 상사의 업무 스타일을 알아차려서 그에 맞게 일을 추진하는 지혜가 요구된다. 직장은 불가피하게 윗사람을 따라가면서 직무를 수행하게 되어있는 조직이기 때문이다. 경력 사원이 예전에 이렇게 하여 인정을 받았다고 해서 새 조직에서 그것을 그대로 고집한다거나 나만의 방식을 밀어붙이는 업무 방식은 지양해야 한다.

업무 적응은 시일이 지날수록 자연적으로 알게 되는 것이 기본인데 누가 얼마만큼 빠르게 눈치를 채고 적응을 해 가느냐가 조기 안착과 능력을 인정받는 관건이라 할 수 있다. 동물적인 감각을 지녀서 빠른 시일 안에 새 직장의 모든 것을 이해하고 조직에 활력을 불어넣으며 기대하는 성과를 내는 경력 사원이 있다. 하지만 너무 빠른 것이 때론 부메랑이 되어 돌아와서 불리한 조건에 놓이게 될 경우도 있으므로 경력직으로 입사한 경우 유의해야 한다. 경력 사원은 새로운 곳에서 정착하여 나름의 입지를 구축하기까지 오버하지 않으면서 맡은 업무를 추진해야 한다. 기존의 제반 시스템을 이해하지 못하고 넘쳐서 안착하지 못하고 중도에 탈락하는 경우가 생각보다 많은 것이 경력 사원이기에 유념해야 한다.

결과물 도출

기업에서 경력 사원을 채용하는 이유는 타 직장에서 쌓아온 경험과 지식 및 노하우를 발휘하여 성과를 내라는 의미가 강하고 즉시 전력 자원으로 활용하기 위함이 크다. 경력 사원은 온고이지신 하는 자세로 일에 임하는 것이 우선시 되어야 한다. 경력 사원이 무언가의 성과를 내려는 의도로 조직 문화화 경영 방침 및 환경을 파악하지 않은 상태에서 두각을 나타내려고 새로운 것을 추진하려다 신뢰에 손상이 갈 수가 있다. 경력자는 가파르게 즉 45도 이상의 각으로 무언가를 보여주려고 하지 말고 15도 각으로 서서히 능력을 보여주는 업무 자세가 필요하다.

경영자는 외부에서 경력 사원이 입사하면 새로운 혁신적인 성과를 빠른 시일에 내주길 기대한다. 경영자 위치에서는 당연한 처사다. 직책이 높을 경우는 더욱 심하다. 이때 경력 사원은 일의 속도 조절을 잘할 수 있어야 한다. 경력으로 입사했을 경우 기존 인력들의 보이지 않는 견제도 무시할 수가 없기에 일 외적으로 동료 및 선배와의 관계 설정도 잘 해나가야 한다. 경력자는 새로운 직장에서 좋은 사람이라는 이미지를 주는 것도 좋지만 일 잘한다는 평가를 받는 것을 더 중시해야 한다. 약간 성격은 남달라도 업무 처리를 깔끔하게 잘한다는 소리를 들을 수 있도록 일 처리를 할 수 있어야 한다.

직장에서 누군가에게 어떠한 보직을 주고 직책을 부여한다는 것은 그만한 역량을 갖추고 있어서 주어진 직무를 수행할 수 있다고 판단이 되었기 때문이다. 경력 사원은 대다수가 중요 직책을 맡는다. 정부가 부처의 각료를 임명하는 것과 같은 맥락이라 할 수 있다. 장관으로 임명되면 언제라도 국회 상임위원회에 출석해서 현안 과제에 대해 국회의원의 질의에 답변할 줄 알아야 한다. 임명된 지 며칠이 안 되었다고 하면서 업무 파악이 덜 돼서 잘 모르겠다고 답변하는 경우를 본 일이 없을 것이다. 이처럼 경력이 있어서 채용된 경력 사원은 업무 파악을 최대한 신속하게 하여서 입사한 직장 환경에 빠르게 녹아들 수 있어야 한다. "회사에 입사한 지 얼마 안 돼서."라는 말이나 "업무 파악을 다 못해서."라는 말이 통용되지 않는 것이 경력 사원임을 유념하고 주어진 일에 임할 수 있어야 한다.

직장은 일을 배우러 다니는 곳이 아니고 지니고 있는 역량을 발휘하는 곳이라 할 수 있다. 월드컵 경기 때 해설 위원이 월드컵에 참가한 선수에게 "축구를 배우러 온 것이 아니고 실력을 보여주는 장."이라고 한 말처럼 그동안 축적된 경험과 실력을 새로운 곳에서 보여주어야 할 책무를 가지고 있고 즉시 현장에 침투해서 성과를 낼 수 있는 전력 자원이 경력 사원이다. 협력 업체와의 비즈니스를 포함하여 마치 몇 년을 근무한 것처럼 직무 파악을 신속히 하여 성과에 기여할 수 있도록 하는 것이 조기안착의 지름길이다. 경력 사원이 새 조직에서 기여해야 할 사항 중의 하나가 효율성이 결여되는 방식에서 탈피할 수 있도록 업무 시스템을 개선하는 일이다.

기존 자원은 익숙해져 있는 일 처리 방식의 변화를 원치 않는 경향이 크다. 이 틀을 효과적인 결과치가 나오도록 전환해 줄 수 있어야 한다. 이 부분이 경영자가 경력직을 영입하는 첫 번째 이유다. 현장 실행력을 강화할 수 있는 효과적인 시스템의 변화가 곧 성과 창출의 시발점이기에 그렇다. 여러 가지로 경력으로 입사해서 장기간 정착하기까지 장애 요인이 많은 것이 사실이다. 이를 극복할 수 있어야 리더 반열에 오르게 되어 있다.

안착의 척도

경력 사원도 중소기업에서는 일정한 수습 기간을 두어 평가를 하는 추세이다. 경력으로 새로운 직장에 입사하여 대부분 정착한다는 말은 옛말이다. 경력 사원도 기업의 전반적인 사항을 보고 자신이 오랫동안 근무할 수 있는가를 판단하는 시간이 필요하지만 회사 역시 약 3개월 정도 기간을 두고 경력직으로 입사한 직원에 대해 평가하려는 것이 일반적인 현상이다.

경력 사원이 무난하게 안착하기 위해서는 직장마다 지니고 있는 고유의 특색을 캐치를 잘해서 거기에 순응해 갈 수 있어야 한다. 간혹 새로운 무엇인가를 시도해서 두각을 나타내려고 회사의 장단점과 경쟁력 및 시스템에 대해서 섣불리 판단하여 이것은 이게 잘못되었고 이것을 이렇게 변경시키는 것이 좋다는 자신의 주장을 강하게 피력하는 경우가 있다. 그 회사만의, 무언가 그럴 수밖에 없을 것 같다는 사정은 생각하지 못한 채 전직에서 경험한 사실만을 가지고 주장하다가 그럴만한 사정이 있다는 것을 나중에 깨우치게 되어 업무적으로 의기소침해지는 경우가 발생하는 일이 잦은 편이다. 회사의 제반 사항을 이해하는 것이 먼저라는 말이 나오는 이유이다.

경력 사원을 평가하는 경우 기업마다 경영자의 성향에 따라 편차가 크다. 최단 시일에 무언가를 결과물을 얻기를 원하는 곳이 있는 반면 일정 시일을 기다려 주는 곳도 있다. 기업이 지니는 그곳만의 성질에 따라 다르다. 경력 사원의 역량과 일 외적인 부분이 부합되면 조기에 안착이 되고 반대인 경우는 오랜 근무가 어렵게 되는 것이 현실이다.

경력 사원을 바라보는 회사의 평가 항목 중에 최우선으로 중시하는 부분은 맡은 업무에 대한 성과이다. 혁신적인 업무 개선을 통해 성과를 내기를 기대하는 마음에서 영입하는 것이 첫 번째 이유이기 때문이다. 다음이 조직에 대한 적응을 얼마나 잘하고 있느냐이다. 새로운 환경에서 동료들과 호흡을 맞추면서 일 처리하는 것을 보게 된다. 성품과 인성을 비롯하여 일에 접근하는 태도와 기존 직원의 평판에 대한 체크도 하게 되어 있다. 출퇴근하는 모습과 지도력이 있는지도 관찰하여 종합적으로 경력 사원에 대한 평을 하는 것이 대다수의 기업에서 행해지고 있는 실태이다.

새 직장에 입사한 후는 먼저 조직 구성원의 조직 체계를 숙지해야 한다. 회사 내의 제반 규정을 학습하고 업무 프로세스를 이해하는 것이 필요하다. 주력 아이템에 대한 시장 상황을 파악하고 무엇이 최대의 경쟁력인지도 알아야 한다. 고객층은 어떻게 형성되어 있으며 매출 추이도 눈여겨보아야 할 부분이다. 어떤 방식을 통해서 정책이 결정되고 있는지도 유심히 관찰해야 한다.

그리고 새 직장의 동료와 관계를 잘 맺는 것이 업무 이상으로 중요하다고 할 수 있다. 동료가 다가오기를 기다리는 것보다 먼저 다가가면서 축적된 지식을 전파해 주면서 한 식구라는 공동체 의식을 심어주는 말과 행동을 하는 것이 조직에 신속히 스며들게 하는 방법임을 염두에 두고 직장 생활 하는 것이 조기 정착을 위해 유리하다. 새 식구와 친밀도를 형성하려는 자세가 필요하다고 할 수 있다.

경력직으로 새로운 둥지에 안착하기 위해서는 조직을 이해하고 그곳의 업무 시스템을 좇아가면서 가급적 묵묵하게 보다 나은 방식으로 하나하나 개선해 가는 태도를 취할 수 있어야 한다.

직장인은 환경이 다른 새로운 집단에서 평정심을 지키며 동료들과 유대 관계를 잘 가지고 넉살 좋게 어우러질 줄 알아야 평판이 좋게 나게 된다. 좋은 이미지 속에서 역량을 발휘하여 능력을 인정받게 되면 구성원으로부터 찬사와 부러움을 독차지할 수 있다.

좋은 성품을 가지는 것이 어디서 무슨 일을 하든지 최고의 덕목이고 자신의 가치를 올릴 수 있는 자산이 된다. 남과 더불어 어울릴 줄 아는 여유와 포근함이 있을 때 편안한 마음으로 평소 능력 발휘가 가능해져서 결국은 자신에게 큰 보탬을 주게 되는 것이 생활 속의 진리이다. 개성이 강하고 자신만의 독창성과 색깔이 있을수록 남과 어울리는 데 어려움이 있을 수 있다. 이러한 성격의 소유자는 자신을 돌이켜보는 시간을 자주 가지는 것이 직장 생활을 하면서 도움이 된다. 직장에서 내가 잘 어울리고 있다고 판단하는 것보다 상대가 편안해 하고 가까이하고 싶은 마음이 들도록 하는 것이 직장인이 지니고 있어야 할 행동이다.

리더로 성장하기

리더 위치

기업의 목표 달성을 위해서는 경영자가 신속한 의사 결정을 해주면서 인력과 자본을 효율적으로 적절히 적재적소에 배치하고 이러한 자원과 자본에 우선순위를 정해 전략적으로 활용하고 사용하며 구성원이 맡은 직무를 잘 수행할 수 있도록 윤활유를 공급해 주고 회사 내의 규제를 완화해주어 가시밭길을 아스팔트 길로 만들어 주면서 주어진 직무에 전념할 수 있는 업무 환경을 조성해 줄 수 있어야 한다. 이 같은 여건이 마련된 곳에서 능력 있는 직장인이 얼마나 많이 있는가에 기업의 성패가 달려 있다고 할 수 있다.

조직은 리더가 조직원 개개인이 지닌 잠재 능력을 최대로 발휘할 수 있도록 방향을 제시하고 분위기를 조성해 주는 것이 무엇보다도 필요하다. 습관은 자동으로 반복해서 일어나는 것을 말하고 이미 오랫동안 나에게 몸에 배어서 행동으로 나타나게 되어 있다. 경영자는 늘 좋은 습관을 가지고 있는 것이 일반적인 사실이다. 경영자는 자신이 어떤 일을 실행하여 성과를 내는 것보다 구성원의 역량을 발휘시켜 최적의 안을 도출해 내도록 여건을 마련해 주는 것이 주된 임무라 할 수 있다.

'부진한 점포장은 있어도 부진한 점포는 없다'는 것이 필자가 경험해서 터득한 사실이다. 실적이 부진한 점포라도 조직의 장을 교체하면 새로운 바람이 불어서 우수 점포로 등극하는 경우가 많다. 누가 경영을 하느냐에 따라 조직의 성패가 달려있다고 할 수 있다. 매출이 적을 때는 자신에게 문제점을 찾아야 하는데 부진한 실적의 점포장은 이를 주변 탓으로 돌리는 것이 일반적이다. 실적이 저조한 점포에서 점차 높은 성과를 보이는 것은 남이 안 하고 못 한 방법을 작은 데서부터 시작하여 꾸준히 행함으로써 고객에게 감동을 주기 때문이다. 자가 진단을 통해 가까운 데서부터 원인 분석과 해결책을 찾는 일을 우선시하여 실행하는 것이 좋은 대안이 되며 우수 점포장으로 가는 지름길이다.

일을 시도도 하기 전부터 주눅이 들어서 자신감 결여가 오게 하고 용기를 잃게 되어 강력한 추진을 할 수 없게 만드는 언행을 경영자는 삼가야 한다. 피해 의식이 있으면 추진력을 떨어지게 하고 소극적이며 부정적인 성향으로 자신도 모르게 변하게 해서 업무 성과를 내는 데 장애 요인으로 대두될 수 있기 때문에 유의해야 할 사항이다.

선수 시절 성적과 감독 시절의 성적은 비례하지 않는 것이 일반적이다. 선수 때는 자신만 잘하면 능력을 인정받게 되지만 감독은 전체를 포용해 목표를 달성해야 하는데 선수 시절에 뛰어난 기량이 있었다고 지도력이 좋은 것은 아니다. 감독은 적재적소에 선수를 기용해서 능력을 발휘시키는 것이 우선이기에 그렇다. 감독의 전략과 전술에 따라 승패가 좌우되는데 선수들을 융합시켜 팀워크를 조성할 줄 알아야 명감독이된다. 팀원의 잠재 능력을 끄집어내서 팀워크를 이룰 수 있도록 여건과 환경을 조성해 줄 수 있는 자가 진정한 리더다.

대부분의 리더는 자신만의 노하우를 지니고 있어서 단기, 중장기 전략을 가지고 실행력을 최우선으로 생활의 모토로 삼아 추진할 줄 안다. 흔들리지 않으며 유혹을 뿌리치고 도전과 시련을 극복해 역경을 이겨내는 역경 지수가 높은 편이다. 그래서 리더 반열에 오르게 되었다는 것을 직장인은 유념할 필요가 있다.

리더 덕목

성공한 경영자는 독한 근성과 강인한 기질을 지니고 있고 밀어붙이는 추진력이 좋다. 큰 것에 의연하게 대처하고 작은 것은 세밀하게 체크하고 중시하는 경향이 짙다. 따뜻한 가슴과 예리하고 명석한 두뇌를 가지고 조직을 관리하는 능력을 겸비하고 있다. 훌륭한 경영자는 디테일하게 조직을 관리하고 업무를 처리하며 작은 실수도 용납하지 않는다. 경미하다고 생각하고 '대충 지나쳐도 되겠지'하는 사람은 좋은 기회가와서 중차대한 일을 실행할 시 작은 것을 소홀히 하여 성과를 내는 데어려움을 겪는다. 중요하지 않은 일은 한 가지도 없으므로 매사를 신중히 처리하는 습관을 지녀야 실수 없이 좋은 성과를 낼 수 있다.

경영자는 끈이 끊어질 때까지 당기다가도 끊어질 것 같으면 먼저 놓아줄 수 있어야 한다. 업무 지식 외의 차별성 있는 자신만의 특 장점을 보유해야 하고 성과를 창출한 경력이 있으면 금상첨화다. 누가 좋은 실적을 낼지 섣불리 결단하는 것은 안 좋은 결과를 낳게 되므로 사람에 대한 속단은 하지 말아야 한다. 길게 겪어 보지 않고 단번에 결론짓고 단정하는 것은 판단 미스의 실수를 범해서 마이너스 효과를 초래하는 일을 발생하게 만들 수 있기 때문이다.

조직의 최상의 리더는 우선 실행하고 보려는 마음이 강하다. 추진하는 과정에서 문제점을 수정해 가며 실행하여야 좋은 결과를 창출하고 대박이 날 확률이 높다.

경영자가 충성스런 부하를 옆에 두려면 자신이 어떻게 하느냐에 달려 있다는 것을 명심해야 한다. 사람은 자신을 인정해 주는 상사에게 시간과 정열을 투자하게 되어 있다. 좋은 책사를 근거리에 둘 수 있을 때 리더십은 더욱 빛나게 된다. 직장에서 혼자서는 업적을 낼 수 있는 것이 거의 없기에 탁월한 리더십이 절실히 요구되고 있다.

리더는 하루아침에 되는 것이 아니기에 신입 시절부터 역량과 덕목을 차곡차곡 쌓아갈 수 있어야 한다. 리더는 상대의 잘하는 부분을 인정해 주고 더 잘하게 보이게끔 협조해 주는 아량을 베풀 수 있어야 한다. 근시안적인 사고를 버리고 길게 볼 수 있는 안목을 지녀야 한다. 내가 이기겠다는 생각을 지니면 향후 지게 되어있다는 것을 직장인은 마음속 깊이 새겨야 한다. 지금 손해를 보아도 된다는 생각을 할 수 있다는 것이 어느 정도 여유가 있는 사람에게만 통용된다고 판단하는 것은 잘못된 짧은 생각이다. 리더십은 나와 의견이 안 맞는 사람과 소통을 통해 설득하고 이해시켜서 관철할 줄 아는 능력을 구비할 때 나올 수 있다. 다양한 경험과 많은 책을 접한 리더는 주관이 뚜렷하고 심지가 곧다.

사회적으로 장기간 성공한 경영자들의 한 가지 공통점은 손해를 보면서 경영을 한다는 것이다. 지금은 자신이 상대보다 손해를 보는 것 같지만 훗날에 반드시 그 사람에게 도움을 받게 된다는 철학을 지니고 있다는 것이다. 내가 상대를 이기겠다는 생각보다 져준다는 생각이 앞선다는 것이다. 이기주의가 강한 사람일수록 무조건 언제나 상대를 이겨야 한다는 생각이 팽배하다. 자신이 최고라는 생각밖에 없어서 상대방을 헤아리지 않고 수단과 방법을 가리지 않더라도 꼭 이겨야만 한다는 마음이 크다. 안되면 어떤 방법을 취하더라도 상대를 짓눌러 버려야 직성이 풀린다는 생각이 크다. 상대방이 어떤 심정일 거란 마음은 없다. 결국 주변에 사람이 다 떠나가 버리는 결과를 초래하게 되어 있다.

잘나가는 리더들은 도전의 기회가 왔을 때 패배를 무릅쓰고 승부수를 띄울 줄 안다는 것이다. 안 될 때의 자신의 모습은 뒷전이고 된다는 신념과 의지만으로 원하는 목표를 이루는 데만 집중을 하고 올인을 하여 열정을 다해서 결국은 소기의 목적을 달성한다. 영혼까지 팔 각오가 되어 있고 무슨 일을 하든지 그곳에서 반드시 성공한다는 확신을 가지고 있다는 공통점이 있다.

리더는 표정 관리를 잘하며 항시 자신 있는 환한 모습으로 상대를 대해 포용력과 여유로움을 느끼게 해야 한다. 인상을 자주 쓰게 되면 품격이 떨어지고 판단력이 흐려진다. 상대는 나의 얼굴에서 자신감과 믿음을 줄 수 있는지를 우선 판단하고 대화에 임하기에 상대를 설득시키고 소통하는 데 있어서 표정은 중요하다. 표정 관리에 따라 실수도 용서될 수가 있으므로 상대의 마음을 헤아리는 모습으로 보이도록 노력할 필요가 있다.

지식이 있고 탁월한 리더십을 보유한 사람은 얼굴에도 인품이 내재되어 있다. 품격은 외모에서도 풍기고 한눈에 알아볼 수 있다. 범상치 않은 사람을 만나면 전지전능한 신처럼 무언가 끌리는 매력을 느낄 수 있다. 대중들이 존경하고 추종하는 리더들이 가지고 있는 공통점이다. 서양인은 동양인에 비해 확연하게 인품이 얼굴로 드러나며 지식층은 금방 알아보기가 용이하다. 조직의 보스는 매력이 넘치며 보기만 해도 자석같이 사람을 끄는 힘을 지닌다. 매력은 곧 마력이다.

리더는 적절한 시기에 맞게 과감한 승부수를 띄울 줄 알고 실패를 예상하면서도 두려움 없이 실행한다. 역발상적 사고를 가지고 남들이 쉽게 결정하지 못해 추진하지 않고 망설이는 것을 해내며 용기와 배짱이 두둑하다. 과묵히 때를 기다릴 줄 알아야 하고 결정적인 찬스라고 생각하면 과감히 결단을 내릴 수 있어야 한다. 자신의 약한 모습을 내색하는 것을 싫어한다. 위기에 기죽지 않으려는 경향이 강하다. 리더는 상대에게 수를 읽히지 않으려고 의도적인 자기 조절을 잘한다. 상황과 대상에 관계없이 의연하고 여유로운 밝은 표정 관리를 할 줄 아는 사람이 진정한 리더다.

조직 혁신

단위 조직의 장은 부임 후 1달 안에 구성원을 파악해 심기일전할 수 있는 인사를 단행해야 하고 3개월 안에 분위기를 바꾸어 놓아야 한다. 6개월이 지나도 변화가 없으면 그 조직에서는 성과 창출이 어려워지고 성과를 창출하는 데에도 오랜 시일이 소요된다. 즉 리더는 새로운 조직에서 3개월 안에 성공 리더십을 보여 주어야 비전을 달성하는 초석을 만들 수 있다.

조직의 장이 행하는 첫 달 동안의 리더십에 따라 조직의 분위기는 완전히 탈바꿈하게 된다. 따라서 첫 달 간의 리더십은 활기차고 신명 나는 분위기를 조성하기 위해 조직의 핵심적인 현안 과제와 문제점을 파악하여 변화를 주도록 하는 것이 급선무이다.

직장에서 부서의 장으로 임명되었거나 전체를 총괄하는 위치에 있게 될 때도 마찬가지다. 내부적인 현안을 정확히 평가하여 최단 시일에 변혁을 하여 일사불란하게 새로운 팀으로 탈바꿈시킬 수 있어야 한다. 혁신은 효율성이 저하된 것을 변화시켜 생산성을 높게 만드는 일이다. 일부는 본의 아닌 불이익을 당할 수 있게 되는 것이 조직의 혁신이다. 알면서도 밀어붙여야 하는 것이 조직 혁신이다.

경영자가 되려면 자신을 믿을 수 있는 전문성과 슬기로운 지혜가 있어야 하며 변화와 맞추어 넓은 안목을 겸비할 수 있어야 한다. 자신감이 경영자가 될 수 있는 최고의 방책이다. 자신감이 있는지 없는지는 상대가 먼저 간파하게 되어 있다. 기선 제압을 하고, 가지고 있는 의사를 정확히 전달하고, 설득시키고, 협상하고, 판매하고, 이해시키려면 자신감을 가지는 것이 고가의 의상을 입고 치장한 것보다 몇 배 이상 효과가 크다. 조직을 혁신하기 위해서는 강한 자신감이 밑바탕이 되어야 한다.

목표 달성은 사고가 하나로 집약되어서 심플하게 실행안이 나올 때 신속 정확하게 추진할 수 있으므로 경영자가 조직의 응집력을 살아나게 만들어 공동 의식을 불어넣어 주는 일을 해주어야 한다. 어느 조직에서나 경영자의 위치에 오르면 구성하고 있는 인력에 대한 구상을 심도 있게 우선적으로 할 수 있어야 한다. 업무 극대화를 이루기 위해 업무 영역과 인력 재배치를 신속하게 하는 것이 좋다. 부임하고 일정 시일이 지나면 이것저것 들려오는 하소연과 건의사항을 선뜻 물리치기가 어렵게 되기 때문이다. 변화와 혁신은 빠를수록 좋다.

직장 조직은 사람이 전부라 단언해도 지나친 말이 아니다. 사람에 의해서 모든 것이 움직이게 되는 형태이기에 직장에서 사람이 다라고 할 수 있는 것이다. 직장인은 흔히 회사와 서로 이용하고 있다는 말을 자주 한다. 서로의 필요에 의해 모인 집단이 직장이지만 최소한의 금지와 도리가 지켜져야 하는 장소가 직장이다. 이것이 금이 나기 시작하면 회사 발전은 기대하기 힘들고 직장인도 미래가 없다. 직장 내에서 사람의 중요성을 다시금 새겨보아야 할 대목이다.

어떤 형태로든지 조직에서 장의 위치에 있게 되면 최우선적으로 챙기고 관심과 배려를 해주어야 할 점이 조직원이다. 대기업은 인적 물적 시스템이 완비되어 있어서 업무 프로세스가 정형화되어 있으나 소기업은 리더에게 위양된 권한과 개인 성향에 의해 인력 관리를 좌지우지하게 되어 조직 이탈 현상을 보이는 일이 의외로 많다. 조직을 혁신한다는 명목 아래 리더가 합리성이 결여된 행동을 보이게 되면 공든 조직이 와르르 와해될 수 있기에 현상 파악을 잘해서 근간이 흔들리지 않는 선에서 변화를 꾀하는 것이 현명한 처사다.

조직의 장은 스스로 단시일 안에 진행하고 있는 일을 간파해서 내 것으로 소화할 줄 알아야 한다. 문제점에 대한 해결책을 집약시키는 의사 결정을 할 줄 알아야 한다. 어느 조직에서나 고수가 고수를 알아보는 법이다. 서로 싸울 일을 만들려고 하지 않고 싸울 일이 발생하면 타협하여 극한 상황까지 몰고 가지 않으려는 것이 고수들의 세계다.

넘치는 카리스마

조직의 목표를 이루기 위해서 처한 환경과 시스템을 총동원해서 조직원을 한 곳으로 집중하게 하여 시너지를 나오게 하며 잠재력을 발산하게 하는 카리스마를 가지는 것은 경영자가 갖추어야 할 덕목이다. 사회적으로 상위에 오른 리더는 대부분 카리스마가 있고 머리가 냉정하고 심지가 강한 편이다. 강력한 카리스마를 가지고 남에게 따뜻한 배려를 하며 아랫사람의 의견을 중요시하고 성실한 생활을 하는 리더에게는 아랫사람이 잘 따르고 충성심이 발로되게 되어 있다.

직장에서 리더가 되기 위해서는 직무 역량이 뒷받침되어야 하고 협업을 잘하며 추진력이 앞서야 한다. 임원이 되고 최고 경영자가 된 사람들은 팀장 시절부터 강력한 실행력을 지니고 괄목할만한 성과를 창출해

냈다는 점이다. 다소 평판이 안 좋아도 그리 크게 장애 요소가 되지 않았다는 점은 새겨볼 만한 사항이다. 오히려 성격이 못되었다는 소리를 들어도 능력이 출중하면 상쇄되어 버리는 곳이 직장이라 할 수 있다.

직장 리더는 결단력이 있고 일의 추진력이 뛰어나야 성과 창출이 가능하다. 부드러운 것 같지만 상황에 따라 차가운 면이 있으며 남에게 인상이 좋아 보이지만 남다른 독창적인 개성과 지성을 지니고 있을 때 리더십을 발휘하여 결과물이 나오게 된다. 일의 추진력이 상상 외로 강하며 끊고 맺는 것이 명확할뿐더러 표정 관리를 잘해 상대에게 두려운 존재의 이미지로 남게 하는 무언가의 아우라를 상대로부터 느끼게 하는 무언가를 지니고 있다.

조직의 장이 되기 위해 조직을 한군데로 집약시킬 수 있는 카리스마는 절대적으로 필요한 요소다. 카리스마가 없는 리더의 말은 피부에 와 닿는 정도가 약해서 실행력이 약화될 우려가 있다. 그만큼 리더의 자질 중 카리스마는 필수 항목인 셈이다. 직장 생활에서는 누구나 시일이 경과함에 따라 리더 반열에 오르게 된다. 직위와 직책에 따라 직무의 범위와 권한 및 책임이 수반되게 되는데 평소 자신감을 지니고 일에 접하는 태도를 갖추도록 훈련을 해야 한다. 직장에서 자신감은 결국 직무 능력을 상사로부터 인정받을 때 동반하여 오게 되어 있으므로 업무적으로 성과를 내는 데 전력을 다하는 것을 잊지 말아야 한다.

우수한 실적을 내 본 경력이 있는 사람이 새로운 임무를 부여해도 좋은 실적을 내는 경우가 많다. 문제의 본질을 찾고 문제를 해결하며 실행에 옮기는 것이 우수하고 주변 시스템 활용을 잘하기 때문이다. 성과를 내 본 사람은 주변 환경과 여건을 탓하지 않고 그 속에서 문제 해결을 한다. 또한, 장애 요인을 극복하여 주어진 일을 성공적으로 수행한 경력이 있어서 자신감이 넘치고 '할 수 있다'는 신념으로 가득 차 있다. 남이 못 가진 굉장한 자산을 가지고 있어 성공 확률이 높다.

사고와 행동은 저급하게 하며 폼 잡기를 좋아하는 리더에게는 우수한 자원이 도입되기 힘들고 조직 자체가 번창하기 어렵다. 리더가 갖추어야 할 자질과 인격은 부족한 상태에서 조직원에게 기대치가 많으면 원하는 성과를 이루기 힘들다. 리더와 구성원의 생각이 일치되지 않는 곳은 일사불란한 행동을 하지 못하고 오합지졸이 되어 낭패 보기가 쉽다. 부족한 리더일수록 기대치만 크다. 함께 의논하면서 실행할 때 성과를 이루게 되어 있다. 같이 가는 것이 필수다.

뛰어난 촉과 맥

사물을 환히 뚫어보는 능력이 뛰어나고 통찰력이 좋을 때 촉이 좋다고 말한다. 조직의 장은 촉이 좋아야 성과를 내는 데 유리하다. 현상의 상황을 정확하게 간파해서 대처해 가는 능력과 직감력이 빨라서 순발력과 동물적인 감각을 지니고 있어야 리더십을 발휘하는 데 도움이 된다. 경영자는 큰일을 결정할 때 구성원과 사사건건 협의를 해서 결정을 내린다는 것이 쉽지 않다. 다수의 의견이 존중되는 것이 좋을 수 있으나 큰 결정을 할 경우 경영자의 독단적인 결정이 유리할 때가 있다. 찬반양

론이 비슷하게 갈라지면 더 판단이 안 서서 우유부단한 의사 결정을 내려 불리해질 수 있는데 촉이 빠르고 맥을 잘 짚는 리더는 확신에 찬 결정을 내리는 것이 일반적인 행태이다.

선지자와 선각자가 되는 것이 조직을 변화시키는 계기를 만드는 방법이다. 먼저 배워서 알고 먼저 깨달을 때 시장을 선도하고 글로벌 감각을 느낄 수 있으며 세상을 지배하는 힘을 기르게 된다. 각 부문에서 조직을 움직이는 최상의 리더들 대부분이 선지자이고 선각자들이다. 이론과 실제를 겸비하고 실생활에 접목할 줄 알아야 가능하며 책상보다는 현장을 중시하는 경영 철학을 가지고 생각의 폭을 넓히며 생활하는 리더에게 볼 수 있는 모습이다. 발생한 사안에 대한 정확한 진단을 내릴 수 있다는 것은 조직을 이끄는 데 크나큰 무기이다.

맥은 경험과 축적된 지식을 바탕으로 하지 않고는 정확하게 잡기가 어려운 것이 현실이다. 대충 감으로 어림잡아서 하려는 행동은 오히려 더 큰 실수를 낳게 만들기에 유의해야 할 필요가 있다. 직장에서 직책이 높아질수록 맥을 잡아야 할 경우가 많다. 현상과 대안을 마련할 역량이 되어야 맥을 잡을 수가 있다. 조직의 리더는 시행착오를 최소화하여 불필요한 일과 비용을 절감시킬 의무가 주어진다. 효과적으로 업무 수행을 하기 위해 현안 문제를 진단할 수 있는 능력을 갖추는 것이 요구된다. 조직을 바람직한 방향으로 변혁시키기 위해서 리더가 차지하는 비중은 막대하다. 수장 한 명으로 인해 전쟁의 승패를 좌우하게 되는 것과 같은 맥락이다.

어느 분야나 조직의 장은 남이 가지지 못한 그만의 특장점을 소유하고 내공과 실력을 겸비하고 있으며 포용력과 보스로서의 카리스마와 기질을 가지고 있다. 사회의 리더 층에 오른 여성은 보는 순간 일반 여성과 다른, 외모에서 풍기는 무언가를 한눈에 확 느끼게끔 한다. 쉽게 넘보지 못하고 함부로 말을 할 수가 없으며 여성이라기보다는 동성으로서 같은 위치에 있는 리더라는 이미지가 물씬 풍겨서 분위기를 제압하게끔 하는 상황이 연출되기가 쉽다. 누가 보아도 어딘가 남과 다름을 금방 알아차리게 되어 늠름하고 멋있다는 생각이 앞서게 되며 자연스럽게 주도성을 뺏기는 일이 생기게끔 만드는 것이 잘나가는 리더의 특질이다.

오피니언 리더들은 행동과 말이 당당해 여론을 주도한다. 부하 직원에게 신망받지 못하고 부하 직원을 잘 다스리지 못하면 개인의 능력이 뛰어나도 그 직을 오랫동안 유지하기 버거우며 더 고위직으로 올라가기가 쉽지 않게 되는 것이 조직의 생리이다. 위로 오를수록 실질적으로 일을 수행하는 사람은 아랫사람이기에 지시대로 이행하는 충성심을 유발시키는 것이 성과를 내는 데 매우 중요하기에 그렇다.

잘나가던 기업이 몰락하는 경우의 대부분은 시대의 변화를 읽지 못하고 한참 잘나갈 때만 머리에 각인시키고 자신의 능력으로 이룬 업적이며 누구도 하지 못한 일을 해냈다는 자만과 교만이 앞서는 경영자의 판단에서 비롯된다고 할 수 있다. 자신은 항시 변화하고 있다고 착각의 늪에 빠져 있으며 남을 인정하지 않고 구성원들만 변화하길 강조하는 경향이 많은 편이고 옛날의 성과만 믿고 무모한 투자를 하여 감당을 못해 안 좋은 결과를 낳게 되는 경우가 있다. 경영자의 예전 큰 성공이 오히려 불리하게 작용하여 초래되는 결과다.

자기주장이 강하고 소신대로 밀고 나가는 것이 강한 이유도 있다. 살아온 경험과 지식이 고정화되어 자신의 주장을 무조건 관철하려는 경향이 매우 강한 이유도 있다. 시대의 흐름에 변화하며 현세대를 이해하는 것보다 정형화된 경력에 의한 틀을 넘지 못하고 과거에 실행한 울타리 내에서 소신을 굽히지 않는 성향이 크다.

성공한 리더의 공통점은 실천적 사고가 남달리 강하고 추진력이 좋으며 '할 수 있다'는 생각으로 가득 차 있다는 점이다. 개성이 강하고 소신이 뚜렷하여 자기주장을 자신감 있게 명확히 피력하는 유형의 직장인이 리더 반열에 오를 확률이 높다.

Chapter 3.

직장 생활
핵심 키워드

소통 :
직장인의 소통 능력은 직무 완수의 초석이다

커뮤니케이션의 본질

어떤 현상에 대해 자신이 가슴속에서 판단하여 느끼는 생각이 상대방에게 원활하게 통하도록 만드는 능력을 소통력이라 지칭한다. 나의 생각과 판단이 남과 안 맞는다고 부정해서는 원활한 소통이 힘들다. 상대의 의견이 나와 맞지 않을 경우에 나의 주장과 다른 것이지 틀린 것이 아니라는 생각을 하는 것이 무엇보다도 중요하다. 이것이 전제가 되어야 다음 단계의 소통으로 이어져 좋은 결과를 기대할 수가 있어서이다. 상대의 주장이 틀리다고 우기면서 날을 세우는 순간부터 대화가 단절되기 시작하고 득이 안 되는 말의 교류에 지나지 않게 되어 버린다.

직장인은 업무적으로 무수히 많은 시간을 남과 소통해야 한다. 업무 자체가 누군가와 함께해야만 효과적인 추진안을 완성할 수가 있고 현장에서 결과를 얻을 수 있어서이다. 부서와 협업이 이루어져야 목표 달성을 할 수 있는 실행안이 나오게 되고 그것을 실천해서 수익을 내려면 현장과의 원활한 소통이 있어야만 가능하다. 이러한 일련의 과정이 순조

롭게 추진되어야 업무 성과를 창출할 수가 있는 것이 직장의 원리이다. 기본적으로 소통이 잘 이루어져야만 가능하게 되므로 직장인의 소통 기술은 직무 수행 시 매우 중요하다고 단언할 수가 있다.

직장은 나 혼자서는 성과를 내기가 만만치 않다. 동료 및 타 부서와 원활한 소통을 하지 않고는 성과를 내기가 어려운 곳이 직장이다. 일 잘하는 직장인의 특징은 남과 말이 잘 통한다는 것이다. 업무적으로 대화할 때 상대의 견해를 무시하지 않고 자신의 의견을 논리적으로 표현해서 설득시키고 이해시켜 관철시킨다는 것이다.

직장 일은 가장 효율적이고 생산적인 방안을 모색하여 현장에서 실행해서 목적을 달성할 수 있도록 관련 부서와 소통을 통해 최적안을 수립할 수 있어야 한다. 협업을 잘해야 성과가 나올 수 있기에 더욱 중요한 것이 부서 간의 원활한 의견 개진이다. 즉 소통을 잘해야 한다. 유능한 직장인은 이 점을 간과하지 않고 업무 협조가 잘되도록 여건과 환경을 조성시킬 줄 안다. 성품과 인성 및 직무 역량이 고루 겸비되어야 가능한 부분이라 할 수 있다.

부분이 합쳐서 상호 작용을 통해 상승 효과를 불러오게 해서 하나를 실행했을 때보다 몇 배로 좋은 성과를 내는 것을 시너지 효과라고 부른다. 공동 작용의 힘으로 나오는 효과이다. 직장에서 동료와 부서 간의 시너지로 인해 나타나는 업무 결과는 기대 이상으로 크게 나오게 되는 것이 일반적인 현상이다.

시너지가 나오기 위해서는 일차적으로 소통이 잘되어야 한다. 어떻게 해야지 최고의 결과물을 낼 수 있는지를 서로 의견 개진을 통해 도출해 낼 수 있기 때문인데 소통이 잘 안 되면 시너지 자체가 무산되어 버리게 되므로 직장 내의 소통은 중요시하게 행해져야 한다. 한두 번 직장 동료와 소통이 잘 안 될 경우 저 친구와는 대화가 안 된다는 인식이 굳어 버리면 시너지를 내는 데 한계에 봉착하게 되므로 각별하게 유의를 하면서 동료와 소통한다는 것을 직장인은 간과해서는 안 된다는 점을 유념해야 한다.

직장에서 때로는 침묵하는 것이 상대와의 좋은 관계를 유지하는 데 도움이 될 때가 있다. 상황에 맞게 적절히 말을 하고 침묵하는 자세를 취하는 것이 유리할 경우가 많다. 상대의 물음에는 간단명료하게 표현을 하고 여유 있는 모습을 보여줄 수 있도록 하는 것이 좋다.

전문 지식과 교양이 풍부해도 말이 빠르면 가지고 있는 지식에 비해 사람 자체가 가벼워 보이고 큰일을 맡기기가 불안한 느낌이 들게 한다. 말이 빠른 것은 자신이 알고 있는 지식을 주어진 시간과 처한 상황을 의식해 하고 싶은 말을 다 해야 직성이 풀리고 인정을 받으려는 욕구가 강하며 남에게 관철해 자기의 말이 옳다는 것을 부각하려는 심정이 크기 때문이다. 지식이 풍부하고 자존감이 높아서이기보다는 타고난 성품과 성격의 영향이 더 크게 미친다고 할 수 있다.

말이 많으면 실수를 하게 되고 사람 자체가 가벼워 보이며 중요하게 느껴지지 않게 된다. 말한 당사자도 무슨 말을 했는지 모를 경우가 많다. 많은 말 중에는 반드시 불필요하며 해서는 좋지 않고 상대방이 들어서 감정이 상하게 되는 말이 섞이게 되기 때문이다.

말수가 적을 때 심사숙고해져서 실수를 덜 하게 된다. 또한 말 속에 무게가 실려 내용을 상대가 깊게 받아들여 진중하다는 감을 주고 신뢰를 쌓이게 하여 자주 접하고 싶은 관계를 형성시킨다. 자기를 소개할 경우가 있는 장소에서는 내가 잘났다는 것을 보여주는 것이 아니라 자신은 좋은 사람이라는 것을 부각시키는 것이 좋다.

누군가에게 활력을 줄 수 있는 표정을 짓는다는 것은 그 사람으로 하여금 에너지를 갖게 해주고 호감을 불러일으키게 할 수 있어서 좋은 대인 관계를 이룰 수 있는 발판을 마련하게 해 준다. 어찌 보면 가장 쉬운 방법이라고 할 수 있다. 무표정과 시큰둥한 표정은 소통을 원활하게 하는 데 적이나 다름없다.

사람은 상대와 말을 할 때 자신의 말에 대해 진정으로 귀를 기울이는지를 알게 되고 상대의 모습에서 느낌을 받게 되기 때문이다. 스펙이 좋고 언변이 좋아도 표정이 밝지 못하면 상대에게 고마움과 호감을 주기가 힘들다. 표정의 중요성을 그대로 나타내는 의미이다.

직원을 채용하려고 면접을 볼 때 내면에서부터 드러난 밝은 표정을 짓고 있는 모습을 보게 되면 일단 점수를 얻고 들어가게 되어 있는 것과 마찬가지이다. 살아 움직이는 것과 같은 긍정의 메시지를 주는 표정을 지으며 직장 생활을 하였을 때 호기가 찾아오게 되고 상사로부터 인정받는 데 유리하게 된다. 좋은 표정은 주변을 나와 가까이하게 만들고 유익한 정보를 얻는 데 도움을 주게 됨을 인식하고 직장 생활을 하는 것이 필요하다.

커뮤니케이션 능력

상대방에게 의사를 전달하고 피드백을 받을 경우 주로 말과 문서에 의해서 하게 된다. 직장에서는 업무 보고를 하거나 제안 사항이 있을 경우 건의 사항 및 문제 발생 시 보고하는 상향식 커뮤니케이션과 상사가 부하 직원에게 업무 지시를 하고 제반 사항을 알리는 하향식 커뮤니케이션이 있다. 동료 간에 이루어지는 수평적 커뮤니케이션도 있는데 공동의 작업으로 성과를 내야만 하는 직장 조직에서 중시되고 있는 커뮤니케이션이다. 부서 간 업무 협업을 통해서 경제적으로 일을 추진해야 목적 달성이 용이하게 되는 직장의 특성 때문이다.

소통을 잘하기 위해서는 상대방의 말을 받아들이려는 자세와 태도를 취하는 것이 우선이다. 열린 사고를 지니고 있을 때 상대방 견해가 틀린 것이 아니라 다르다고 생각하며 경청을 하게 되고 상호 원활한 소통을 이루게 되기 때문이다. 이 점은 소통에서 매우 중요한 요소이다. 상대의 말을 진정으로 들어주고 수렴하며 논리적으로 의견을 개진한다는 것이 말처럼 쉬운 일이 아니기에 직장인은 특별히 인지하고 의사소통할 수 있도록 노력하는 습관을 지닐 수 있어야 한다.

커뮤니케이션을 효율적으로 하려면 우선 상대방에 대해 아는 것이 중요하다. 어떤 스타일로 일을 처리하는 습관이 있는지, 말하는 성향 및 성격을 미리 파악하고 있으면 원활한 커뮤니케이션을 하는 데 유리하다.

일방적인 한쪽만의 커뮤니케이션은 소통이라 볼 수 없는 통보라고 보아야 한다. 직장에서 좋은 결과가 나올 수 없는 좋지 못한 소통 방식이다. 상대방을 공감하게 할 수 있는 소통을 하기 위해서는 개인차가 존재하는 동료 및 상사의 업무 스타일과 행동거지를 어느 정도는 간파하고 있는 것이 좋다.

일괄적으로 누구에게나 커뮤니케이션을 하는 직장인은 소통을 통해 일을 원하는 방향으로 가게 하는 것이 수월하지 않다. 진정한 커뮤니케이션은 쌍방의 커뮤니케이션을 할 수 있을 경우 나타나게 되어 있다는 점을 명심해야 한다. 이런 소통을 할 수 있는 경우에 소통의 능력자라 부르고 있다. 잘나가는 직장인은 직장에서 누구와도 커뮤니케이션을 잘하는 것이 입증된 사실이다. 직장인에게 의사소통이 차지하는 중요도의 비중이 얼마나 큰지를 말해주는 대목이라 할 수 있다.

커뮤니케이션은 말하는 사람의 의중을 상대에게 전하는 과정이다. 상대의 말을 진정으로 잘 들어주고 배려하는 마음을 가지고 상대가 말하는 의도를 파악하여 피드백을 해주며 칭찬을 아끼지 않고 소통을 할 줄 아는 직장인이 커뮤니케이션 능력자다. 자신의 주장만을 강조하면서 어떻게든지 상대에게 주입시키려고 하면 안 된다. 당시에는 서로 알겠다고 하면서도 뒤돌아서면 소통한 자체가 무색할 정도로 의미가 없어지는 경우가 흔하게 발생하고 있으므로 유념하면서 커뮤니케이션을 할 수 있어야 한다.

소통을 잘하는 사람의 특징은 첫 번째가 남을 존중한다는 것이다. 존중의 소통은 결국은 자신에게로 득이 되어 돌아오게 되는 소통 방식임을 인식해야 한다. 왠지 어느 모임이나 장소에서 유독 자신이 상대보다 말을 주도적으로 많이 했을 때 당시는 우쭐한 감이 나서 그 자리를 주도했다는 기분이 들지 모른다. 하지만 헤어지고 난 후는 공연히 말을 많이 하고 나의 주장을 강조한 것 같아 후회해 본 경험을 한두 번쯤은 해 보았을 것이다. 허탈한 심정을 달래 보려고 다음부터는 나보다는 상대를 배려하고 말하는 것 보다 듣겠다고 마음속에 새겨보게 되는데 막상 닥치면 뜻대로 되지 않는 경우가 많은 것이 커뮤니케이션의 현실이다. 이를 극복하는 자가 소통의 달인이다.

의중을 헤아리는 경청

상대방의 말을 진정성 있게 귀담아들으며 그 속에서 내면을 들여다보려고 하는 게 경청이다. 상대가 전달하려는 내용이 무엇인지, 감정과 정서까지도 파악해서 말하는 내용을 듣고 이해해서 피드백해줄 수 있어야 경청을 했다고 할 수 있다. 상대의 말을 들어주기만 하는 것은 진정한 경청이라 말하기가 어렵다.

직장에서 자신이 지닌 생각을 말과 행동을 통해서 상사와 동료 및 후배에게 전달하며 주고받는 것을 잘해서 상대방을 설득하고 이해시키는 능력을 갖추면 남보다 인정받을 수 있는 기회가 더 주어진다. 의사소통을 잘할 수 있는 최고의 비결은 상대방의 이야기를 귀담아듣는 경청이다. 남의 말을 잘 들어야 진위를 파악해서 거기에 적합한 말로 응대를 할 수가 있기 때문이다.

의사 표현을 할 때는 생각하면서 말을 할 수 있어야 한다. 상대에게 들은 말에 대해 피드백을 해줄 시는 가볍다는 인식이 들지 않도록 진중하게 말하면서 목소리 톤과 말의 속도를 조절하는 습관을 가지는 것이 좋다. 적절한 제스처를 활용하면서 표현하면 핵심 사항을 강조하면서 견해를 명확하게 전달하는 데 도움이 된다.

상대를 설득시키겠다는 생각이 앞서서 상대의 이야기는 관심 밖으로 두고 속된 표현으로 '너 떠들어라, 나는 내 길을 가겠다'는 식으로 경청을 안 하면 안 된다. 대충 들으며 자신이 말하고 싶은 부분만 강조하고 같은 말을 반복하면 대화를 통해 결과물을 얻기 곤란하게 되어 버리는 것이 소통의 진리이다. 직장에서 비즈니스 파트너와 업무적으로 소통할 경우도 상호 의견이 달라 애를 먹게 되어 합일점을 못 찾아 난감할 때가 많다. 이때 진정한 경청이 있을 때 상대방도 마음의 문을 열게 되어 중재안을 찾을 확률이 높다. 경청이 없는 나의 주장은 일방적인 통행과 같아서 실효를 거두기가 힘들다. 즉 상대를 배려하고 이해하는 진실한 경청이 없이 상대를 설득시켜 내 주장을 관철시킨다는 것이 쉽지가 않은 것이 소통에서 자명한 진리이다.

상대의 말에 대한 핵심 사항에 대해 피드백을 해 줄 때는 상대가 무엇을 얻으려고 말을 한 것인지에 대해 간파하고 공감을 줄 수 있도록 말을 해 주는 슬기가 필요하다. 실제로 직장에서 직책이 높아질수록 경청을 잘 안 하려는 습성이 커지게 되어 있다. 여건과 환경이 그렇게 만들기 때문이다. 많은 일을 접하고 결정하는 위치가 되기 때문이다. 경청하는 자세는 개인 차이가 크다고 할 수 있다.

경청을 하는 이유는 상대방에게 내가 가지고 있는 생각과 견해를 피력해서 이해시키고 납득시키려는 의도가 있다. 상대의 말 중에 중요 부분을 요약하여 한 번만 강조하여 부각시키면서 전달할 때 상대가 받아들이는 강도가 커지고 관심을 느끼게 해 인정하여 실행하게 만드는 데 도움이 된다.

직장에서 문제 발생 시 해결책을 강구하기 위해 동료와 소통을 하게 될 때 경청과 간단명료한 의견을 전하는 것이 중요하다. 말하는 사람이 확신이 안 서고 자신에 대한 믿음이 부족할 때 반복하여 말하게 되는데 중언부언하면 말의 가치가 저하되고 값이 없어 보이기가 쉬우므로 유념해야 한다.

고정화된 말의 습관은 '앞으로는 말을 새겨 가며 해야지' 하더라도 막상 상황이 닥치면 제어하지 못하고 계속해서 불필요하고 무성한 말만 늘어놓을 수가 있으므로 직장인은 유의해야 한다. 습관화된 말버릇은 쉽게 고치기가 힘들다. 상대가 말하는 도중에 톡톡 끊기를 자주 하는 사람은 항상 말할 때마다 습관적으로 나타나는데 상대는 아무리 옳은 말이라 해도 인정을 하지 않고 무시해 버리며 사람 자체를 거부하고 싶은 마음을 갖게 만든다. 경청을 잘한다고 자기 기준에 잣대를 맞추면서 실제로는 말하는 중간에 끼어들어 찬물을 붓는 것과 흡사하다. 직장인이 염두에 두어야 할 부분이다.

남의 말을 경청하고 자신의 견해를 논리정연하게 피력할 줄 안다는 것이 쉬운 일이 아니다. 누군가와 대화가 된다는 것은 큰 경쟁력이다. 말이 통한다는 것은 인간관계에서 큰 플러스 요인이다. 사람들은 자신의 요구를 들어주지 않으면 말이 안 통한다고 하기가 일쑤다. 모든 것을 자신의 기준으로 해석하려고 하는 마음이 있어서이다.

잘 듣고 잘 말하는 것이 원활한 소통의 기본인데 경청을 잘할 때 가능하게 된다. 남의 말을 마음속 깊이 들을 생각을 안 하고서는 말을 잘하기가 어렵다. 아는 게 많을수록 상대의 이야기 도중에 말을 막고 자기 말을 하는 경우가 흔하다. 말하는 것이 틀렸다고 생각할 때 중간에 차단하기가 쉬운데 다르다고 생각하고 끝까지 들어 주는 자세가 있어야 커뮤니케이션이 잘 이루어져 상호 도움이 되고 신뢰가 쌓이게 되는 것이다.

듣는다는 것이 어렵다. 무언자(無言者)가 달변가가 아니고 다변자(多辯者)가 달변가가 되는 시대이다. 사람은 알고 있는 지식을 남에게 전달하고 싶은 욕구가 크다. 모르면 듣게 되는 때가 많으며 남에게 고급 정보를 많이 주는 사람이 상대적으로 최신 정보를 접하게 된다. 경청이 최고의 소통 수단이나 때로는 침묵보다 적절한 자기표현을 하는 것이 좋은 기회를 얻을 환경을 만드는 데 유리할 수도 있다.

안정감 있는 목소리

직장 생활에서 자신의 견해와 주장을 상사 및 동료에게 피력하기 위한 목소리의 톤과 명확한 발음이 필요하다. 목소리는 선천적으로 타고나는 것이 크지만 후천적으로 훈련에 의해서도 변하게 되어 있다.

목소리에 따라 카리스마가 있느냐 없느냐가 좌우되기도 한다. 주연을 맡을 때 목소리가 차지하는 비중이 크다. 주연 배우들의 목소리는 대부분 진중하고 강력한 메시지를 주는 것이 보편적이다. 가벼운 목소리는 무게가 떨어져 비중이 큰 역할을 하는 데 부분적인 장애 요인으로 나타나 캐스팅에서 불이익을 받게 되는 경우가 있다. 배우는 목소리에 따라 배역이 정해지는 경우가 많으며 대중도 배역과 부적합한 배우의 음성을 들을 때 관심도가 하락하고 어색함을 느끼게 한다.

의사소통에서 상대에게 각인시켜 설득시키기 위해서 말의 내용보다 목소리가 주는 영향이 크게 작용한다. 말의 내용이 차지하는 비중이 10% 정도에 지나지 않는 것이 통계적으로 나온 수치이다. 반면에 상대의 기억에 남는 나의 말 중에서 목소리 요소가 40% 이상을 차지한다는 것이 입증된 사실이다. 직장인은 이점을 유념하고 상대가 머릿속에 상기할 수 있는 목소리를 지니도록 노력해야 한다.

상대에게 호감을 주는 목소리를 내려면 밝은 표정을 지으면서 말해야 한다. 저음이 때로는 상대에게 안정감과 신뢰감을 주는 경우가 있어서 말을 할 때는 고음과 저음을 섞어 가면서 표현하는 것이 좋다. 목소리는 상대에게 평안하고 평온하며 편안함을 주도록 하는 것이 우선시되어야 한다. 평소에 발성, 발음, 성량 연습을 해서 나만의 개성 있는 목소리를 만들어 놓을 필요가 있다.

직장 상사가 큰 목소리로 질타할 때도 유연하게 대처하는 습관을 지녀야 한다. 좋은 목소리로 진정성을 느낄 수 있도록 열의를 가지고 말하면 상사에게 안정감 있고 믿을 수 있는 직장인이라는 이미지를 줄 수 있다. 가슴과 눈으로 말하며 상대가 울림을 가질 수 있는 목소리를 낼 수 있으면 금상첨화이다. 좋은 표정으로 말하면 뉘앙스가 다르게 되며 목소리 톤이 부드러워지게 되어서 말을 듣는 사람이 경청하는 데 도움을 준다.

상대와 대화를 할 때 소리의 크기에 따라 말에 대해 받아들이는 느낌은 확연하게 다르다. 목소리는 개인별로 타고나고 변성기를 통해 형성되기에 인위적으로 학습을 통해 변형시키기 어렵지만 말의 고저장단은 훈련과 습관을 통해 가능하다.

사람을 처음 대하는 순간 목소리가 좋으면 상대에게 인상 깊은 이미지를 심어 주어 대화를 주도해 갈 수 있게 된다. 음성의 톤에 따라 상대에게 전달되는 무게감이 달라진다. 낮은 톤으로 지시하면 목소리에 힘이 실려 듣는 사람은 신중을 기하게 된다. 단 받아들이는 사람의 의중에 따라 다르게 해석될 수 있다. 즉 큰소리로 해야 말이 먹히는 경우가 있다는 뜻이다.

협상 시에도 저음은 설득력을 지녀 소통을 원활하게 만든다. 때로는 목소리가 큰 사람이 주도권을 가지는 경우도 있으나 큰 소리를 내면 전달하는 내용이 분산되고 신중하게 들리지 않는다. 이에 듣는 입장에서는 말하는 사람이 전달하려는 내용이 깊게 와닿지 않고 때로는 전달하는 사람의 중요도와 신뢰가 감소하게 되어 버린다. 불필요한 사족을 많이 달면 더욱 심각한 결과를 초래한다. 이것이 말이 지니는 속성이다.

직장에서의 커뮤니케이션은 모든 것의 단초를 마련한다고 보아야 한다. 행사에서 사회를 보게 될 경우 안정되고 차분한 목소리로 순발력 있게 문제의 핵심을 간파하는 능력을 지닌 사회자가 인기가 좋은 것을

볼 수 있다. 사회자의 목소리 톤과 진행 기법과 질문 요지에 따라 패널
의 답변과 태도는 확연히 달라진다. 상대에 따라 표현과 처세, 대응하는
방법이 순간적으로 다르게 나타나기 때문이다.

전화 커뮤니케이션

상대와 의사소통을 하는 경우 얼굴을 보면서 하는 경우와 비대면으
로, 전화로 소통을 하는 경우가 있다. 전화 건 사람이 직장 관련해 처음
으로 소통하는 사람은 전화받는 직장 내 직원이므로 전화 예절 및 매너
에 의해 회사의 이미지가 결정되는 사례가 많다.

직장에서 신입 사원은 물론이고 기존 사원도 전화로 소통하는 것만
보아도 업무 역량을 알 수가 있게 되어 있다. 무엇이든지 확실하게 알고
있을 때 자신감 있는 목소리가 나오기 때문이다. 외부 협력 업체와 소통
을 하게 될 경우나 고객하고 통화할 때도 명쾌하게 친절함을 유지한 채
당당히 전화로 말할 수 있을 때 회사 이미지와 당사자에 대한 평이 좋게
나게 되는 것이다.

얼굴을 모르는 사람과의 전화 소통은 감정 개입이 힘들어 자신이 의
도한 대로 상대를 설득시키는 데 어려운 점에 봉착하게 될 수 있다. 직
장에서 감정 조절을 잘하지 못해 전화로 큰소리를 내고 회사 분위기를
저해시키는 직장인이 간혹 있다. 상대적이기는 하나 역량 여하에 따라
얼마든지 상대의 기분을 헤아리면서 통화하여 부드럽게 끝맺음을 할 수
있으므로 전화 커뮤니케이션 능력을 배양하는 데 주력해야 한다.

직장에서 전화 수화기를 오래 붙잡고 있는 직원일수록 일 잘하는 직원이 드문 편이다. 핵심 사항만 요점을 정리해서 소통하는 능력이 부족하고 회사의 전반적인 업무 이해도가 떨어지는 이유가 있어서이다. 상대적이기는 하나 전화를 오랫동안 붙잡고 있지 않으려면 능력이 있어야만 한다.

사내로 걸려오는 전화를 받게 될 때 일에 자신이 있으면 받는 목소리 톤이 달라진다. 직장에 걸려오는 전화는 대부분이 업무와 관련성이 있다. 주변의 동료나 상사가 귀담아듣는다는 선입견이 생겨서 자신감 있게 전화를 못 받는 경우도 있는데 역량이 부족하다는 소리를 듣게 될 수 있으니 유념하고 당당히 전화 소통을 하는 것을 실행해야 한다.

전화 소통은 첫마디부터 상대에게 무언가 긍정적이고 확신에 찬 기분이 들게 하는 것이 필요하다. 기선제압이라는 말이 어울리는 표현이다. 전화 목소리를 듣는 순간에 믿음이 간다는 이미지를 주도록 해야 한다. 그러기 위해서는 직무 지식이 선행되어야 하며 평소에 동료 및 상사와의 원활한 소통과 원만한 관계 형성이 수반되어야 가능해진다는 것을 염두에 두고 직장 생활을 해야 한다.

전화벨은 두세 번 울렸을 때 받는 것이 좋고 인사말과 자신의 부서와 이름을 밝히는 것이 상대에게 신뢰를 준다. 전화 통화를 하고 있는데 상사가 말을 걸 경우는 통화 중인 상대에게 양해를 구하고 송화기 부분을 손으로 막아 상사의 말을 들은 후 다시 상대방과 통화하는 것이 직장의 전화 예절이다.

전화로 소통할 경우 요점만 핵심을 정리하여 말할 수 있는 스킬을 배양해야 하며 상대가 불쾌하게 전화 통화를 할 때 유연하게 대처하여 대응하는 기술도 지녀야 하는데 고도의 내공을 필요로 하는 부분이다. 참으로 어려운 부분이 막무가내로 걸려오는 전화다. 특별히 민원으로 걸려오는 전화를 받아서 소통을 해야 할 경우 더 곤혹스럽게 만들어 버리기가 십상이다. 여기서 개인차에 따른 실력이 외부로 표출되게 된다는 점을 인식하고 전화 소통을 할 수 있어야 한다.

일 잘하는 직장인은 전화 커뮤니케이션을 매끄럽게 진행하면서 업무 효율성을 제고한다. 전화로 커뮤니케이션 하는 것만 보아도 당사자의 미래가 보이게 되는 것이 직장 조직이 지니는 특성이다.

명확하고 분명한 의사 전달

상대가 얕잡아 볼 수 없도록 하기 위해서는 자신의 의견과 주장을 정확하게 상대방에게 피력할 수 있어야 한다. 직장 생활을 하면서 업무 적으로나 업무 외적으로 생각을 전하게 될 경우와 상사의 지시 사항에 대해 과정과 결과에 대해 보고를 해야 할 경우가 있다. 명확하게 자초지종과 결과물에 관해 내용을 언급하고 의사 전달을 할 수 있을 때 쉽게 생각을 안 하게 되어 있다.

동료보다 실제와 다르게 실력을 인정받지 못하는 직장인은 말의 전달 능력이 부족한 데서 오는 경우가 있다. 상사가 무엇을 물어보든지 간단명료하고 정확하게 메시지 전달을 못 한다는 것이다. 상사가 두 번 물어보게끔 하는 것은 하수 직장인이 하는 짓이다. 예를 들어 상사가 "지금 하고 있는 일을 언제까지 끝낼 수 있는가?" 질문했을 때 "내일이나 모레까지는 마무리될 거 같습니다."라고 말하면 상사는 만만하게 보기 시작하게 되어 있다. "모레 오전 11시까지 끝내서 보고 드리겠습니다." 라고 대답하는 직장인은 만만하게 안 보고 신뢰가 싹트게 된다.

분명하고 정확하게 말하기 위해서는 우선 직무 능력이 밑바탕이 되어야 한다. 분명하고 정확한 의사 표현은 직장인에게만 국한되는 것이 아니다. 사회생활을 하면서 누구를 만나든지 필요한 처사다.

자신의 주장을 명확히 전달하라는 것이 아무 때나 하라는 뜻은 아니다. 시기적으로 득보다는 실이 될 것 같은데도 하고 싶은 말이 있다고 다 해서는 안 된다. 때가 아니라고 판단되면 참는 것도 상사가 만만히 못 보게 하는 방책이다. 직장에서 별 의미가 없이 툭 던진 말에도 받아들이는 사람이 자기 위주로 생각해서 자칫 잘못하다가 돌을 맞을 수 있기 때문이다.

직장에서 주어지고 지시받은 업무를 잘 해내지 못하면 상사는 만만하게 보게 되고 추가로 업무를 주고 싶은 마음이 없어지게 되어 있다. 맡겨진 업무를 제대로 못 해서 상사로부터 질책을 듣지 않도록 하는 것이 우선이지만 직무를 수행하다 보면 완벽하게 칭찬받을 정도로 일을 처리하기가 말처럼 쉬운 일이 아니다. 상사에게 빈번하게 지적당하면 동료에게도 만만하게 보일 빌미를 주게 된다. 한두 번은 '얼마나 일을 못하면 저렇게 혼을 나나.' 하다가도 여러 번 야단을 맞으면 동료도 '업무 능력이 부족한가.'라는 생각이 앞서게 되어 있으므로 주의를 요하는 대목이다.

일을 잘하는 직장인은 절대로 어느 누구도 감히 만만하게 볼 수가 없다. 그만큼 직장 생활에서 직무 역량이 차지하는 비중이 크다. 설령 인성이 좀 부족하고 못된 평을 받더라도 일을 잘하는 직장인에게는 쉽게 대하지 않고 만만하게 못 보는 경향이 있다.

일을 잘하지 못하고 직장 관계가 안 좋아 중간에 도태되는 경우가 의외로 있다. 직장에서 직무에 대한 실력은 최우선으로 직장인이라면 지니고 있어야 할 덕목이고 의무이다. 일이 받침이 안 되면 직장에 대한 다음 단계 평가 자체가 무의미하기 때문이다.

무슨 말을 하는 경우든 구체적이고 상세한 내용을 축약해서 간결하고 명료하게 듣는 사람 머리에 쏙 들어오게 해야 한다. 말뜻을 이해하는 데 용이하게 말을 할 수 있을 때 상대방은 나를 만만하게 볼 수가 없게 된다. 직장인은 이 점을 명심하고 근무하는 태도를 취해야 한다.

사람과의 관계에서 당당하고 분명하게 의사소통을 하면 상대에게 왠지 쉬운 상대가 아니라는 이미지를 각인시키게 되어 있다. 일단 반은 이기고 들어간다고 보면 된다. 내가 지닌 생각을 명쾌하게 남에게 표현한다는 것이 자신을 어필하는 데 얼마나 중요한지를 인지하면서 직무를 이행하는 자세가 필요하다.

결론부터 표현

직장에서 상사에게 보고 시 과정보다는 결론을 먼저 말하는 습성을 지녀야 한다. 직장에서 직책이 올라갈수록 풀어야 할 일들과 보고받고 결정할 일이 많아지게 된다. 그렇기에 상사는 부하 직원의 보고를 처음부터 끝까지 오랜 시간을 두고 들질 않으려는 생각이 은연중에 있다. 그래서 중간에 부하 직원의 말을 끊어버리고 자신이 하고 싶은 말을 먼저 하게 되는 경우가 많다. 보고를 할 때는 결론을 먼저 말하고 자신이 한 일에 대한 결과를 알려야 하는 이유이다. 일에 대한 성과를 부각할 수 있어야 상사가 만만히 안 보게 되고 일을 잘한다고 인정을 하기 시작하기 때문이다. 직장인은 업무 보고 시 두괄식으로 표현하는 것을 평소에 몸에 습관화하고 있어야 한다. 이 부분은 직장 생활에서 매우 중요하다. 과정을 먼저 구구절절 말하면서 결론이 도출된 이유를 설명하려 한다면 짧은 생각이다. 여유를 가지고 끝까지 말을 하도록 놔두면서 듣는 직장 상사는 몇 명 안 되기 때문이다.

결론을 먼저 말해야 보고하고 싶은 핵심 내용과 결과를 만들어낸 사실에 대해 상대에게 전할 수가 있다. 왜냐하면 듣는 상사는 중간에 자기의 견해를 넣으려는 의도가 강하기 때문이다. 보고자가 과정을 먼저 말하게 되면 결과를 말하기도 전에 상사의 페이스에 말려서 말하려는 중요 사항을 전달하지도 못하고 끝나 버리게 될 수가 있기에 유의해야 할 부분이다.

실제로 직장 내에서 보고자의 내용 전체를 끝까지 들어주고 난 후 자기의 의견을 말하는 상사가 드물다. 현실적으로 직장 환경이 그렇게 만들어 버리기에 어쩔 수 없는 현실이라 할 수 있다. 무수히 많이 해결해야 할 일들이 산재되어서 직위가 위로 올라갈수록 결정할 일이 많기에 그렇다. 결론부터 말해야 하는 이유라고 단언할 수 있는 이유이다.

과정보다 결론을 우선 강조해서 말하면 상대에게 오는 감정은 강하게 뇌리에 남게 되어 있다. 실상 결론부터 말하려고 작정을 해도 자신이 결과를 낸 이유를 장황하게 설명해서 상대가 이해하여 수긍하게끔 하려는 의도가 있어서 말처럼 쉬운 일이 아니다.

결론을 우선 말해버리면 상사 입장에서 자신이 생각하고 있는 것과 상반된 결과가 나왔을 시 반문할 것이라고 예단을 하게 되는 경우가 있다. 이로 인해 과정 설명을 먼저 하고 싶은 마음이 앞서게 되는 일이 생기게 되어 결론부터 말해야지 하면서도 진행 과정을 자신도 모르게 말하는 경우가 있다. 훈련에 의해 두괄식으로 말하는 법을 익히는 것이 중요하다.

세상이 바쁘게 돌아가고 있고 여유가 없이 남과 경쟁하면서 살아가야 하는 현대인에게 기다림이란 말이 익숙하지 않은 것이 사실이다. 그만큼 상대를 배려하는 마음이 들 수 없게 환경이 조성되는 시대에 살아가고 있다는 것을 반증해주고 있다고 할 수 있다. 직장에서 상사가 보고를 받을 경우 차분하게 들어주고 난 후 평을 하고 지시를 해 주어야지 하면서도 막상 듣는 과정에서 말을 가로채서 자지가 하고 싶은 말을 해버리게 되는 일이 다반사이다. 이미 습관화되어 버려서 생각과 말이 따로 이루어져서 행해지는 결과이다.

개인차가 있을 수 있지만 일반적으로 요점과 핵심을 첫 번째로 말하는 것이 상대방에게 말을 각인시키는 데 유리하게 작용한다. 몇 번의 훈련을 통해 반복하여 내 것으로 만들어 버리면 자동으로 결론이 먼저 튀어나오게 되어 있다. 남이 나를 만만히 못 보게 만드는 방책이므로 심혈을 기울여서 보고하고 표현하는 것을 직장인은 잊지 말아야 한다.

논리 정연한 과정 설명

결론에 대한 과정을 누가 들어도 그럴 수밖에 없다는 것을 받아들이도록 기승전결식으로 논리적으로 말할 수 있을 때 상사는 고개를 끄덕이면서 믿음을 주게 되어 실력 있어서 '큰일을 맡겨도 될 친구네.'라고 생각하게 된다.

직장인은 결과에 대한 앞뒤가 맡게끔 주장을 뒷받침해줄 수 있는 근거를 제시할 수 있는 능력을 갖추고 있어야 한다. 말만 많이 하면서 확눈에 들어오지 않게 말하는 경우에 상사는 믿음을 덜 주게 된다. 직원 채용을 위해서 면접을 할 때 질문의 핵심에 대한 사항을 결론부터 말하고 과정을 풀어나가는 면접자는 유리한 위치에 서게 되는 것과 같은 이치이다. 자신의 주장을 명쾌하게 표현하지 못하는 직장인은 상사가 만만하게 보게 될 확률이 상대적으로 높다.

항시 조용하게 묵묵히 자신의 일을 하지만 당당하고 확신에 찬 의사표현을 하지 않고 있으면 지니고 있는 역량이 반감될 수 있으므로 적극적으로 자신의 견해와 주장 및 생각을 말할 수 있어야 한다. 무언자가 달변자라는 시대에서 다변자가 달변자라는 시대를 맞이하고 있다고 볼수 있다.

결론을 먼저 말한 다음에 왜 그러한 결과가 나왔는지에 대해서 말해야 한다. 또한 생각이나 이치에 맞는다고 판단하여 정한 것에 대해 구체적으로 상세히 말을 할 수 있어야 보고를 받는 입장에서 수긍하게 된다. 과정이 없는 결과는 있을 수가 없으므로 앞뒤가 맞게 풀어서 표현하는 능력을 지니고 있어야 한다. 결과에 대해 상사가 수긍하지 않고 의아심을 가지게 될 때 그래야만 한 이유를 요목조목 설명할 수 있어야 한다. 그래야 설득할 수 있어서 주장을 관철할 수가 있게 되기 때문이다.

직장에서 상대가 쉽게 보게 되는 경우는 생각하고 있고 보고할 내용에 대해서 확실하게 말하지 못하며 자신감에 찬 표현을 하지 않을 경우가 주를 이룬다. 앞과 뒤가 짜임새 있고 조리가 있게 중간 과정을 잘 설명하는 것이 결과에 대해 당위성과 현실성을 부각할 수 있으므로 보고 시 유념해야 할 필요가 있다.

행동적이고 직관적인 사고에 대응되는 논리적인 사고방식은 직장을 떠나서 누구를 만나 소통을 하더라도 갖추어야 할 역량이다.

직장에서 자신만의 캐릭터를 가지는 것 또한 만만하게 못 보도록 하는 데 도움이 된다. 무슨 일을 하든지 철두철미하게 일 처리를 하면서 결과를 먼저 말하고 자신의 주장에 대해 논리적으로 과정에 대해 부연설명을 피력할 때 상대는 가볍게 볼 수가 없게 된다. 직장인이 가슴속에 새기고 있어야 할 중요한 명제이다.

직장 동료나 상사가 얕잡아 보기 쉬운 경우가 의사전달을 정확하게 하지 못할 때와 대충 얼버무려서 은근살짝 넘어가려는 생각을 가지고 있을 때이다. 이런 태도를 내가 아는 것처럼 남도 알고 있다는 것을 인식하고 있어야 한다.

당당하게 의사 표시를 하기 위해서는 일의 능력이 선결 과제임이 틀림없는 사실이다. 업무를 깔끔하게 마무리한 후 명쾌하게 말로써 결과 보고하는 것이 직장에서 인정받고 앞서갈 수 있는 초석이 된다.

두괄식 표현도 처음이 생각처럼 안 될 수 있으나 몇 번의 훈련을 통하면 내 것으로 자리매김하게 되어 있으니 노력하는 자세를 갖도록 해야 한다. 알아들을 수 있게 과정을 논리 있게 전달을 하지 못하면 결과물에 대해 상대를 설득시키기가 쉽지 않게 되기에 과정 설명을 잘해 줄 필요가 있는 것이다.

당당한 거절

직장에서 누가 보아도 객관성이 결여된 일이거나 경영 성과를 내는데 거리가 먼, 부당하지는 않지만 굳이 할 필요성을 못 느끼는 일을 하게 되는 경우가 있다. 이럴 경우 상사의 지시라 하더라고 당당하게 거절할 수 있는 배포와 용기를 지니고 있어야 만만하게 못 보게 된다.

직장에서는 소신 있는 말과 행동을 유지하는 것이 필요하다. 상사가 자신에게 무례하게 대할 수 없을 정도로 평상시 자기관리를 잘할 필요가 있다. 때로는 상사에게도 직장 예절에 벗어나지 않을 정도로 말의 순화를 통해 강도를 조절해 가면서 맞받아 반격할 줄도 알아야 한다. 그래야 상사는 가볍게 안 보게 되어 있다. 마냥 좋은 것이 좋은 게 아니라는 말과 같은 맥락이다. 반론을 제기할 경우는 유머와 재치를 곁들이는 것이 좋다. 겸손하면서 나다운 무언가를 상사의 뇌리에 심어주는 언행을 하는 것이 직장 생활을 하면서 상대로부터 쉽게 못 보게 만드는 비결이다.

커뮤니케이션 능력 즉 소통 능력이 있는 직장인은 누구도 쉽게 만만히 볼 수가 없다. 실제로 직장에서 상사가 어떠한 임무를 부여해 주는데 그 자리에서 "못 하겠습니다." 하면서 거절한다는 것이 말처럼 쉬운 일이 결코 아니다. "안 하는 것이 좋을 듯합니다."라는 말도 쉽게 나오기가 힘든 것이 직장의 현실이다. 일단 "알겠습니다."라고 대답을 한 후 자리에 돌아와 골똘하게 검토한 후 다시 주장을 말하는 것이 좋으나 이것도 용이한 일은 아니다.

분명 그 속에 숨은 깊은 뜻이 있을 수가 있어서 지시한 것일 수 있으나 누가 보아도 객관성이 결여되고 불필요한 업무라고 판단되면 상사가 기분이 상하지 않을 정도의 표현으로 공손하게 거절할 수도 있어야 한다. 거절을 남발해서는 안 되고 여러모로 생각했을 시 회사 이익에 도움이 안 된다고 판단이 서면 그 자리에서 안 된다고 하지 말고 일정 시간이 경과 시 상사를 다시 찾아서 예의 바르게 의견을 말하는 것이 현명한 태도라 할 수 있다.

거절할 수 있는 것도 어떻게 보면 자신이 가지는, 무엇인가를 해낼 수 있는 실력과 같은 것이라 할 수 있다. 떳떳하고 반듯하게 정중히 거절한다는 것이 직장 내에서 이루어지기가 어려운 일이다. 상사 입장에서는 건방지다고 생각이 들고 불편한 기색이 역력하게 드러나게 되어서 부하 직원은 차마 거절을 못 하고 "네." 하며 추진하는 일이 대부분인 것이 직장 일이다. 하지만 "여러 요인을 감안할 때 금번 실행은 안 하는 것이 좋겠습니다." 하고 진언을 할 수 있는 직장인이 인정받는 데 유리하게 되어 있으므로 직장인은 참조할 필요가 있다.

살아가면서 거절하는 것처럼 어려운 일이 없다. 내가 거절 시 상대가 어떻게 생각할까 하는 생각이 떠올라 쉽사리 거절을 못 하게 되는 것이 현실이다. 직장에서는 더욱 그렇다. 상하 관계로 얽매여 있는 특수한 조직 체계를 형성하고 있는 직장에서 상사의 지침에 대해 거절을 한다는 것 자체가 지시 불이행으로 낙이 찍히게 될 수가 있기 때문이다. 그래도 아닌 것은 아니라고 자신의 견해를 당당하게 피력하는 직장인이 멋쟁이고 당당하게 말해야 상대방이 쉽게 대하지 않게 되어 있다.

소신 발언

직장인이 만만하게 안 보이려면 때로는 자신이 굳게 믿고 생각하는 것에 대해 견해를 주장할 수 있어야 한다. 좋은 것이 좋다는 식의 마음 자세는 상대에게 강한 인상을 주는 데 이득이 되지 않는 경우가 더 많은 편이다.

직장 생활을 하다 보면 하고 싶은 말을 제대로 할 수 없을 때가 있다. 직장은 상사 앞에서 할 말을 다하는 경우와 마음속으로 새기면서 혼자 마음졸이는 경우가 극명하게 나누어진다. 개인차에 따라 나타나는 현상이나 두 가지를 적절하게 상황에 부합하게 처신하는 직장인이 현명하게 직장 생활을 한다고 할 수 있다.

직장인의 소신 발언은 때와 장소와 상대를 보고 판단하여 행동해야 한다. 자칫 잘못하면 본말이 전도되어 당당하다는 이미지보다 건방지다는 소리를 들을 수 있기 때문이다. 적절한 소신 발언은 지혜롭고 센스 있는 직장인이 할 수 있는 행동이다. 여기서 주의할 대목은 직무 능력이 있을 때 소신 발언을 해야 선의로 해석될 수 있다는 것이다. 실력이 없으면 오만과 독선으로 비추어질 수 있기에 참조해야 할 부분이다.

상대방이 쉽게 보는 유형의 직장인이 있다. 남의 주장이나 의견을 액면 그대로 믿고 쉽게 수용하는 경우다. 저 사람은 내가 무슨 말을 해도 거부 의사 없이 수용하는 경우가 많다고 느끼면 은연중에 만만히 보게 되어 있다. 상대의 말을 한 번 더 깊게 생각하면서 수긍하는 태도를 지닐 필요가 있다.

직장에서 경우에 따라 동료가 하는 말에 대해 합리적인 의심과 비판적인 시각을 가지는 것이 도움이 될 경우가 있다. 무조건적인 긍정은 상대가 만만하게 보도록 단초를 제공하는 결과를 초래하게 될 수 있으므로 유의해야 한다.

또한 쉽게 상대방 말에 감동하는 것도 지양할 필요가 있다. 말하면서도 이 사람은 내 말을 잘 듣고 인정을 금방 한다는 인식을 주는 것 보다 냉철한 머리와 현명한 판단을 한다는 이미지를 주도록 하는 것이 자신의 이미지를 어필하는 데 유리하다. 성격상 선하고 좋은 사람이라는 소리를 듣기를 원하고 착하다는 이미지를 상대에게 주고 싶어 할수록 상대가 만만히 보는 경향이 있다. 근시안적인 생각을 지닐수록 쉽게 보인다는 것도 직장 다니면서 참고 할 점이다.

말이라는 것이 듣는 사람의 상황에 따라 같은 말이라도 기분 좋게 또는 나쁘게 들릴 수 있다. 소신 발언을 통해 긍정적인 효과를 얻기 위해서는 분위기 파악이 중요하다. 말할 때 억양과 표정도 소신 발언이 호감 가는 이미지를 주느냐의 관건이 될 수 있는 기준점이 될 수도 있음을 참조할 필요가 있다.

직장인의 소신 발언은 직무상 하는 것이 좋다. 업무의 속성과 이해를 정확히 한 상태에서 무엇이 옳고 효과적이며 생산적인 방법인지를 확신한 후 상대방을 설득할 수 있도록 근거와 수치를 제시하면서 말할 수 있는 직장인이 되도록 해야 한다. 인정받고 상대가 가볍게 못 보게 만드는 비결이다.

일대일이 아닌 전체 석상에서 말하는 소신 발언은 누가 보아도 객관성이 결여된 것 같다는 느낌이 들게 해서는 안 된다. 주관이 강하게 스며드는 발언은 다수의 이해를 얻기가 상대적으로 힘들기 때문이다. 직장에서 지위와 직책에 적합하게 소신 발언을 할 상황에서는 당당히 말하면서 자신의 주장을 피력하는 직장인이 되는 것이 상대에게 강한 이미지를 심어주어 자신의 위치를 확고하게 만드는 작용을 한다는 점을 새기는 것이 좋다.

보고 :
직장 생활은 보고에서 시작해서 보고로 끝난다

보고 목적

직장의 직무는 보고로 시작해서 보고로 마무리 짓게 된다고 단정을 해도 지나친 말이 아니다. 직장에서 자신이 하는 일에 대해 지침을 주고 지휘 감독하는 상사에게 일의 진행 과정과 결과를 말이나 문서로 알리는 행동을 보고라고 말한다.

직장 생활 하면서 상사에게 보고만 잘해도 상사로부터 인정받을 수 있는 환경이 남보다 몇 배로 많아진다. '오늘은 보고할 게 없는 것이 보고'라는 말을 할 정도로 보고에 익숙해져야 한다. 보고는 미천한 사항이라도 안 하는 것보다 자주 하는 것이 좋다. 상사는 부하 직원으로부터 일어나고 있는 현상에 대해 실무적으로 항상 알고 싶어 한다. 혼자 새기고 판단해서 일 처리를 하면 다시 해야 하는 일이 자주 발생할 수 있다. 직책이 높을수록 보는 시야가 다르게 되어 있기 때문이다.

어떤 문제가 발생하였을 시 함부로 판단해서 스스로 결정하고 대처해 나가려고 해서는 안 된다. 나의 위치에서 해결을 못 하는 부분도 상급자는 힘을 안 들이고 처리할 수 있는 대안을 가지고 있기 때문이다.

직장 상사는 보고를 잘하는 직원을 신뢰하게 되어 있다. 직장인은 보고하는 습관을 생활화해야 한다. 이 점은 쉬운 일 같고 누구나 할 수 있을 것 같고 한다고 생각할지 모르지만 실상은 다르다. 직장인의 보고 능력과 보고 습관은 개인차가 확연히 드러나고 있는 실정이다. 여기서부터 상사로부터 인정받느냐가 결정되기 시작하게 되므로 각별히 유념할 필요가 있다.

상사에게 보고를 제대로 안 하고 꺼리는 것은 업무에 자신이 없어서다. 업무 지식이 있어야 상사가 반문하는 내용을 구체적이고 명확히 설명할 수 있는데 얕은 지식으로는 어렵다.

유능한 상사는 보고를 받을 시 보고자의 보고 내용에 대해 그냥 넘어가지 않고 이유와 근거에 대해 질의를 하는 것이 일반적이다. 보고 내용이 논리에 안 맞고 잘못된 점을 잡아내어 지적하는 경우가 대부분이다. 보고자가 실력이 부족하여 거듭 피드백을 못 하게 되면 보고하기를 꺼리게 된다. 그것이 반복될수록 업무 성과가 안 나오게 되어 직장에서 인정받기 어렵게 된다.

보고를 잘하기 위해서는 먼저 직무에 대한 확신과 실력을 지니고 있어야 한다는 말과 같은 이치다. 직장에서 보고를 잘하려면 신입 사원 시절부터 습관화하는 것이 이 중요하다. 보고를 잘하므로 외부 환경을 좋게 만들 수 있고 업무 효율성을 기해서 수익성을 향상하는 데도 도움이 된다.

직장 생활을 하면서 보고를 왜 잘해야 하는지는 느낌상 대다수가 인지하고 있다. 현실적으로 실행을 못 하는 이유는 매사 자신의 생각과 판단이 우선하기에 그렇다고 말할 수 있다. 직장 일은 톱니바퀴처럼 부서 간 얽혀 있어서 함께 협업을 통해 결과물을 내야 실행을 하여 원하는 목적을 달성할 수 있는 구조로 형성되어 있는 조직체라 할 수 있다. 결국은 동료 및 상사와 소통을 해야만 성과가 나올 수 있는 형태인 셈이다.

경험과 지식이 축적되어 있어서 시행착오를 최소화하여 최적의 실행안을 도출하고 목표를 달성할 수 있도록 상사의 역량을 빌려서 업무 처리를 하는 직장인이 되어야 한다. 보고를 잘하는 부하에게 상사는 믿음을 갖게 된다. 언젠가 중책을 맡기겠다는 마음을 가지게 된다. 보고를 잘하는 직장인은 일을 공유할 줄 알고 센스가 있으며 업무 효율성을 중시하는 마음이 있고 주어진 직무에 대한 자신감과 열의가 있다고 보기 때문이다. 보고가 중요한 이유다.

보고 원칙

한 템포 빠르게 보고하고 타 직무보다 우선하여 보고하고 시기를 놓치지 말고 보고하며 수시로 보고를 하는 것이 최고의 보고 요령이다. 보고는 간단하고 명료하게 명확히 해야 한다.

보고는 두괄식으로 하며 보고의 결과물이 나온 진행 과정과 이유를 논리적으로 기술하고 자신의 견해를 밝히는 순서를 가지는 것이 효과적이다. 보고 내용에 대한 결과를 먼저 말하는 것을 잊지 말아야 한다. 보고자 입장에서는 보고 내용에 대한 결과가 나온 이유를 상세히 설명하여 상사의 이해와 수긍을 이끌어내려는 의도가 강할 수 있으나 상사는 진행 과정보다는 결과를 우선하여 알고 싶어 하기 때문이다. 직책이 올라갈수록 여러 일을 보고받고 처리해야 하고 자신도 상사 및 경영자에게 보고할 일이 많기에 보고를 받을 때 도중에 보고자의 말을 끊는 경우가 많다.

보고할 때는 상사가 보고하는 내용에 대해 되묻지 않게 해야 한다. 보고는 결론을 먼저 말하고 과정을 나중에 하는 것이 원칙이다. 짧은 시간 안에 보고를 잘해 인정받으려면 사전에 주요한 핵심과 문제점 및 대안을 일목요연하게 정리해 함축시켜 숙지하고 보고할 줄 알아야 한다. 보고 시 자신의 주관적인 의견을 넣는 것은 안 좋은 보고 방법이다. 객관적인 사실을 근거에 입각하여 보고하는 것이 좋다.

보고 시 유의점은 보고시기 즉 보고 타이밍을 놓치지 말아야 한다는 것이다. 적시에 보고할 때 보고의 가치가 있고 업무 성과로 이어질 수 있어서이다.

보고는 상사가 지시한 업무를 마쳤을 경우에 하고 일을 추진하면서 예상외의 일을 불가피하게 변경해야 할 경우에 하며 새로운 정보를 입수하여 일의 방향성과 추진 계획을 변경하고자 할 때도 하도록 해야 한다.

상사에게 지시받은 업무는 출근하자마자 보고하는 것을 원칙으로 하는 것이 좋다. 아침에 보고받을 때 상사는 맑은 정신으로 그 내용을 받아 보게 되고 기억에 오래 남을 수 있기 때문이다. 보고는 상황과 분위기를 잘 잡아서 해야 효과가 극대화되어 보고 안이 수용될 확률이 높다. 보고를 하는 때와 장소가 중요하다는 것을 증명해주는 대목이다.

보고자는 보고 시 말투와 고저장단도 간과해서는 안 된다. 같은 말이라도 듣는 입장에서 다르게 뉘앙스가 나타날 수 있기 때문이다. 결과가 나온 이유가 합당하고 타당하다는 것을 내용도 중요하지만 자신감과 확신에 찬 목소리도 중요하게 영향을 미치게 되므로 유의할 필요가 있다. 상대방은 말에서 나오는 소리를 들으면서 내용의 절반은 예단을 하게 되는 경우가 많기에 그렇다. 이처럼 보고에도 여러 효율적인 보고 요령이 있으므로 직장인은 머릿속에 상기하고 실행에 옮기도록 해야 한다.

보고는 업무를 지시한 상사에게 직접 하는 것이 효과적이다. 보고받은 당사자가 보고를 해야 방향이 엉뚱한 곳으로 가지 않을 확률이 높다. 직장에서는 차상위자가 직속 상사를 건너뛰고 직접 업무 지시를 하는 경우가 있다. 이럴 경우에 지시받은 자가 직속 상사에게 차상위자 중 누가 이런 업무를 지시했다는 것을 반드시 보고할 줄 알아야 한다. 보고에서 매우 중요한 부분이다. 직장 생활 하다 보면 흔히 접하게 되는 일이다.

지시받은 업무를 끝냈을 경우 직속 상사에게 먼저 보고를 해야 한다. 직장인은 최상위 관리자만 바라보는 해바라기가 되어서는 안 된다. 계통과 절차를 밟아가며 직무를 수행해야 한다. 눈치가 있고 센스가 빠른 직장인이 할 수 있는 일인데 염두에 두고 있어야 할 점이다.

보고에서 중시해야 하는 부분은 핵심적인 요점 위주로 정리하여 보고하는 것이다. 상사가 끝까지 듣게 만드는 방법이다. 상사가 듣기 불편한 내용의 보고를 하게 될 경우 머뭇거리지 말고 신속히 보고할 수 있어야 하고 일목요연하게 논리적으로 상사가 이해하기 쉽게 핵심을 설명해야 한다.

보고 기술

직장에서 상사에게 업무 지시를 받았을 경우는 지시받은 내용에 대해 확실하게 이해를 하는 것이 필수적이다. 빠르게 알아들은 것처럼 보이게 하려고 네 하고 대답을 먼저 해버리는 것은 좋지 못한 처사다. 더 큰 화를 자초할 소지가 많고 제대로 업무 수행을 할 수 없게 될 확률이 농후하기 때문이다. 궁금한 사항이 있을 시는 반복하여 질문해서 근본적인 지시 내용을 완벽하게 이해해야 한다. 상대가 왜 지침을 주었는지를 숙지해야 원하는 바대로 일을 완수할 수 있기에 그렇다.

업무 보고를 할 때는 객관적인 데이터와 자료에 의해 사실적으로 보고할 수 있어야 한다. 보고를 잘하려면 평상시 보고서나 기획안 작성을 많이 해보는 것이 유리하다. 직위가 높아질수록 보고자는 간결하게 핵심을 정리해서 보고해야 한다. 보고 시는 안 되는 이유만 말하지 말고 대안을 함께 전하는 것을 잊어서는 안 된다. 상사는 무슨 일이든지 실행하는 방향으로 가려는 의도가 강한 편이다. 그만큼 권한이 많고 결정할 수 있는 폭이 넓기 때문이다. 직장 상사는 보고를 잘하고 추진력이 좋은 자를 선호하게 되어 있다.

보고서에 의해 보고를 할 경우 글만 사용하기보다는 그림과 지표를 함께 사용하는 것이 상대가 이해하는 데 수월하고 공감하게 하는 데 유리함을 인지하고 있어야 한다.

　보고서 작성 시 보고를 하는 중요한 내용의 요점을 명시하고 이루려는 일과 방향 및 시일이 지나므로 변화되어 가고 있는 사항과 현재 상황에 대해 기록해야 한다. 추진 사항에 대한 상세한 내용과 대책까지 수록해야 좋은 보고서가 된다. 보고서는 여러 장으로 하지 말고 한 장 내지 두 장 정도의 분량이 좋다. 보고서에 의해 보고를 하는 와중에 추가로 보고할 것이 있으면 부연 설명을 해주면 된다.

　자신이 내용을 이해하지 못하는 내용을 유식한 표현을 써서 보고서를 그럴듯하게 포장하려는 의도로 수록하는 것은 지양해야 한다. 보고서에 적힌 말과 지표는 하나하나 전부 설명이 가능해야 한다. 직장에서 보고를 위한 보고서 작성은 하지 말아야 한다. 보고서 내용은 숙지를 다 해서 암기한 후 보고를 하는 것이 설득력 강화에 득이 된다.

　상사가 보고자의 보고 내용에 대해 마음에 안 들어서 질책을 가할 시는 겸허하게 들으면서 나름의 대안을 강구하여 피드백을 할 줄 알아야 한다. 그 자리에서 표정 관리를 잘해야 한다. 직장에서 반드시 염두에 두어야 할 중대한 사항이 아무리 곤란한 상황이 오고 꾸지람을 들었어도 의연한 표정을 짓는 일이다. 말처럼 정말로 쉽지가 않은 것이 상사에 대한 표정 관리이다. 이 상황에서 내공과 멘탈 및 미래의 위치에 대한 그릇이 결정된다고 할 수 있다.

　직장은 상사에게 구두로 보고하거나 문서로 보고하게 될 시 칭찬보다는 질책을 당하게 되는 일이 많은 편이다. 업무 지시에 대해 보고를 할 경우가 있지만 직장 내에서 예기치 못한 일이 발생하여 보고하는 경우가 있다. 안 좋은 사항을 보고할 경우 어떤 식으로 원인 제공을 했고 그렇게 되기까지 무엇을 했으며 왜 이제 보고 하느냐는 이유로 꾸지람을 듣게 되는 경우가 직장에서는 의외로 많이 발생한다. 이 대목에서 직장인 개인차에 의해 태도와 표정이 완연하게 상반된 반응을 보이게 되어 있다. 이때 상사는 보고자에 대한 믿음과 미래를 엿보게 된다는 것을 가슴속에 새기고 호감을 줄 수 있는 대처법을 점점 배워가는 것이 필요하다. 보고도 기술이다.

중간보고

직장에서 보고는 매우 중차대한 업무 중 하나다. 업무 지시에 대해 결과를 완성하기 전에 하는 중간보고는 더욱 중시해야 할 부분이다. 불필요한 시간과 에너지를 낭비하는 것을 사전에 차단해 주고 효율적이고 생산적인 업무 완성도를 가져오게 할 수 있기에 중간보고는 필히 할 수 있도록 습관을 지니는 것이 좋다.

보고에서 특별히 주의할 점은 보고받은 내용을 완결 짓는 데 장애요인이 있거나 시간을 더 필요로 할 경우 반드시 중간보고를 해야 한다는 것이다. 중간보고는 대체로 지시한 일이 오랜 시일이 경과 될 것 같거나, 상황이 변하거나, 여건이 여의치 않아 지침대로 수행이 불가능하게 될 때 하게 된다.

중간보고는 상사의 업무 지시에 대한 것이 대부분이다. 보고서 작성이나 기획안을 만들 경우와 현장에서 지시를 실행할 때에 과정 관리에 대해 보고하는 것을 의미한다. 생각보다 직장인이 놓치고 대수롭지 않게 넘어가는 것이 중간보고다. 중간보고를 하느냐 안 하느냐에 의거 결과치와 인정받는 척도가 달라진다. 일반적으로 인정받는 직장인은 이 점을 캐치하고 중간보고를 잊지 않고 한다.

직장 상사는 업무를 주면서 이미 자신의 머릿속에 어느 정도의 실행안에 대해 그림을 그리고 있는 것이 보편적인 현상이다. 상사는 하는 일이 없이 바쁘다. 몸보다는 머리가 바쁘다는 표현이 옳을 것이다. 직위가 높아질수록 이런 현상은 더하다. 중차대한 의사 결정을 할 일이 많기에 하는 것이 없어 보여도 항시 머릿속이 복잡하게 돌아가고 있다고 보아야 한다.

중간보고는 업무 추진 방향을 재확인하고 상사와 소통을 통해 좀 더 친밀도를 높이면서 업무의 이해도를 가져오게 하여 성과를 창출하는 데 목적이 있는 것이다. 중간보고는 내용을 요약하여 핵심 사항만 간단히 보고하는 것이 효과적이다. 중간보고를 하는 직장인은 능력을 지니고 있다고 보아야 한다. 업무의 이해도와 흐름 파악과 자신감이 있어야만 가능하기 때문이다.

보고를 잘못하면 오히려 상사에게 속된 표현으로 깨진다는 생각이 앞서서 보고 자체를 꺼리는 직장인이 생각보다 많은 것이 직장 현실이다. 상사가 보고를 받아들이는 자세가 안 되어 있고 배려심이 부족할 경우는 더욱 그렇다. 중간보고는 고도의 기술을 요하는 보고 형태이다.

예기치 못한 문제가 발생하여 상사에게 중간보고를 해야 할 경우 유연하게 받아들이고 대처할 수 있는 능력을 갖추어야 한다. 현안 문제점과 대책을 강구해서 함께 보고하는 것이 효과적이다. 직장은 항시 문제가 발생하게 되어 있다. 문제가 없이 평안하게 흘러가게 되면 언젠가 더 큰 문제가 생기게 될 확률이 높다. 문제가 있을 시 의연하게 대응하는 역량을 배양해 놓아야 한다.

당황하지 않고 절차를 밟아가면서 보고를 하면 풀리게 되는 것이 직장 일이다. 보고를 안 하면서 혼자 판단하여 실천해서 극복해 보려는 마음은 높이 살 만하나 직장의 문제라는 것이 그리 단순하지 않게 흘러가기에 보고는 중시해야 할 부분이다. 쉽사리 생각하고 중요하게 느끼지 않으면서 그냥 넘어가는 경우가 직무를 수행하면서 자신의 의지와 무관하게 흔히 발생한다.

보고는 일의 연장선상이라 생각하고 당연시하는 근무 자세를 갖도록 하는 것이 급선무다. 특히 중간보고는 보고의 과정으로서 마땅히 해야 하는 업무라고 뇌리에 담아 두어 생활화하도록 해야 한다.

구두 및 문서 보고

직장에서 보고할 시 구두로 보고할 경우와 문서에 의해 보고를 하는 경우가 있다. 촌각을 다투는 일은 구두로 보고하고 보고 내용이 단순하지 않고 숫자와 지표를 표기해서 보고해야 하는 경우는 문서로 하는 것이 좋다.

일상적으로 진행하고 있는 직무와 외출 시, 급한 경우가 발생할 시나 타 부서와 협업이 필요시는 구두 보고가 일반적이다. 문서로 보고하라는 지시를 받거나 문서 보고가 더 효율적이라고 판단이 들고, 보고 내용을 보관해야 하고, 타 부서에서도 알아야 할 경우는 문서 보고가 더 효과적이다.

문서로 보고할 경우는 상사 입장에서 이해가 쉽게 가도록 작성해서 보고할 수 있어야 한다. 어떤 형태로 보고해도 크게 상관은 없지만 상황과 때에 적합하게 보고 형태를 취할 수 있는 것도 직장인의 능력이다. 상사의 취향과 업무 스타일도 보고할 때 무시할 수 없는 부분이다. 어떻게 보고할 때 효율적인지를 간파해서 상사에 맞추어 가는 것도 직무 능력의 일부분이기에 소홀히 해서는 안 된다.

구두로 보고 시는 보고 내용에 대한 정리를 잘해야 한다. 상사의 예상 질의에 대한 대답을 미리 머릿속에 지니고 있는 것도 구두 보고 시 요령이다. 어떤 식으로 실행하겠다는 것을 말하는 것이 좋다. 상사는 보고를 받을 경우 보고 내용보다 앞으로 할 추진 계획에 더 관심과 기대가 많다. 일반적인 보고 내용은 누구에게나 받을 수 있으나 실행 계획은 상이하기 때문이다.

상사가 결과만 알아도 되는 경우는 구두 보고를 하는 것이 효율적이다. 또한 상사의 의중이 절대적으로 업무 추진 방향을 결정하는 데 크게 비중을 차지하게 될 때도 구두 보고가 유리하다. 보고 내용이 중요도가 클 경우에도 일단 구두로 보고해 놓고 보충 설명을 요 할 시 추가로 문서보고 하는 것이 효과적인 보고 방법이다.

상사에게 구두 보고 시 유의할 점은 보고받는 상사를 인정하고 들어가야 한다는 것이다. 직장 상사는 대다수가 자신의 생각과 판단이 옳다고 믿으려는 성향이 강하기에 그렇다. 예를 들어 "부장님의 생각이 좋다고 판단이 되지만 제 생각은 이렇게 하는 것도 좋은 방법이 될 거 같습니다."라고 말하는 것이 좋은 구두 보고 요령이다. 직위와 직책이 올라갈수록 이런 현상을 더 심화되기에 직장 생활을 하는 동안 염두에 두고 보고하는 역량을 배양할 필요가 있다.

보고 내용이 단순하지 않고 복잡하며 장기간 숙고해서 결정을 해야 할 부분이 있을 시에는 문서로 보고해야 한다. 반드시 문서 보고를 해야 할 때는 상사의 승인을 서면으로 받아서 증빙을 해 놓아야 할 경우이다. 구두 보고 시 간혹 상사가 내가 언제 그런 말을 했느냐고 반문할 경우가 심심치 않게 발생하는 곳이 직장이기 때문이다. 상사에게 계속해서 말 한 적이 있다고 우길 수 있는 직장인이 몇 안 되기에 반드시 서면으로 서명한 부분을 보관해야 할 경우 문서로 보고를 해야 한다. 이 부분은 어느 직장에서나 흔하게 일어나고 있는 추세이므로 보고자는 순간적인 판단을 잘해야 한다. 상사가 빈번하게 다른 말을 하는 경우는 의도적으로 구두 보고 사항도 문서로 서명을 받아놓는 것이 업무 추진에 효율적으로 작용하게 된다는 점을 인식할 필요가 있다.

페이퍼에 약한 직장인은 문서 보고를 꺼리는 경향이 짙은 편이다. 보고서는 자주 작성해 볼수록 실력이 향상되게 되어 있으므로 자주 접하여 익숙해지도록 만들어 놓아야 한다. 문서 보고 시에도 간결하고 명료하게 작성하는 것을 중시해야 한다. 어떻게 보고하는 것이 최선이라 단정 지을 수는 없지만 보고를 일상생활화하는 것을 직장인은 결코 잊어서는 안 된다.

센스 :
눈치만 있으면 중간은 간다

빠른 센스

센스가 있다는 것은 어떤 일에 대해서 자신만이 느끼며 깨달을 줄 알고 옳고 그름을 적절하게 판단할 줄 아는 능력을 뜻한다. 눈치와 개념은 차이가 있지만 눈치가 있다는 것은 센스가 있다는 말과 같다고 할 수 있다. 직장인의 센스는 일을 완수하는 데 있어서 미치는 영향이 크다. 센스가 있어야 일의 방향성을 알아차리어 상사가 원하는 결과치를 가져올 수가 있기 때문이다.

예를 들어 회사 동료끼리 식당에 갔을 때 먼저 물을 따르고 수저를 배치해 놓을 줄 안다면 센스가 있는 사람이라고 할 수 있다. 다양한 이모티콘으로 분위기에 맞게 소통할 줄 아는 것도 센스 있는 행동이다. 센스 있는 사람은 일 처리가 깔끔하다. 간단명료하게 보고를 할 줄 알며 상사가 쉽게 알아차리도록 결과를 먼저 말하는 습성이 있다. 센스가 있으면 자신감이 넘치게 되어 있다.

센스가 있으려면 주변에서 일어나고 있는 일에 대해서 움직이거나 변화해 가는 현상에 대해 깊게 파악하고 주위를 살펴보는 것을 일상화할 수 있어야 한다. 어떤 상황이 생기면 상황을 관찰하고 그것에 관심을 가져야만 한다. 하지만 대부분 무심하게 지나치기 쉽다.

센스가 있는 행동을 하기가 만만치 않다. 직장에서 센스가 있는 직원은 상사에게 귀여움을 받게 되어서 곁에 가까이 두고 싶어진다. 상사가 외부 고객을 만나러 갈 때도 동행하도록 하는 경우가 많다. 알아서 척척 센스 있게 처리하기에 데리고 다니려고 하는 것이다. 상사의 의중을 알아차려서 상황별로 맞게 처신하기 때문이다.

직장에서 센스가 있고 없고는 이렇게 중요하다. 임원이나 경영자가 "저 직원은 자세가 나오고 각이 선다."라는 말을 자주 한다. 눈치가 빠르고 센스 있는 말과 행동을 하면서 반듯한 태도를 보이고 항시 흐트러지지 않고 일관성 있게 늘 그 자세를 취하고 있다는 뜻을 내포하고 있다. 직장에서 인정받기 쉬운 구성원이다. 상사는 자신을 대신해 주어 직접 손과 발을 쓸 필요가 없게 하는 직원을 좋아하고 신뢰하게 되어 있다.

센스가 없는 사람의 공통점은 눈치가 없고 처한 환경에 맞게 이리저리 일을 처리할 수 있는 능력이 부족하다는 것이다. 또한 상대를 도와주거나 보살펴 주려는 마음이 없거나, 있어도 조건이나 상황을 고려하지 않고 사리 분별을 하지 않은 상태에서 배려한다.

센스가 있다는 것은 업무 능력이 우수하다는 말과도 같다. 거꾸로 말하면 일을 잘하지 못하는 사람은 센스가 거의 없다고 보아야 한다. 센스가 있으려면 눈치와 마찬가지로 일에 대한 집중도가 남달라야만 한다. 지금의 상황을 파악해서 넣고 빠질 때를 적절하게 하고 상대방이 마음에 흡족하도록 표현과 실행을 하는 사람이 센스가 있는 사람이라 할 수 있다.

직장인은 일과 일 외적인 면이 병행되어 센스가 있어야만 상사에게 인정을 받을 기회가 많이 주어지게 되어 있다. 센스가 있는 직장인은 판단력이 좋고 알아서 처신하고 말하기에 직장에서 환영받고 인기가 좋다. 센스가 있기에 맡겨진 직무도 잘하리라 추측하게 되는 경우가 많다. 센스는 후천적으로 학습되는 것이 강하다. 상대가 나의 마음을 사로잡을 수 있도록 확 끌어당기게 하는 마력을 지니는 것이 센스 있다는 소리를 들을 수 있게 만드는 것이다. 센스는 눈치가 있다는 말과 같은 의미다.

센스 있는 행동

센스 있는 사람은 상대가 말하는 내용의 의도가 무엇인지를 순간적으로 파악한다. 아무런 생각 없이 듣는 것이 아니라 진지하게 들어주기에 가능한 일이다. 상대방의 입장을 존중하려는 생각이 우선되어야 센스가 있는 행동을 할 수 있다는 말과 같다.

무엇을 얻기 위해서 강조하는지와 또한 어떠한 내용을 나타내려는지를 간파하여 상황에 맞게 말하고 대응을 할 줄 안다. 무엇을 바라며 말하는 이유를 캐치하여 거기에 적합한 언행을 해주는 사람이 센스 있는 사람이다.

현재 상황을 심도 있게 분석할 줄 알고 상대가 왜 그런 말과 행동을 하는지 상대 입장에 서서 생각을 하는 것이 센스 있는 행동을 하기 위한 전제 조건이 된다고 할 수 있다. 센스가 있다는 것은 눈치가 빠르다는 것과 같다. 눈치가 있어야 센스 있는 행동을 하기가 용이하다. 어떠한 상황에 처하더라도 순간적인 판단력과 감각을 통해 재치 있게 대응하여 화기애애하게 분위기를 좋게 만들 수 있을 때 센스가 있다고 표현한다.

직장은 무수히 많이 예기치 못한 일과 상사와 동료 간에 갈등 등 직무 외적인 일이 발생하게 되어 있다. 센스가 있는 직장인이 많을수록 회사의 비전을 손쉽게 달성하게 될 확률이 높은 편이다. 센스도 능력이고 역량이라 보아야 한다.

센스가 있으면 당장 눈앞의 상황보다는 앞을 내다보고 행동하게 되고 자신이 말하고 싶은 핵심적인 사항을 명확하게 말하며 불필요한 언쟁을 유발하지 않는다. 때로는 무언의 시위를 하는 것 같은 생각이 들도록 침묵을 지켜 말로써 상대가 직접적인 부정의 시각을 느끼지 않도록 한다. 상대의 부탁에 대해 거절할 경우가 생겼을 시 단호하게 의사 표시를 하여 미련을 두지 않게 하는 습성이 있다. 가급적 상대의 단점을 이해하고 지적하지 않으려고 하며 좋은 쪽으로, 긍정적으로 보려는 경향이 강한 편이다. 상대방에게 부탁을 하게 될 경에도 자신의 입장보다는 상대의 여건과 상황을 고려하는 경향이 많다.

일을 추진할 경우는 어느 부분이 중요하고 우선인지를 판단하여 우선순위를 정해서 효율적으로 일 처리를 한다. 결정할 사안에 대해 빠르게 결정하고 해야 할 일이 생겼을 시 즉시 처리하는 성향이 강하다. 직무를 수행하면서 센스가 있어야 일 처리를 빠르게 하여 효율성을 높이는 데 유리하게 영향을 미치게 된다. 직장에서 센스 있는 행동을 하려면 직무 능력이 선행되어야 함을 직장인은 마음속에 새기고 있어야 한다.

센스가 있다는 것은 상대의 감정을 잘 살펴서 상황에 맞게 적절한 피드백과 응대를 한다는 것을 뜻한다. 돌발 상황이 발생했어도 여유를 잃지 않고 차분하게 행동하며 상대방이 원하는 바를 알아차리게 된다. 센스 있는 사람의 특징 중의 하나가 미래를 내다보고 행동을 한다는 것이다.

다른 사람에게 무슨 일을 하게 할 경우에도 일방적으로 강요하기보다는 스스로 느껴서 실행하게 만드는 기술을 지니고 있다. 말로써 상대의 감정을 상하지 않게 하고 끝을 좋게 만드는 재주가 있다. 말을 하면서 상대를 불쾌하지 않게 만든다는 것이 말처럼 쉬운 일이 아니다. 눈치코치가 없는 사람은 때와 장소를 가리지 못하고 분별없는 말을 하고 행동을 하여서 분위기를 싸하게 조성시키는 일이 흔하다.

처한 여건에 맞게 순발력을 발휘하여 처신하여 센스 있게 행동하는 직장인이 될 수 있도록 각고의 노력을 하겠다는 의지를 지니고 있을 때 부서 간 협업이 잘 되고 시너지가 창출되어 개인과 회사의 목표와 비전 달성이 수월해지게 된다는 점을 염두에 두면서 직장 생활을 할 수 있어야 한다. 센스는 비단 직장뿐만 아니라 사회생활을 하면서 필요한 요소다.

동물적 감각

눈치는 상대방의 현재 기분과 감정을 알아내고 어떻게 행동해야 좋은지를 알아차릴 줄 아는 능력을 말한다. 눈치가 있으려면 일에 대한 전반적인 것을 외형을 통해 자극을 느끼거나 알 수 있어야 하고 옳고 그름에 대해 판단할 수 있어야만 가능하다. 결국 일에 대한 열정과 열의가 있고 관심을 지녀야만 눈치가 생길 수 있다.

직무 외적으로 직장 생활을 잘하는 방법을 서적과 교육을 통해 학습할 수는 있으나 실제로 일상에서 적용해 그대로 한다는 것이 결코 쉽지가 않다. 선천적으로 몸에 이미 밴 가치관 및 성격을 변화시킨다는 것이 어렵기 때문이다. 사람은 상대방과 주어진 여건과 환경으로부터 영향을 많이 받게 구조적으로 되어 있기에 순간의 눈치와 지혜가 어느 곳에서나 필요하다. 직장에서는 더욱 그렇다. 직장에서의 눈치는 직장 내에서 발생하는 제반 사항에 대해 관심 가지고 집중할 때 나오게 되어 있다.

눈치가 빨라지기 위해서는 항상 일에 가까이 있고 관심을 두고 있어야 한다. 상황을 잘 파악하고 끼어들고 나갈 때를 잘 알고 말과 행동을 할 수 있어야 한다. "저 친구는 참 눈치가 빨라." 소리를 직장에서 자주 들을 수 있어야 한다. 일을 잘한다는 소리와 같은 의미이다. 눈치가 없으면 주어진 일을 잘 추진할 수가 없기 때문이다. "사람은 착한데." 보다는 "사람도 착하고."라는 말을 듣도록 노력해야 한다.

직장인은 상사와 동료가 하는 말과 행동을 보면서 눈으로, 귀로 배울 수 있어야 한다. 눈치가 빠른 직원은 학습 능력이 좋아 한 번 보고

들은 것을 내 것으로 만드는 재주가 뛰어나다. 눈치는 어떤 상황과 분위기를 간파해서 그에 적절하게 처신하는 것을 말하지만 상대방을 의식해서 거기에 걸맞게 말하고 행동하는 것도 뜻한다고 할 수 있다. 눈치를 본다는 말과 같다.

직장 생활을 하다 보면 상사의 눈치를 보는 일이 비일비재하다. 직장인이 직무를 수행하면서 상사의 눈치를 보기 시작하면 일의 능률이 오를 수가 없고 승진의 기회가 늦어지게 된다. 유능한 직원은 상사가 늘 곁에서 함께 있으면서 수시로 업무를 보고하면서 처리해 나간다. 반면에 상사의 눈치를 잘 보는 직원은 상사가 곁에 있는 것이 어렵고 불편하여 소신껏 일하지 못하는 경우가 많다. 눈치는 처한 상황 파악을 빠르게 잘하여 그곳에 어울리는 언행을 하게 하는 것이지 상대의 표정과 행동을 의식하면서 위축된 자세로 상사에게 무조건 맞추어 나가게 하는 것이 아니라는 점을 직장인은 유의해야 한다.

눈치가 너무 빨라도 때론 손해를 보는 경우가 있다. 상황과 분위기를 오버해서 판단하여 과한 말과 행동을 하여서 원래의 취지와 다른 양상을 보여줄 수 있기 때문이다. 눈치가 빠른 사람은 항상 머리가 돌아가게 되어 있는데 민감한 성격의 소유자가 대부분 이에 속하는 편이다.

눈치가 빠른 경향을 보이는 사람은 후천적이기보다는 선천적인 영향이 크게 미친다. 여럿이 있을 때 눈치 게임을 해본 경험이 있을 것이다. 눈치 게임에서 걸리지 않으려면 서두르지 말고 가급적 후반까지 기다려야 한다. 이처럼 눈치는 너무 빨라도 안 된다. 눈치를 못 채거나 늦게 알아차리는 것은 더욱 안 좋다. 그때그때 환경에 맞게 적절하게 눈치를 채고 대응하는 것이 효과적이다.

직장 내에서 눈치는 친구나 일반 사회에서 어울리는 경우와 달라야 한다. 사회생활에서는 눈치가 빠른 사람이 치고 빠지는 것을 잘한다. 알고 모른척하고 태연하게 대처하는 경향이 있다. 하지만 직장 내에서는 약삭빠르고 저밖에 모른다는 소리를 들을 수 있으므로 주의를 요하는 대목이다. 직장 생활을 하면서는 직무와 관련된 일이 대다수이므로 일에 대한 열의와 관심을 가지고 적극적인 자세와 긍정적인 태도로 접근하면서 업무 파악을 하고 효과적인 방안을 모색할 수 있어야 한다.

불타는 열정

열정은 어떠한 일에 관심을 두고 정을 들여 사랑하는 마음으로 그 일에 정신을 쏟는 것을 말한다. 무슨 일을 하든지 열정적으로 일하는 사람보다 앞설 수는 없다. 직장인에게 열정은 최우선적으로 지녀야 할 덕목이고 핵심적인 요소이다.

열정이 없는 사람은 성과를 창출하기가 힘들다. 눈치가 있어야 센스가 생기고 마침내 일에 모든 것을 쏟아부을 수 있게 된다. 그래야 일의 능률이 오르고 기대 이상의 결과물을 내어서 직장에서 상사로부터 신뢰와 인정을 받아 빠른 승진과 출셋길이 열리게 되는 것이다. 즉 일에 대한 애정을 가지고 열중하는 마음이 있을 때 열정을 가졌다고 할 수 있다.

직장인은 일의 지속성을 유지하는 것이 필요하다. 열정이 넘치는 것과 열심히 하는 것은 다른 양상을 보이며 다른 결과를 유발한다. 단순히 일을 열심히만 해도 좋은 결과를 얻을 수는 있으나 직위가 높아질수록 전략적인 사고가 필요하다. 무조건 열심히만 하면 큰 그림이 보이지 않으며 육체적으로 지치게 되고 한계에 봉착하게 되는 일이 많다. 힘을 쏟아부어야 할 때를 간파하여 전력을 다하는 직장인이 인정받게 되어 있다.

남이 하기 꺼리는 일도 적극적이고 긍정적으로 열정을 다 바치면 목적을 달성할 확률이 상대적으로 높다. 부정적인 사람은 아예 처음부터 그 일을 하지 말라고 말하지만 긍정적인 사람은 무엇이든지 열심히 하면 성공하니까 잘해 보라고 독려한다.

회사와 개인의 비전을 달성하기 위해 열과 정성을 다해 정신적, 육체적으로 혼신의 힘을 다하는 구성원이 있는 기업이 지속 성장하며 계속 기업이 될 수 있다. 열정이 일을 추진하고 성과를 창출하는 데 가장 큰 원동력이 된다.

직장에서 열의가 있고 없고는 자신의 주관에 달려있다. 주관이 뚜렷하게 정립된 때에는 무슨 일을 해도 흔들리지 않으며 목표를 정해 놓고 그곳을 향해 매진하지만 자신만의 확고한 신념이 없으면 주변이 가벼운 말에도 자주 흔들려서 원하는 바를 이루기가 어렵다. 열정이 강한 직장인은 추진해야 할 일에 대하여 확고한 의지와 굳은 믿음이 있다. 스스로 주어진 일에 대한 확실함이 있어야 열정을 다하게 되기 때문이다.

사회적으로 성공한 사람들의 공통점은 원하는 목표가 있고 열정이 넘치고 항시 긍정적인 사고방식을 지니고 있다는 것이다. 열정은 어느 조직에서 리더가 되기 위한 첫 번째 필수 조건이다. 직장 생활을 하면서 열정이 강한 직장인은 곤란한 상황이 생겨도 모든 것을 다해 실행하기에 순탄한 길로 변화시키는 능력을 지닌다. 능력이 출중한 직원보다도 열정이 넘치는 직원이 때론 직장에서 인정받는 경우가 많은데 열정이 얼마나 직장인에게 필요하고 중요한지 입증해주는 대목이라 할 수 있다.

요즈음 직장에서 열정을 지니고 일하는 경우가 의외로 많지 않은 것이 사실이다. 평생직장이 없기 때문이라는 이유도 있다. 열정은 차가운 열정과 뜨거운 열정이 있다. 부정과 긍정의 차이에서 비롯되는 말이다. 정열적으로 따뜻한 마음을 가지고 조직이 원하고 기대하는 바람직한 방향으로 갈 수 있도록 온 정성을 다하는 직장인이 최종적으로 웃게 된다.

타인의 시선

어떠한 상황이 발생했을 경우 상대방이 취하는 입장과 자세에 대하여 관심을 두고 유심히 둘러보는 것을 눈치 본다고 표현한다. 현재 일어나고 있는 일로 인해 조성되는 환경에서 자신이 무슨 말과 행동을 해야 할지를 알아차리는 것을 말한다. 눈치를 잘 보는 것도 한편으로 실력이라 말할 수 있다.

눈치 보는 것은 긍정과 부정의 양면성이 병존한다고 할 수 있다. 직장 생활을 하다 보면 상사의 눈치를 보게 되는 일이 비일비재하다. 직장인이 직무를 수행하면서 상사의 눈치를 보기 시작하면 일의 능률을 오르게 하는 데 불리하게 작용할 수 있다.

눈치가 너무 빨라서 안 좋은 경우도 있다. 저 친구는 눈치만 보면서 자신의 의지와는 무관하게 행동한다는 말을 들을 수 있어서다. 눈치를 잘 보는 직장인은 자신의 실수에 대해 사과를 자주 하고 웬만해서는 상대의 부탁을 거절하지 못하는 경향이 있다. 선의의 거짓말을 빈번하게 하며 새로운 변화를 하지 않으려는 성향이 짙은 편이다.

눈치는 보아야 할 경우와 안 보아도 될 때가 있다. 직장인은 현재 처한 분위기를 파악해서 그에 적합한 언행과 태도를 보여야 하고 직무를 수행하면서는 상사의 눈치를 보는 것을 지양해야 한다. 상사를 의식하면서 일을 하게 되면 상사 눈치를 보느라고 일의 진도와 집중력이 저하될 수밖에 없다. 눈치를 안 보는 것도 문제지만 너무 보아도 약삭빠르다는 소리를 듣게 되기에 적절히 조절하는 능력을 지닐 수 있도록 해야 한다.

직장 상사는 유능한 직원을 늘 곁에 두고 싶어 한다. 함께 있으면서 수시로 업무를 주고 중간 진척 사항을 보고받으면서 완성하려는 의도가 강하다. 자신이 원하고 기대하는 것을 눈치껏 알아서 스스로 잘 처리해 주기 때문이다. 부연설명을 안 해 주어도 혼자서 눈치채고 척척 풀어나가기 때문이다.

반면에 실력이 부족한 직장인은 직장 상사가 곁에 있는 것을 꺼리는 경우가 많다. 눈치를 자주 보게 되어 상사가 어렵고 불편하여 소신껏 일하지 못하는 경우가 의외로 많다. 이처럼 눈치는 양면성이 공존하기에 때에 맞게 순발력을 발휘하여 대처하는 것이 지혜로운 처사다. 눈치 있으라는 말은 처한 상황 파악을 빠르게 잘하여 그곳에 어울리는 언행을 하라는 것이지 상대의 표정과 행동을 의식하면서 위축된 자세로 상사에게 무조건 맞추어 나가라는 뜻이 아닌 점을 직장인은 유의해야 한다.

남의 시선을 보는 것이 습관이 되면 자신도 모르게 몸에 눈치 보는 습관이 배게 되어 주도적으로 무슨 일을 실천하지 못하게 될 수 있으므로 주의를 해야 한다.

사람은 남으로부터 인정받기를 좋아하기에 남의 시선을 의식하면서 살 수밖에 없다. 내가 이렇게 할 경우에 타인이 나를 어떻게 생각하고 쳐다볼까 하는 생각이 앞서기에 일을 하려다가도 망설여지고 추진을 잘 못하게 되고 하더라도 성공적으로 끝내지 못하게 되는 경향이 있다.

남의 눈치와 시선을 보게 되면 자신감이 결여되고 긴장이 고조되어서 일 처리를 말끔하게 마무리 짓지 못하게 된다. 별 의미 없이 남이 한 말에 깊은 상처를 받고 혼자서 부정적으로 판단하고 생각하여 일을 그릇되게 만드는 일도 생기게 되므로 직장에서 과도하게 남의 시선을 보는 것을 삼가야 한다.

남의 시선을 무시하는 것도 좋지 않지만 지나치게 신경을 쓰면서 직장 생활 하는 것도 좋지 못하다. 타인의 시선에 크게 좌지우지되지 않기 위해서는 자기를 존중하는 마음이 있어야 한다. 자존감을 높이는 것이 무엇보다도 중요하다.

멘탈 :
내공을 쌓아라

멘탈 의미

멘탈은 어떤 일에 대해 생각하고 판단하는 마음과 영혼을 뜻한다. 정신과 마음을 지칭하고 있다. 멘탈이 있다는 것은 멘탈이 강하다는 것을 내포하고 있다는 말로 해석되고 있다. 멘탈은 자신과 사물에 대해 인식한 작용과 어떤 일에 대해 느끼는 심정과 기분 및 영혼으로 이루어져 있다고 할 수 있다.

사람은 의식이 높고 강인한 정신을 가지고 있으며 긍정적인 사고를 지니고 있어야 삶의 보람을 찾게 되어 있다. 직장인은 일을 처리해 가는 데 멘탈이 무너지면 결과물을 내기가 어렵다. 직장에서 멘탈은 직장 생활을 스트레스 안 받고 하기 위한 말로 형용할 수 없을 정도로 중요한 요인이다. 멘탈이 강해야만 모든 일에 있어서 중도 포기를 하지 않고 꿋꿋하게 전진할 수 있다. 누가 자신의 자존감을 무너뜨리려고 해도 자신 스스로 문제가 있다는 의식에서 벗어나는 강한 정신력이 생기기 때문이다.

멘탈이 강한 직장인은 웬만해서 주변 상황에 휘둘리지 않는다. 자신의 의지와 주관이 뚜렷해서 정해진 목표를 달성하는 데 집중력을 잃지 않고 추진한다. 멘탈이 강하냐 약하냐에 따라서 직장에서 일의 성과와 협업을 통한 시너지 창출에도 영향을 미치게 되어 있다. 멘탈이 부족하면 직장에서 성과를 내는 데 가장 핵심적인 요인인 강력한 실행력을 보이는 데 제동이 걸리게 되어서 좋은 실적을 이루기가 어려워질 수가 있다.

멘탈이 무너지는 주요 원인이 자신에게 있는 것이 크지만 상사나 동료의 영향으로 비롯되는 일이 예상 밖으로 많은 것이 직장 현실이다. 직장은 나와 전혀 다른 성향을 지니고 있고 상하 관계로 엮여 있는 사람들이 모인 조직이기에 나의 의지와 무관한 일이 수시로 발생하기 때문이다. 이때 누가 얼마만큼 주변에 흔들리지 않고 심지를 굳게 해서 초지일관 추진하느냐에 의해 멘탈이 있고 없고가 판가름나는 것이다.

직장에서 멘탈이 좋은 직장인을 두고 멘탈 갑이라는 표현을 한다. 멘탈이 무너지는 것은 정신력이 무너지는 것이기에 그로 인해 파생되는 일들이 걷잡을 수가 없을 정도로 일어나게 되어 있어서 특히 주의해야 한다. 직장의 리더는 일반적으로 멘탈이 유독 강한 편이다. 그렇기에 그 자리까지 올라갔다고 보는 것이 옳다.

하루에도 몇 번씩 멘탈이 붕괴되기 직전까지 가는 일이 반복적으로 발생하고 있는 현장이 직장 생활이다. 직장인들 사이에 멘탈도 스펙이라는 말이 나돌 정도로 강한 멘탈을 지닌 것도 실력인 셈이다. 흘려보내도 된다고 생각하고 가볍게 넘길 수도 있는 것이 멘탈이지만 직장에서 업무 성과와 조직의 활력을 불어넣기 위해서 가히 상상하지 못할 정도로 중요한 것이 강한 멘탈을 보유하는 것이라 할 수 있다.

상사가 업무적으로 질책을 가할 때 마음과 영혼이 흔들리지 않도록 강인한 정신력을 지니는 것을 반복적으로 훈련해야 강한 멘탈이 형성될 수 있다. 하루아침에 이루어지는 것이 아니고 여러 번 상황을 맞이해서 단련이 되어야 정신이 강해지게 되므로 상사의 꾸지람에 대해 깊은 상처를 받지 않고 현실을 받아들이면서 같은 경우를 반복하지 않겠다는 각오를 하는 직장인이 되어야 한다.

멘탈 붕괴

어떤 일을 하려고 할 때 마음먹은 대로 뜻대로 되지 않을 때 당황하게 되고 어쩔 줄 몰라 하게 되는데 이때 멘탈이 붕괴 되었다고 하고 줄여서 멘붕이 왔다고 흔히들 사용한다. 멘붕은 정신이 무너져 버리는 것을 의미한다. 멘탈을 정신 상태라고 말할 수 있기에 멘탈 붕괴는 정신 상태가 붕괴된 것과 같은 이치이다. 멘붕이 오면 극심한 충격을 받게 되고 스스로 포기 즉 자포자기하게 될 경우가 많다.

유난히 멘탈이 약한 직장인을 두고 유리 멘탈 소유자라고 말하기도 한다. 멘탈이 유리처럼 약하고 깨지기 쉬운 것을 비유하는 말이다. 멘탈이 약한 직장인은 상사의 한 번의 야단에 풀이 죽어서 의욕이 상실되어 소심해져서 무슨 일을 추진하려는 에너지와 열정이 없어지게 되기가 십상이다. 직장 상사는 그릇된 일 처리를 바로 잡아서 시정시켜 좋은 성과를 내도록 하려는 의도가 강한데 개인에 따라서 받아들이는 입장이 달라 멘붕이 오고 안 오고가 결정되게 된다. 상사에게 지적받기도 하면서 일을 배우고 정신력을 강화시키는 장소가 직장이라는 것을 인지하면 멘붕을 예방하는 데 도움이 된다고 할 수 있다.

사람은 똑같은 상황에 처해도 각기 다른 반응을 보이고 다르게 대응하며 자신의 스타일대로 행동하게 되어 있다. 특히 힘들고 어렵고 충격적인 상황이 갑자기 닥쳐왔을 경우에 멘탈이 약해서 무너져 버리면 가슴이 두근거리게 되고 숨이 막힐 정도의 신체적인 변화를 가져오며 몸이 식은땀으로 범벅되어 어쩔 줄 몰라 발을 동동 구르게 되는 경우가 있다. 여기서 개인차에 따라 멘탈이 무너져서 멘붕이 오냐 안 오냐가 판가름나게 되는 것이다.

멘붕이 심하게 오는 유리 멘탈의 소유자는 자신의 현 상황을 감당하지 못해 극단적인 선택을 하는 비극적인 상황을 맞게 되기도 한다. 직장인은 정신이 쇠약해지는 순간부터 없던 병도 오게 되고 순식간에 자아를 잃어버리게 될 수 있으므로 유념해야 한다. 직장을 다니면서 어떤 상황에서도 정신이 흐트러지지 않을 정도로 자신을 지탱해서 정상적인 컨디션을 유지할 수 있는 멘탈을 가지고 있어야 한다. 직장에서 주어진 일을 완수하는 데 멘탈이 강해야 수월하게 될 수 있기 때문이다.

직장 생활 하면서 멘붕은 오게 되어 있다. 아무리 멘탈이 강하다고 해도 멘탈이 붕괴되는 경우가 안 올 수가 없다. 멘붕이 와도 자신은 언제든지 빠르게 원상태로 되돌릴 수가 있다고 확신을 가지는 것이 중요하다. 멘붕을 사전에 차단해 오지 않게 하는 것이 최선이지만 말처럼 쉽지가 않다.

직무를 수행하다가 부득이하게 정신이 흐릿해지는 상황이 도래하더라도 의연하게 물리칠 수 있다는 자세를 취해야 한다. 심신이 곧은 말과 행동을 해서 힘든 상황을 탈피하겠다는 의지를 가지는 것이 무엇보다도 필요하다. 여러 번 훈련하고, 실제로 보고 듣거나 겪은 것이 몸 안으로 쌓여서 기운이 차 있는 상태를 내공이 있다고 한다. 내공이 강한 것과 멘탈이 붕괴되지 않는 것은 일맥상통한다고 할 수 있다.

내공은 강한 멘탈을 보유하기 위한 전 단계이다. 내공이 없이 멘탈을 유지한다는 것이 말처럼 쉽지 않다. 내공이 쌓인 직장인은 콘크리트 벽처럼 쉽게 어떤 장애물이 와도 무너지지 않는다. 상사가 심하게 싫은 소리를 해도 끄떡 안 하고 마음의 평정을 찾는 것과 같은 맥락이다. 내공은 곧 멘탈이나 다름없다고 할 수 있다. 멘탈이 붕괴되지 않기 위해서는 먼저 내공을 쌓아야 한다는 것을 직장인은 항시 마음속에 지니고 있어야 한다.

강한 멘탈 특징

멘탈이 강한 사람은 주변과 환경 탓을 거의 하지 않는다. 남의 말로 인해서 자신의 실행 계획이 흔들리지 않는 편이다. 과거 일에 영향을 되도록 받지 않으려고 하며 삶 자체가 생각처럼 안 된다는 것을 알고 공정하지 않다는 것도 느끼며 지내고 쓸데없이 허송세월을 보내지 않으려고 한다. 특히 자신의 감정 조절을 잘한다.

상대적으로 멘탈이 약한 사람은 주변에 잘 흔들리고 휘둘리게 되어 있다. 정신력이 약하면 불필요한 일에 시간 낭비를 하는 경우가 많다. 멘탈이 강해야 변화를 두려워하지 않게 되고 자신에게 닥치는 시련을 자연스럽게 받아들이면서 극복할 방안을 찾게 된다. 멘탈이 강하면 직장 상사를 내가 바꿀 수가 없음을 인지하고 자신의 일을 묵묵하게 추진하며 같은 실수를 반복하지 않으려고 애쓴다. 실패에 대해서 크게 자책하지 않고 심기일전하여 더 나은 방향을 모색하려고 노력하는 자세를 보인다. 멘탈이 강한 사람은 자신이 할 수 있는 것에 열중하고 그 외는 신경을 별로 쓰지 않는 편이라는 특징이 있다.

직장에서 상사에게 인정받고 싶으면 남의 탓을 하지 말고 자기감정을 조절할 줄 알아야 한다. 실력이 부족한 직원일수록 무슨 일이든지 업무를 주면 어떻게든 직무와 관련하여 자신의 탓이 아니고 주변 환경과 여건 탓이라고 이유와 핑계를 대는 일이 많다. 그럴싸하게 합리화시키고 정당성을 주장하게 된다. 이럴 경우 상사가 수긍해주는 것 같지만 실상은 알면서 속아주는 것이 일반적이다. 핑계를 자주 대게 되면 매사 토를 달게 되어 상사에게 신뢰도는 급격히 저하된다는 것을 직장인은 알고 있어야 한다. 결코 상사로부터 믿을 만한 사람이라는 말을 들을 수가 없다.

셀프컨트롤이라는 말도 같은 뜻으로 통용된다. 감정을 자제할 줄 아는 능력이다. 자기감정을 조절하는 것이 말처럼 쉽지가 않다. 아무리 화가 나도 상황과 환경에 따라 참고 이겨내고 새길 줄 알아야 내공이 쌓이는데 결코 쉬운 일이 아니다. 도인이 되지 않고는 어려운 일이지만 감정을 조절하는 능력을 부단히 연습하고 연마할 필요가 있다.

멘탈이 강한 사람은 외부의 충격이 왔을 경우에 쉽사리 정신이 왔다 갔다하지 않는다. 여간해서는 자기감정을 흐트러트리질 않으며 중심을 잘 잡고 있어서 의기소침하는 일이 없다.

상사의 싫은 소리에도 내공이 쌓이고 멘붕이 오지 않아 흔들림이 없어서 때로는 상사가 지치게 되어 버리는 경우가 있다. 상대적으로 멘탈이 매우 강한 직장인의 케이스다. 상사가 시킨 일에 대해서 결과치가 안좋아서 지적하면 잘못을 뉘우치고 숙연해지는 모습을 보여야 지적하는 사람도 지적하는 맛이 있는데 너무나 태연한 반응을 보이게 되면 오히려 지적하는 사람이 기가 다 뺏겨버려서 허기짐을 느끼게 될 때도 있다. 직장 내에서 간혹 볼 수 있는 현상이다.

유독 내공이 강한 직장인이 있는데 이런 성격의 소유자는 독고다이 기질이 있는 경우가 많은 편이다. 그래도 유리 멘탈보다는 직장에서 직무 성과를 더 잘 내는 편에 속한다. 멘탈은 약한 것보다는 과할지언정 강한 편이 직장 생활을 하는 데 유리하다. 멘탈이 강한 사람은 상대의 강점을 위주로 보고 지난 과거에 대해 집착을 안 하고 잘못된 부분에 대해서는 깨끗하게 인정한다.

멘탈 강화 법

멘탈을 강화하려면 메타 인지가 높아야 한다. 한 차원 높은 시각에서 관찰하고 발견·통제하는 정신 작용을 뜻하는 메타 인지는 어떤 일을 수행할 때 내가 무엇을 알고 무엇을 모르는지 스스로 판단할 수 있는 능력을 말한다. 메타 인지를 높여야 객관적이고 합리적으로 스스로 돌이켜볼 수 있다.

직장 생활을 어떻게 하면 잘할 수 있는지에 대해서 습득하고 자신이 한 행위에 대해서 평가를 받아 보는 것이 메타 인지를 높이는 방법이다. 멘탈이 강한 사람은 어떤 사실에 대해 분명하게 인식하여 알게 되는 과정에서 한 단계 높은 차원으로 관찰하고 통제하는 정신 작용이 일어난다. 멘탈이 강해지려면 가급적 신경 쓰는 일을 줄여야 한다. 또한 자신감을 늘 잃지 않도록 해야 한다. 시험을 보는 경우와 여럿이 모인 곳에서 발표할 때 멘탈이 약한 사람은 아무래도 본래의 실력 발휘를 하는 데 제약이 있게 되므로 평소에 멘탈을 강화하는 훈련을 하고 습관을 지속적으로 들여야 한다.

멘탈을 강화하기 위해서는 안 된다는 부정적 생각을 없애는 것이 좋다. 자신에게 최면을 걸지언정 부정적 사고를 멈추게 하여서 긍정적인 생각으로 꽉 차게 만들 수 있어야 멘탈이 강해지게 되어 있다. 또한 체력 관리를 소홀히 하지 말아야 한다. 몸이 약해지면 정신도 약하게 되기 때문이다.

자신에게 불리한 일이 생겨도 참고 견딜 수 있는 정신력을 키워야 직장 생활이 힘들지 않게 된다. 멘탈이 강한 직장인은 여간해서는 상사로부터 어떤 불편한 말을 들어도 이겨내는 힘이 있다. 직장 생활 하는 동안 스트레스 덜 받고 버티기 위해서는 강한 멘탈이 필수적이다.

직장 상사의 지시가 있어도 자신이 쳐낼 수가 있고 없는 것을 분명하게 표현할 수 있는 사람은 멘탈이 강하다고 할 수 있다. 멘탈이 강한 사람은 솔직한 표현을 잘하고 자신감과 당당함을 가지고 있으며 좋지 않은 일이 닥쳤을 때도 그 자체를 인정하면서 또 다른 수렁의 늪에 빠지지 않는다.

멘탈을 강화하려면 어떤 현상에 대해 개인적인 견해를 가지기보다는 객관적으로 볼 수 있는 시야를 갖도록 해야 한다. 욕심을 버리고 내려놓아서 마음을 가볍게 하는 것이 필요하다. 항시 냉정하고 침착한 태도를 보이며 안정감을 찾으려 노력해야 한다. 삶의 목적을 둘 때 행복해야 한다는 것에 집착하지 말아야 한다. 매사 현실적인 생각을 가지고 생활하는 습성을 갖도록 하고 즐겁게 살려고 노력하며 지난 일보다는 현재 상황에 집중하며 살아간다는 마음을 가지는 것이 필요하다. 또한 마음 한 곳에 안 좋은 생각을 채워 놓으려 하지 말고 내려놓는다는 마음을 지닐 수 있어야 한다.

멘탈이 쉽게 붕괴되지 않도록 하기 위한 여러 방안이 있을 수 있으나 선결 과제는 평소 내공을 쌓아가는 일을 게을리하지 않는 것이다. 내공이 밑바탕에 채워져 있는 직장인은 멘탈이 무서울 정도로 강하다는 것이다. 직장인이라면 마음속에 산뜻하고 아름답게 지니고 있어야 할 부분이 내공과 멘탈이다.

내공의 힘

평상시 실력을 배양하기 위해 반복하여 행하고 많은 상황에 맞닥트려서 문제를 풀어 나가는 방법을 터득한 것이 몸 안으로 배서 축적된 것을 내공이라 지칭한다. 여러 번의 경험을 통해 숙련됨이 많이 내재되어 있을 때 내공이 있다는 말을 듣게 되는 것이다.

내공이 좋은 직장인은 과거에 집착하지 않고 지금의 상황을 중시하고 생활하는 경향이 크다. 특정한 사람에 마음이 기우는 모습을 보이지 않고 두루 의연하게 대하며 지내고, 동료나 상사가 던지는 사소한 것에 정신력이 흔들리지 않는 편이다. 앞으로의 장래에 대해서도 염려를 덜 하는 편이고 현재에 충실하다. 표정 관리를 잘해서 좀처럼 자기감정을 표출하지 않고 화를 잘 안 낸다.

내공이 있으면 남들과 비교를 하면서 자책하거나 소극적으로 변모하지 않으며 크게 욕심을 부리지 않으려고 노력한다. 자기 조절을 잘해서 어느 한 곳에 빠져들지 않고 중심을 잘 잡아서 웬만해서는 외부의 충격에도 좀처럼 흔들리는 모습을 보이지 않는다.

내공은 자기감정을 조절할 수 있는 셀프컨트롤이 가능한 경우를 의미한다. 아무리 불리한 입장에 놓이는 여건 속에서도 평정심을 유지하는 내공의 위력은 직장에서 유리하게 작용하여 평판은 물론이고 업무 추진에도 플러스 요인으로 큰 영향을 미치는 것이 보편적인 현상이다.

직장 생활을 하면서 내공이 있어야 멘탈이 쉽게 무너지지 않아 평정심을 유지해서 업무 성과를 내는 데 도움이 된다. 유독 내공이 없어서 작은 것에도 마음이 상하는 직장인이 있다. 그러면 직무 수행하는 데 부정적인 요인으로 작용하게 된다. 이렇게 정상적인 정신력 유지가 힘들어 어려워하는 직장인이 의외로 많은 것이 현실이다. 상사가 조금만 나무라도 멘탈이 붕괴되어 어쩔 줄 몰라 당황하고 하는 일 자체가 마비되는 직장인이 있다. 내공이 부족한 것이 근본적인 이유다. 그만큼 내공이 있느냐 없느냐는 업무 성과와 직결되는 문제이기에 소홀히 생각해서는 안 된다.

직장에서 내공을 쌓기 위해서는 업무 지식을 갖춘 상태에서 자신만의 목표와 비전을 가지고 있어야 한다. 누구도 대신해서 내공을 축적해 줄 수가 없기에 나만의 무언가를 차곡차곡 담아 두어야 한다. 직장 일의 어느 영역에서 무엇을 하든 헛된 시간 투자는 없으므로 열성적으로 임하여 후회 없는 시간을 보낼 수 있도록 해야 한다. 직장 일은 일정 시일이 경과하면서 자신도 모르게 내공이 쌓이게 되어 있다. 열중해서 일할 경우 효과는 더 크다.

멘탈이 강해야 스트레스를 덜 받고 직장 생활을 길게 할 확률이 높다. 멘탈과 내공은 상관관계가 많다. 둘 중 하나가 무너지면 다른 하나도 동반하여 하락하게 되는 관계다. 직장인이 필수적으로 지니고 있어야 할 부분이 내공과 멘탈이다.

직장 상사는 대다수의 일을 자신의 관점에서 바라보고 지시하며 주장을 굽히지 않으려는 경향이 강하다. 상사의 불찰로 인해 원인 제공이 되었는데도 부하 직원의 탓으로 돌려 질책을 가하게 되는 일이 있다. 이렇게 상처를 받고 멘붕 상태가 오는 일이 직장에서는 다반사로 이루어지고 있는 형국이다. 내공이 있는 직장인은 여기서 흐트러지지 않고 평정심을 유지하게 되어 정신력이 바로 서게 된다.

직장 상사는 야단을 치면서도 상대방의 자세와 태도 및 표정 짓는 모습을 보고 미래의 재목감인지 아닌지를 마음속으로 느끼게 된다. 실상 이런 상황에 봉착하면 의연한 모습을 보인다는 것이 정말로 어려운 것이 현실이다. 더군다나 상사의 성향에 따라 심한 말과 큰 소리로 나무랄 경우는 더더욱 표정 관리가 어렵다. 하면서 내공이 있고 멘탈이 강하다는 소리를 들으면서 직장 생활을 하기가 만만치 않고 실제로 멘탈이 강한 경우가 많지 않은 편이다. 부단히 실력과 경험을 쌓아서 자신의 것으로 만들어 놓아 강한 정신력을 보유하면서 직장 생활을 할 수 있도록 만드는 것이 필요하다.

설득 :
설득의 힘

설득의 원칙

직장 생활을 떠나서 인생을 살면서 상대방을 설득할 일이 너무나도 많다. 상대가 자신의 말을 알아들어서 깨우치게 만들어 이해하고 수긍하여 자신이 의도한 바로 오게끔 하는 것을 설득이라고 표현한다. 아침에 눈을 뜨고 잠자리에 들 때까지 우리는 남을 설득하려고 무진장 노력하면서 하루를 보내고 있다.

설득력이 좋은 직장인은 동료와 상사를 움직이게 하고 변화를 오게 하여 자신의 주장을 관철하는 효과를 거둘 수가 있다. 사실상 직장에서 상사의 의중에 반론을 제기하여 설득시켜 추진한다는 것이 말처럼 쉬운 일이 아니다. 직장 상사 입장에서는 자신의 주장이 다소 불합리하다고 생각해도 일말의 자존심으로 인해 밀어붙이려는 경향이 마음속에 내포되어 있기 마련이다.

직장에서 인정받으려면 직속 상사를 설득할 수 있어야 한다. 주어진 직무를 수행하여 성과물을 내어 신망받기 위해서는 일차적으로 자신의 업무 결과물에 대해 상사에게 재가를 받아야 하기 때문이다. 상대를 설득하는 데 놓쳐서는 안 될 부분이 상대가 무엇을 바라고 어떤 생각을 가지고 있는지 간파하는 일이다. 아무리 자신에게 그 결과물이 좋다고 판단되어도 상대의 의중과 판이하면 설득하기가 어렵게 되기 때문이다.

상대를 설득시키기 위해서는 자신의 주장과 의도하는 생각이 옳다고 믿을 수 있도록 기승전결의 구성이 되도록 말해야 한다. 어떠한 일에 대해 그것이 맞는 처사라고 생각하게 만들며 심정이나 기분이 기울어지도록 할 수 있어야 한다. 또한 상대방이 무엇을 원하고 있고 어떤 방향으로 가기를 희망하고 있는지를 먼저 간파하는 것이 중요하다.

말하는 사람이 신뢰를 주고 있느냐는 남을 설득하는 데 큰 요인이 된다. 평소 믿음이 안 가는 사람의 설득은 설령 수긍해도 형식적으로만 동의할 뿐이다.

상대를 설득할 때 가급적 절제되고 정형화된 단어를 구사하는 것이 효과적이다. 일상의 대화 시 사용하는 언어는 받아들이는 강도가 낮을 수 있기 때문이다. 설득하는 사람이 카리스마가 있으며 나름의 매력을 지니고 있다면 상대를 설득하는 데 유리한 무기를 가지고 있다고 할 수 있다. 설득하려는 내용이 근거와 이유가 있고 보편타당성을 지니고 있다는 것을 논리적으로 설명할 수 있어야 설득하기가 수월하다.

설득을 쉽게 하려면 상대가 머릿속에 지니고 있는 인식과 판단이 무엇인지를 파악할 줄 알아야 하고 어떤 느낌과 감정을 가지고 있는지를 알아차리며 상대가 평소 자주 사용하는 어휘와 단어를 활용해서 전달할 수 있어야 한다. 즉 나보다는 상대를 이해하는 것이 선행되어야 설득하기가 수월하다는 것이다.

설득은 상대방을 내 쪽으로 오게끔 하는 경우를 대부분 지칭하지만 상대방으로부터 설득을 당하는 일도 많다. 알면서 속아주는 것은 괜찮지만 영문과 의미를 알지 못하고 설득당하는 것은 지양해야 할 일이다. "저 사람은 내가 쉽게 설득할 수 있어."라는 말을 듣지 않도록 직장인은 직무 능력을 갖추는 것이 좋다. 실력이 없으면 상대에게 설득당할 수밖에 없다. 상대의 논리에 반박하고 상대가 재반박하면 거기에 다시 반박할 수 있을 정도의 역량을 갖추고 있어야 한다.

직장에서 상대에게 만만하게 보이는 것은 하수가 하는 행동이다. 남이 가볍게 못 보도록 자신만의 직장 노하우를 갖추는 것이 필요하다.

직장 상사 설득 요령

대다수 직장 상사는 마음속으로 다 결정한 상태에서 부하 직원의 견해를 들어주는 일이 비일비재하다. 이미 결정을 내려 놓은 상황에서 보고를 받고 지침을 주는 경우가 많다. 그래서 직장 상사를 설득하기가 어렵다고 할 수 있다.

상사에게 말할 때는 결론을 먼저 말을 해야 하고 해내겠다는 의지를 피력하는 것이 중요하다. 설득할 시는 상사가 높은 위치에 있는 사람이라고 생각하는 것보다 동료 또는 신입이라고 자기 암시를 하며 말하는 것이 좋다. 그래야 당당하게 확신에 찬 말투로 소신껏 표현할 수 있기 때문이다. 설득할 내용에 대해서 정확하게 말할 수 있어야 하며 상사가 의견을 주었을 때 거기에 대한 감사 표시의 회답을 주는 것이 좋다. 직장에서 상사의 주장을 무시할 수는 없지만 마음의 변화를 가져오게 할 수는 있다.

설득하는 상대방이 지니는 개인적인 사항에 대하여 누설하는 것을 삼가야 하고 의중을 공개하는 것을 주의해야 한다. 상대를 설득 시 특히 유념해야 할 점이 주변의 말을 하지 않는 것이다. 직장에서 아무리 직위가 낮아도 상사에게 하는 객관적인 명분이 있는 설득은 가볍게 보고 지나칠 수가 없다.

직장에서는 직위가 오를수록 자기주장을 펼쳐야 할 기회가 많이 주어지게 되어 있다. 직무 특성상 그렇게 될 수밖에 없게 된다. 직장에서는 상사와 업무적으로 맞닥치면서 해야 할이 많고 하루의 절반을 넘는 시간을 함께 하면서 일을 하며 지낸다. 상사가 시키는 일을 하면서 쳇바퀴처럼 하루를 보낸다면 일에 흥미가 없어지고 매너리즘에 빠지기 십상이다.

직장에서 무슨 일을 실행하기 위해서든 설득은 필수적이다. 모든 일의 근간이 되고 실행의 출발선상에 있는 것이 설득이다. 상사를 설득한다는 말 자체에 모순이 있을 수 있다. 설득보다는 납득이란 말이 어울릴 수도 있다. 자신의 말을 상대가 잘 이해하고 긍정적으로 받아들이게 하는 것을 납득이라 말한다. 설득은 결국 상대를 납득하게 만드는 행위다.

직장인이 평상시 상사에게 신망을 얻고 있다면 상사를 설득하는 일이 어렵지 않을 수 있다. 믿는 마음이 선행되어서이다. 그래서 직장인은 평소의 이미지가 중요한 것이다. 비단 설득은 직장뿐만이 아니라 사회 전반에서 언제나 이루어지고 있는 현상이다. 직장에서 남을 설득할 수 있는 힘을 지니는 것은 큰 재산을 가진 것이나 다름없다.

직장에서 상사를 설득하려면 기획안을 잘 작성해서 보고를 잘해야 한다. 보고서를 어떤 형태로 만들었는지에 따라 상사를 설득하는 데 영향을 크게 미친다. 숫자와 그림을 잘 활용하고 도표를 사용해서 추이를 한눈에 볼 수 있도록 만들어 설득하는 것도 효과적인 방법이다.

유사한 것과 비교를 통해서 상대적으로 우위가 있다는 것을 명확하게 강조하는 것이 좋다. 보고서에는 특출 난 무언가가 표시되어서 보고하는 내용이 다른 것에 비해 특별함이 있다는 것을 보여줄 수 있어야 한다. 이것을 행함으로써 공동의 이익이 발생하게 된다는 점을 부각할 필요가 있다.

말처럼 쉽지 않은 것이 상대를 설득하는 일이다. 직급이 엄연하게 정해진 직장에서 상사가 나의 견해를 수긍하여 실행하도록 한다는 것은 더욱 그렇다. 설득은 어찌 보면 상대편을 내 편으로 오게 하기 위해서 효과적으로 말하는 것이라 할 수 있다. 직장인에게 동료와 상사를 설득시키는 설득력은 절대적으로 갖추고 있어야 할 덕목이다.

설득의 달인

　설득을 잘하려면 말을 설득력 있게 하여 상대방을 이해시켜서 행동으로 옮기게 만들 수 있어야 한다. 상세하고 구체적인 사례를 들어서 말을 할 수 있을 때 설득의 효과가 크게 나타난다. 설득할 내용에 대해 세분하여 풀어서 설명하는 것이 좋으며 여러 가지 경험 즉 자신이 직접 경험한 사실이나 타인이 경험한 사례 등을 예시를 통해 설명해 주면 설득의 효과가 배가 된다.

　사례를 말하려고 할 때 대다수 사람들은 귀를 쫑긋하게 된다. 사례의 설명이 주의를 환기해서 집중시키는 작용을 하기 때문이다. 말하려는 주제와 제목과 적합한 사례를 들면서 적절하고 지루하지 않게 표현을 해줄 경우 사람들이 공감하게 될 확률이 높다. 일반적인 말은 되도록이면 피하는 것이 좋다. 가급적 쉽게 공감이 가는 사례를 드는 것이 상대의 마음을 움직이게 만드는 데 유리하다. 누가 언제 어디서 어떻게 하였는데 어떤 결과가 나왔다고 시일과 상대를 상세히 말해주는 것이 설득하는 데 효과적이다.

　설득의 고수는 타인의 입증된 말과 객관적으로 활용되고 있는 자료를 인용하면서 말을 하는 습성이 있다. 사회적으로 명성이 있는 사람을 인용하면 설득 효과는 배가된다. 말로 모든 것을 설명하고 강조하여 수긍케 하기보다는 각종 자료를 통한 근거를 제시하는 것이 설득하는 데 보탬이 된다. 객관성을 보여주므로 개인적인 주장이 아니라는 것을 확인시켜주면서 믿음을 줄 수 있기 때문이다.

설득을 잘하는 고수들을 보면 상대방의 감성을 건드리는, 즉 무언가를 느끼게 하고 심경의 변화가 일어나게 하는 말을 한다. 그럴 때 예시를 들면서 신뢰할 자료와 근거를 든다는 것이다. 자신의 의욕만 넘치고 의지만 앞서서 무조건 이건 이런 것이니 믿고 따라오라는 식의 표현을 하지 않는다. 상당히 논리성이 있으며 누가 들어도 합당하다는 생각이 들 정도로 말과 행동을 한다. 상대의 뇌를 긍정적으로 자극해 인정하게 만들 수밖에 없다. 인정해야만 하게 논리와 근거에 입각해서 당위성을 설명하고 입증할만한 예를 들을 줄 안다.

설득을 잘하기 위해서는 정확한 수치를 제시하면서 말을 하는 것이 도움이 된다. 사람의 심리가, 막연하게 두리뭉실한 표현의 일상적인 말을 할 때와 숫자를 명시하면서 말을 할 때 직접적으로 느끼는 감은 천연지차다.

직장에서 상사가 부하 직원에게 일을 부여할 경우 "김 대리 매출 활성화 방안에 대해서 잘 분석하여 최대한 빠른 시일 안에 보고하기 바랍니다." 하는 것보다 "김 대리 매출 활성화 방안에 대해 다음 주 수요일 12시까지 A4 용지 5매 이내로 작성해서 보고하기 바랍니다."라고 말할 때 받아들이는 강도가 다르게 되는 것과 같은 이치다. 구체적으로 숫자를 활용하여 설득할 내용에 대해서 명시해 줄 경우 받아들이는 입장에서 볼 때 크게 와닿게 되어 있기에 염두에 두고 설득하는 것을 습관화할 필요가 있다.

저런 표현 방식은 누구나 할 수 있고 여러 번 들어 왔던 것이라고 생각이 드는 순간부터 공감이 덜 가게 될 수 있으므로 설득자 입장에서는 유념하여야 한다. 사람의 심리가 입증된 수치를 가지고 말하는 경우 반박의 소지가 쉽지 않기 때문이다.

거절의 기술

상대방의 제의나 요구를 수용하지 않고 행동으로 옮기지 않겠다고 의사 표시를 하는 것을 거절이라 한다. 직장인이 직장 상사의 부탁이나 지시 등을 따르지 않는 것이 결코 쉬운 일이 아니다. 퇴사를 결심하지 않고는 있을 수 없는 일이다.

반면에 상사의 지시라도 부당하다고 판단될 때 소신이 강한 직장인일수록 당당하게 자신의 생각을 밝히면서 거절을 하는 경우가 있다. 직장 상사에게 거절 의사를 표현할 수 있는 직장인은 직무 능력이 뛰어나서 상사에게 인정받고 있는 경우가 대부분이다. 거절 여부를 먼저 명확하게 밝히고 이유를 타당성 있게, 상사가 수긍이 가도록 의사 전달을 하기 때문에 상사가 불쾌해 하지 않는다.

상사에게 합당한 이유를 들어 소신껏 거절할 수 있다는 것은 직장인으로서 굉장한 경쟁력이다. 거절을 불쾌하지 않게 할 수 있다는 것은 크나큰 실력이다. 직장에서 일어나는 일이 아니라 그 외의 사회생활 하면서 하는 거절과는 차원이 다르다고 할 수 있다. 직장 밖에서는 얼마든지 자신의 견해를 어떤 식으로든지 표현하여 거절할 수가 있어서이다.

직장 생활을 하다 보면 설득을 당하게 될 때가 많다. 거절하게 되는 경우는 동료에게 하는 거절이 대부분이다. 거절하고 난 후 상대방의 반응에 대해 염려스러운 표정을 지을 때가 있는데 일단 거절을 했을 시는 죄책감을 버리는 것이 중요하다. 그럴 수밖에 없었다는 생각을 지닌 것이 현명한 처사다.

거절 시는 대안과 자신의 견해를 함께 말해 주는 것이 상대의 마음을 헤아려 주는 것 같은 기분이 들게 하여 조금이나마 마음이 가벼워질 수 있게 해 주므로 유념할 필요가 있다. 상대방이 자신에게 관심을 가져주어 고맙다는 말을 전하는 것도 거절의 요령이다.

거절 시는 충분하게 신중히 검토를 마친 후 거절하는 것이 정석인데 실상은 그 자리에서 가부를 답해 주어야 할 때가 많은 편이다. 자신의 입장에서 모든 것을 생각하고 판단하는 것이 현실이기에 거절을 자주하게 되는 것인데 직장에서는 거절을 못 하게 설득한다기보다는 강력하게 실행을 해서 업무 성과를 내게 하기 위해 설득하는 경우가 많다. 반면에 상사를 설득할 경우는 설득할 내용에 대해 이해와 수긍을 하게 만들어서 재가를 받을 목적이기에 설득자의 직무 능력이 우선이라 할 수 있다.

거절할 때 어떻게 하는 것이 현명한 거절인지 답하기가 어려운 것이 사실이다. 때로는 생각해 보겠다고 말하고 나중에 거절하는 것이 현장에서 거절하는 것 보다 상대의 기분을 안 나쁘게 할 경우도 있고, 곧바로 의사 표시를 하는 것이 유리할 때도 있기 때문이다. 확실하게 무 자르듯이 거절할 경우 상대가 느끼는 감정이 좋지 않은 쪽으로 흘러갈 수가 있기에 유의해야 한다.

불분명하게 의견을 주게 되면 상대방이 무언의 긍정으로 보고 향후 거절 시 더 큰 상처를 받을 확률이 높아질 수 있어 조심스럽게 처신을 해야 한다. 거절에 정확한 해답은 없다고 말하는 것이 올바른 표현이라 할 수 있다. 직장에서 상황과 여건에 적합한 요령으로 거절하는 것이 현명한 처신이다. 그렇지만 거절 시는 분명하게 결정 여부를 전하고 그럴 만한 이유를 말해주는 것이 길게 보아 지혜로운 행동이다. 직장인은 이점을 마음속에 인지하고 상대를 설득할 수 있도록 설득 능력을 배양해야 한다.

상대가 기분이 상하지 않게 거절을 하려면 말의 어휘를 상황에 맞게 적절히 활용하는 것이 무엇보다도 앞서야 한다. 같은 거절을 해도 듣는 사람의 심정을 헤아리며 하게 되면 상대는 불편한 심기를 외부로 표출하지 않게 되기 때문이다.

설득을 당하는 요인

누군가의 주장이나 의견에 따르게 되는 경우 상대에게 설득당했다는 표현을 할 수 있다. 설득을 당할 때 상대가 말하는 내용보다도 우선하여 누가 설득을 시켰는지가 더 중요한 요인으로 작용하는 것이 일반적인 현상이라 할 수 있다. 자신이 남을 설득할 수 있는 위치에 올라와 있는지가 중요하다고 볼 수 있다. 설득에 있어서 내용보다 사람이 중요하다는 것이 아이러니하다고 볼 수 있으나 현실에서 나타나고 있는 현상이다.

설득하는 사람이 자신과 가깝고 친밀도가 높으며 평소에 공감이 잘되고 있는 사람이라면 더더욱 상대의 말과 논리에 손쉽게 수긍하면서 인정하려는 경향이 앞서게 된다. 평상시 처세가 왜 중요한지를 일깨워 주는 점이라 할 수 있다.

직장에서 업무적으로 누군가를 손쉽게 설득할 수 있다는 것은 굉장한 자산이다. 출근부터 퇴근까지 상대를 설득하고 상대로부터 설득당하는 연속이기 때문이다. 직장에서 설득은 대다수가 직무와 연관이 있는 것이기에 업무의 해박한 지식이 요구된다고 할 수 있다. 직무역량이 있어야 직장 구성원을 설득할 수가 있다.

상대를 설득하기 위해서는 말의 내용에 무언가 강한 임팩트를 주도록 해야 한다. 말하는 내용의 까닭이 선명하게 나타나야 한다. 그렇게 행동할 수밖에 없는 터전이 되는 것에 대해 분명하게 설명할 수 있어야 한다. 무엇을 행했을 경우 이득과 손실을 보게 된다는 것에 대해서도 숙지를 시켜주는 것이 좋다.

또한 알아듣기 쉽게 이야기를 해서 고개를 끄덕이게 하고, 말하는 사람의 주장을 인정하여 실천하게 만들 수 있도록 하는 것이 중요하다. 설득하려는 말의 내용 앞뒤가 이해가 되고 이치에 적합하다는 생각이 들면 설득을 당하기가 수월하게 되어 있다.

남에게 설득을 당하는 것을 부정적으로 볼 필요가 없다. 설득을 당했을 때 상대와 가까워지게 되는 경우가 있기 때문이다. 합당하고 이치에 맞으며 논리적이면 상대의 말을 인정해 주는 것이 올바른 처사다. 정당한 사유 없이 자신의 주장을 배척하고 부인하는 사람과 가까워지기가 어려운 것이 인간관계에서 나타나는 불가피한 현실의 상황이다.

설득을 당한다는 것은 상대방을 믿는다는 것과 같은 뜻이 내포되어 있다고 할 수 있다. 손해 본다는 생각을 순간적으로 가질 수도 있으나 상대를 인정해준 결과이므로 합리적인 사고를 지녔다는 평을 들을 수가 있어서 직장에서 유연한 사고의 소유자라는 말을 듣는다. 단 상대의 말이 논리성이 있고 객관적인 사실에 입각하여 주장한 사실일 때 설득을 당해야 한다는 전제 조건이 밑바탕에 숨어 있다.

비즈니스 파트너와의 협상에서 설득을 당하는 것은 특히 유의해야 한다. 상대의 말이 그럴싸해 보여도 뒤에 숨어 있는 무언가가 있을 수 있기에 그렇다. 기업 간의 비즈니스는 이해관계가 항상 우선이기 때문이다. 서로의 환경과 처지가 다른 상황에서 자신의 이익을 관철하기 위해 상대방을 어떻게든 인정하게 만들어야 하는 비즈니스 협상에서는 갖가지 말을 들어 설득하려고 하기에 냉철한 판단이 요구된다.

어떤 연유로 인해서든지 상대를 설득하고 설득당한다는 것이 간단한 것은 아니기에 직무 지식과 삶의 지혜를 겸비한 직장인이 되도록 해야 한다.

직장인 화술

말을 잘하기 위해서는 상대를 설득시키는 것보다 납득시키는 것이 중요하다. 포괄적인 제안과 표현 대신 구체적이고 상세하게 선택의 폭을 좁혀 주는 화법을 전개하여 상대가 나열된 항목에서 자신의 마음을 표현하도록 하는 것이 필요하다. 강요로 느낄 정도의 강력한 화법에서 탈피해 상대의 의지대로 의사를 결정하게끔 하는 것이 고수들이 사용하는 화술이며 말하는 기법이다. 말하는 사람의 의지가 강할수록 상대는 거부감을 보이게 된다.

직장에서 원활한 소통을 이루기 위해서는 웃음을 잃지 않고 상대에게 칭찬을 아끼지 않으며 수시로 질문을 하는 게 좋다. 또한 진정성 있게 경청을 잘해야 하고 애정과 인내를 가지는 것이 선행되어야 한다. 직장인이 갖추어야 할 첫 번째 역량은 소통 능력이다. 상대방과 소통이 우선적으로 잘 이루어져야 원만한 대인 관계와 업무 능력을 인정받을 수 있는 초석을 다질 수 있기 때문이다.

상하 계급으로 짜인 직장에서 던지는 말 한마디는 업무 효율성을 올리는 데 있어서 큰 비중을 차지하게 된다. 따라서 훈련을 통해서라도 소통 능력을 연마해 놓을 필요성이 있다.

말을 어떻게 하느냐에 따라서 상대에게 주는 신뢰감은 천연지차다. 불필요한 말과 상황에 맞지 않고 도움이 안 되는 쓸데없는 말을 안 하도록 하는 것이 중요하다. 가급적 말수를 줄이고 아끼는 것이 좋은 인상을 심어주는 데 보탬이 된다.

상대와 대화를 할 경우 수시로 물어보고 필요한 것은 메모하는 습관을 지니는 직장인이 되도록 노력할 필요가 있다. 상대의 말에 맞장구를 치고 리액션을 해 주는 것이 원활한 소통을 이루게 하여 상호 친밀도를 높일 수 있다. 그것이 원만한 대인 관계를 유지하게 해주는 초석을 다지는 계기가 됨을 유념하고 대화를 주고받을 수 있어야 한다.

담당 업무는 적당히 하면서 일로 혹은 일 외적으로 만나는 상대에게 말을 함부로 하고 무례하게 행동하면 안 된다. 상대가 불쾌한 감정을 갖도록 하는 직장인은 꼴불견의 표상이다. '말로써 천 냥 빚을 갚는다'는 옛말이 있다. 같은 말이라도 상대에게 호감을 줄 수 있는 대화를 할 때 조직 속에 녹아들어 협업을 통한 업무 성과로 이어지게 됨을 직장인은 명심해야 한다.

비즈니스 파트너와 어떤 안을 가지고 협상을 하게 될 경우 먼저 패를 던지지 말고 양파 같은 모습으로 대하는 것이 유리하다. 양파는 까면 깔수록 새롭다. 상대방이 계속 까고 싶도록 속을 다 보이지 않는 것이 좋다. 내 패를 쉽게 보이지 않아야 한다. 할 듯 말 듯 하면서 기대감을 심어주고 애달게 하는 것이 협상에서 득이 되는 경우가 많다. 말을 어떻게 전개해서 클로징을 하느냐가 중요한 비중을 차지한다.

직장인의 화술은 수익 창출과도 직결된다. 소통을 잘해서 직장인으로서 좋은 평판을 얻고 동료와 잘 어울려 좋은 팀워크를 형성해서 목표를 달성하는 데 일조하는 것이 직장인의 당연한 처사이다. 또한 대외적으로 업무상 많은 협상을 할 경우 회사 이미지를 훼손하지 않고 원하는 목적을 이루도록 심도 있게 상대를 설득할 수 있는 화법을 전개하도록 역량을 갖추어야 한다.

직장에서 말투와 화법은 기회를 잡게 하는 핵심 요소가 될 수 있다. 직장인의 말은 상상 이상의 직무 성과와도 연관되기에 신중을 기하여 사용하도록 해야 한다.

말 상처 치유법

말 상처가 칼 상처보다 오래가고 무서운 법이다. 칼로 상처 입은 부분은 치료가 가능하지만 마음의 상처는 치유가 어렵다. 사람을 미워하면 미워할수록 미워하는 당사자가 더 힘들고 괴롭다. 상대는 자기를 미워하는 것조차 모르고 관심 없이 생활하는데 공연히 혼자 스트레스를 받고 억울해 하며 잠이 들지 못하기가 일쑤다. 불필요한 신경만 써서 매사 무언가 잘 안 풀려 속이 상하는 일이 자주 발생하고 매끄럽게 일을 마무리하기가 어렵게 된다. 결국 자신만 손해를 보게 되기에 남을 미워할 바에 차라리 무관심이 효과적인 방법이 될 수 있다. 애만 태우다가 시일이 지나면 그나마도 부질없음을 알게 되기 때문이다.

직장은 여러 성향의 구성원이 모인 집단이다. 직급도 다르고 출신 지역과 나이 등 제반 부분이 다르기에 누군가와 잘 조화를 이루면서 직무를 수행한다는 것이 만만치 않은 것이 사실이다. 남에게 연기가 아닌 진정으로 배려하는 마음으로 따뜻하게 말하기만 해도 상대가 마음이 문을 열게 하는 데 도움이 된다는 것을 염두에 두고 대화를 할 수 있어야 한다.

뒤끝이 없다며 말을 가리지 않고 하고 싶은 말을 다 하면 본인은 할 말을 다해 마음속이 후련하겠지만 전형적인 이기주의의 행동 스타일이다. 상대는 마음에 깊은 상처를 입기 때문이다.

직장에서 일부 상사가 부하 직원이 받을 상처는 아랑곳하지 않고 자신이 하고 싶은 말을 거침없이 다 해서 사기를 저하시키는 경우가 있다. 이런 상사는 그런 행동을 지속적으로 반복하기에 가슴에 비수가 꽂히는 일이 많다. 회수가 늘고 일이 반복될수록 점점 거리가 멀어져서 마침내 손절하게 되므로 직장 내에서 주의해야 한다.

사람은 자기 수준에 맞게 말하고 행동하며 일생을 살아간다. '끼리끼리 논다'는 말이 유래된 것과 같이 그 수준에서 만족하고 그게 전부이며 최고인 양 생각하며 지내고 그들만의 세계에서 만족감을 느끼는 것이 일반적이다. 어울리는 주변 사람들도 비슷한 수준의 생각을 가지고 있다. 이에 주변 사람들과 서로 편한 사이가 되어 자주 만나 시간을 할애하며 순간의 만족감을 갖기를 원하게 된다.

이처럼 사람들은 편안함과 동질감을 갈망하고 추구하며 살기를 희망하게 되어 있다. 누군가에게 자신을 좋은 이미지나 나쁜 이미지로 각인시키기 위해서 고려할 첫 번째가 말을 어떤 식으로 해서 상대에게 호감 내지 불편함을 주느냐이다. 말을 잘해야 한다는 것을 마음속에 새기고 직장 생활을 해야 하는 이유다.

직장인이 사적인 자리에서는 상황에 맞게 화젯거리를 도출해 내고 좌중을 폭소하게 만들며 분위기를 주도할 수 있어야 인기가 좋다. 상대의 수준에 맞게 언어를 구사하며 나와 일치감을 느끼게 해줄 때 상대에게 친숙감을 느끼게 되며 마음의 문을 열어 서로 유대감을 주고받을 수가 있다. 상대방이 쌓은 학식과 교양에 맞출 줄 아는 사람이 말을 잘하는 사람이다.

진정한 대화의 승리자는 상대가 자신을 화나게 했어도 직접적으로 비수를 꽂는 말을 하지 않고 유추하게끔 헷갈리게 말한다. 이로써 자리를 뜬 후 상대가 곰곰이 생각하게 만들어 말의 속뜻을 알아차리게 하여 뉘우치는 분위기를 유도한다. 감정을 다스리지 못해 즉각적인 반응을 보이며 톤을 높이고 화를 내면 오히려 강도가 약해지고 듣는 사람은 쉽게 잊게 된다. 분을 삭이지 못하고 어리석은 행동을 하는 것은 하수들에게서 나타나는 일반적인 현상이다.

생각 정리

생각은 '실제로 보고 듣고 스스로 겪은 것, 일정한 기준과 논리에 의거해 가치와 관계를 결정한 것, 지난 일에 대해 머릿속에 새겨진 것을 되살려 내서 분별하여 해석한 것 등을 말로 표현하기 전에 마음속에 담고 있는 것'을 말한다.

말을 하기 전에 머릿속에서 무슨 말을 어떻게 하고 어느 시기에 끼어들면서 말하고 어떤 식으로 결론을 내려서 마무리해야겠다는 생각을 하고 말하는 것이 말의 정석이라 할 수 있지만 실상 대화에서 이렇게 한다는 것은 결코 쉬운 일이 아니다. 생각을 정리해서 딱 짜여진 대로 말을 해야지 하면서도 막상 말을 하게 될 때는 다른 방향으로 화제가 가고 상황이 전개되기 때문에 할 수가 없는 것이 현실이다.

사람은 누구나 감정이 앞설 수밖에 없기에 상대의 불편한 말에 즉각 반응을 보이게 돼서 전혀 생각지 못한 흐름이 대화가 이루어지게 된다. 그 때문에 생각을 정리해서 말을 한다는 것이 일상적인 소통을 할 때는 앞뒤가 맞지 않는 표현이라 할 수 있다. 하지만 업무적으로 일을 추진할 경우 상사에게 보고를 한다든지 어떤 프로젝트에 의해서 발표를 하게 될 때는 생각 정리에 의한 의사 전달이 가능하다.

머릿속을 정리하고 말을 한다는 것은 '상대가 누구냐'와 '언제 어떤 방식으로 왜 만나서 대화를 하느냐'에 따라서 가능 여부가 달려 있다고 할 수 있다. 대화 초기에는 생각을 정리해서 말을 할 수가 있다. 말의 도입 부분에서는 사람을 만났을 때 이렇게 말을 해야겠다고 각본을 짠 후 그대로 실행을 할 수가 있다. 하지만 상대가 말을 받고 하게 되는 순간부터 대화 자체가 처음 의도와는 다르게 흘러가게 되는 것이 다반사다. 그 때문에 생각을 정리한 대로 말한다는 것이 힘든 일이라고 말할 수 있다.

사실 생각을 정리한다는 것 자체도 쉬운 일이 아니다. 고도의 기술을 요하는 일이다. 평소에 책을 많이 접해서 글쓰기와 말하기 훈련이 되어 있어야 손쉽게 할 수 있는 행동이다. 현실적으로 생각을 정리해서 말을 한다는 것이 만만치 않더라도 꾸준하게 연습하여 조금씩 실행해 보는 것이 말실수를 안 하고 호감 받는 직장인이 되는 길이다.

직장에서 잘나가는 직장인은 생각 정리의 장애 요인을 극복해서 조리 있게 논리적으로 말한다. 상대가 불편해하지 않게 하면서 자신이 하고 싶은 말을 다하려고 무진 애를 쓴다는 것이다. 생각을 잘 정리하기 위해서는 말을 할 내용을 잘게 세분화하는 것이 좋다.

확실한 진실을 말할 때 생각이 정리되게 되어 있다. 많은 생각을 하게 될 때 오히려 머릿속이 텅텅 비어 있는 느낌이 들게 될 수 있다. 상대에게 궁금한 것은 질문하고, 상대의 궁금증에 답을 줄 수 있어야 하고, 호감을 주며 대화 내용이 무언가 이득이 된다는 생각을 심어 주어야 한다. 아무런 생각이 없이 즉흥적으로 말을 하게 되면 믿음이 사라지게 되고 실수를 하게 된다. 강의를 잘하는 사람이 암기보다는 말할 내용을 머릿속에 잘 이해시켜 놓고 키워드를 정리해서 풀어가는 것을 알 수 있을 것이다. 생각 정리의 중요성을 알려주는 대목이다.

생각을 정리해서 처음부터 끝까지 말을 한다는 것이 말도 안 되는 이야기라 할 수 있다. 하지만 대화를 할 때 말의 본질을 머릿속에 지니면서 말하는 것은 충분히 가능한 일이다. 전체 말의 맥락을 가지고 대화를 유도해 가야 핵심적인 말을 전해서 얻고자 하는 것을 취할 수가 있음을 직장인은 인지하고 대화를 할 필요가 있다.

강의 기술

하얀 종이를 주고 머리에 있는 지식을 풀어 쓰라고 하면 잘하는데 종이에 적은 내용을 여럿 앞에서 말로 하라고 하면 제대로 전달하지 못하는 경우가 생각보다 많다. 실력은 있는데 학생들 앞에서 강의 평이 안 좋게 나는 경우와 같은 상황이다. 글로 쓰는 것처럼 지식을 다 전하지 못하는 사례이다. 명강사는 자신의 지식을 전달하는 것이 아니고 청중이 알아듣고 이해하기 쉽게 전하고자 하는 내용을 전할 수 있어야 한다. 강의를 하는 것과 대화를 하는 것이 본질적으로 다른 데서 오는 차이다.

많은 청중 앞에서 말을 할 때는 우선 주위를 환기할 수 있는 아이스브레이킹을 할 수 있어야 한다. 공통적인 어휘와 이슈를 다뤄서 일체감을 조성시키는 것이 필요하다. 사회자에게 소개받고 강단으로 걸어갈 때부터 강사에 대한 평이 시작된다고 보아야 한다. 마이크를 잡자마자 방금 소개받은 누구입니다 라고 말하는 것은 지양해야 한다. 자신의 소개보다 주위를 환기시킬 수 경험담과 작금의 시대적인 사항을 이야깃거리로 전해 주는 것이 효과적인 강의법이다.

목소리 톤을 되도록 낮게 하면서 말을 천천히 하는 것이 좋다. 대중 속으로 강의 내용이 스며들게 하는 방법이다. 강의는 지식과 지혜에 대한 정보를 전달해주는 것이다. 핵심적이고 중요한 부분에 대해서는 강조를 해주고 목소리의 높음과 낮음을 적절하게 조율해서 말을 할 수 있어야 한다. 말의 느림과 빠름을 상황에 맞게 적용하면서 표현하는 것도 놓쳐서는 안 된다. 말의 완급 조절이 있어야 내용에 대한 이해가 빠르게 되기 때문이다.

강의 시 사회자가 일상적으로 강사 소개를 해주기 때문에 반복해서 자기소개할 필요가 없으며 특별한 내용을 부각하는 것이 효과적인 강사 소개법이다. 흔히 강사들이 예를 들어 "식사하셨나요?"라는 질문을 던지는 경우가 많은데 피해야 할 부분이다. 누구나 하는 물음이라 식상하기에 듣는 입장에서 저 강사도 다른 강사와 똑같고 별다른 것이 없을 것 같다는 인식을 줄 우려가 있어서이다.

스토리텔링은 강사가 사용해야 할 필수 요소이다. 자신의 경험담과 청중이 겪고 있는 최근의 사회적인 이슈를 전하면서 공동체 의식을 갖게 하는 것이 본 강의로 진입할 때 시선을 끌어모아서 좋은 반응을 오게 할 수 있다. 강의를 듣고 난 후 어떤 것이 나아지고 좋아질 거라는 확신을 주며 강조하는 것도 좋은 강의법이다.

강의는 강사와 청중 및 강의안에 따라 명강의를 들었다, 아니다가 판가름나게 된다. 청중 대부분이 강의 주제와 관련이 있을 때 '강의'를 한다고 하고, 주제가 일상적이며 강의를 듣는 사람이 불특정 다수일 경우 '강연'을 한다고 표현하는 것이 보편적이다.

명강사가 되려면 다방면으로 풍부한 지식을 지니고 있어야 한다. 또한 의사 전달을 명확하게 하여서 듣는 사람들이 직접적으로 공감하도록 하는 기술이 필요하다. 강사에게 풍기는 이미지와 분위기가 요구되며 강의장의 제반 환경과 여건도 무시하지 못한다고 할 수 있다.

자신감 있고 확신에 찬 말투는 말을 전하는 어느 경우에서도 필수적인 요소이다. 청중의 정도에 맞는 언어와 내용을 전달할 수 있는 능력도 갖추고 있어야 한다. 주부를 대상으로 강의할 경우와 직장인 대상 또는 전문직을 대상으로 할 때는 그곳의 환경에 적합한 언어와 제스처를 구사할 줄 알아야 명강사 소리를 들을 수 있다. 즉 청중이 알기 쉽게 이해하여 무언가 뇌리에 남게 만드는 강의가 최고의 강의라 할 수가 있다.

프레젠테이션 법칙

프레젠테이션은 특정한 사업이나 프로젝트를 달성하기 위한 계획 및 세부 추진안과 새로운 제품에 대한 설명 등을 여러 사람 앞에서 발표하는 것이다. 발표하는 사람이 자기 생각과 경험을 명확히 전달하여 듣는 사람들로 하여금 최적의 안을 결정케 하기 위한 의사소통 방식이기도 하다.

프레젠테이션을 하기 위해서는 먼저 누구를 대상으로 하고, 어느 장소에서 하고, 왜 하는지에 대한 기획안을 작성해야 한다. 다음 단계로 핵심사항을 알리고 설득할 수 있는 근거 자료와 디자인 및 페이지 수를 정해야 한다. 완성된 자료를 발표 시 자신감 있게 중요 사항을 간결하고 명료하게 전할 수 있어야 한다.

직장인은 업무적으로 남 앞에서 발표할 기회가 많이 주어진다. 앉은 상태에서 주고받는 대화는 능수능란하게 하는데 유독 여럿이 모인 공간에서 서서 말하게 되면 앞이 캄캄해져서 제대로 말을 전하지 못하고 내려오는 직장인이 의외로 많다. 전체를 하나로 모아 집중시켜 전달하고 싶은 내용을 전할 수 있는 능력을 갖추고 있으면 직장에서 인정받는 데 유리한 입장에 놓일 수 있다. 남이 못 가지는 경쟁력을 보유할 수 있는 것이 프레젠테이션 능력이다.

프레젠테이션을 잘하기 위해서는 10：20：30 법칙을 준수해야 한다.

ppt 자료를 10장 내외로 20포인트 글자 크기로 작성하여 30분 내외로 발표를 마치는 것이 최상의 프레젠테이션이다.

발표를 잘하려면 올바른 자세가 중요한데 전체를 보는 시선 처리, 마이크 거리, 양쪽 발의 폭, 제스처, 발의 움직임을 유연하고 자연스럽게 할 때 전하고자 하는 전달 내용을 임팩트 있게 말할 수 있다. 유머를 언제 어떻게 어느 정도까지 사용하면서 청중을 하나로 집중하게 할 수 있느냐가 주요 핵심을 전달할 수 있는 포인트가 될 수 있다.

직장인이 프레젠테이션 능력을 갖추면 짧은 시간에 불특정 다수에게 어필함으로써 인정받을 기회가 많이 주어지게 되어 있다. 발표할 기획안은 뜬구름 잡는 내용이 아닌 현실적이고 효율적으로 실행에 옮길 수 있는 내용으로 작성해야 한다. 이해가 쉬우며 상대가 수긍할 수 있도록 논리 정연하게 설명하고 전달해야 소기의 성과를 달성할 수 있다. 프레젠테이션을 잘하기 위해서 평소에 남 앞에서 자연스럽게 발표를 자주 해 보아야 한다.

많은 사람이 모인 곳에서 불현듯 지목당해 의사 표현할 기회가 주어졌을 때 당황하지 않고 의사 표시를 당당히 할 수 있으면 말을 잘한다는 소리를 들을 수 있다. 준비된 발표는 누구나 잘할 수 있지만 예기치 않은 상황에서 갑작스럽게 대중 속에서 자기 의견을 발표하는 것은 평소에 실력을 갖추고 있어야만 가능하다.

일대일로 말을 하거나 적은 인원과 앉아서 말을 주고받을 경우에 소통을 잘할 때보다 여럿이 모인 공간에서 발표를 잘할 때 상대가 느끼는 감정이 달라지고 훨씬 더 높이 평가한다. 왠지 직무에 대한 우수한 역량을 지니고 있을 것 같다는 예견이 들게 한다. 대중에게 연설을 잘해서 나라의 지도자가 되는 경우가 있는 것처럼 직장에서 프레젠테이션 능력을 갖추고 있다는 것은 직장인으로서 큰 자산이다. 직장에서 입사 시험 시 발표 능력을 보는 이유도 여기에 있다고 할 수 있다.

성공적인 프레젠테이션을 하려면 뜬구름 잡는 말을 하지 말고 실질적이고 사실에 입각한 내용을 전해야 한다. 듣는 대상자의 눈을 마주치며 말하고 내용은 간결할수록 좋으며 질의응답 시간은 발표를 마친 후에 두기보다는 중간중간에 질문을 받고 대답을 해주는 것이 훨씬 효과적이다.

즉시! 반드시!

실행력의 개념

생각하고 있는 것을 실제적으로 실천하는 능력을 실행력이라 한다. 좋은 아이디어보다도 선행되어야 하는 것이 실행력이다. 너무 많은 생각을 하고 완벽하게 일을 해내겠다는 생각이 앞서면 실행하는 데 제약이 따르게 되어 있다. 완벽과 실행은 비례하지 않는다.

시대가 급속도로 변화하기에 장기 계획을 세웠을 시 계획한 대로 실행한다는 것 자체가 힘들다. 눈앞의 계획이 실행하는 데 유리한 면이 있다. 단기 계획을 상세하고 구체적으로, 현장에서 실천할 수 있는 사항으로 수립하여 실천하는 것이 성과를 내는 데 좋다.

직장은 실행력을 최우선으로 하는 조직이다. 무슨 일이든 실천을 통해서만 수익이 발생할 수 있기 때문이다. 어떤 일이 떠올랐을 때 실행하는 것도 중요하지만 성과를 낼 수 있도록 실행하는 것이 더 중요하다고 말할 수 있다. 실행을 하되 효율적이고 효과적으로 할 수 있어야 한다. 실행은 할수록 능률적인 방식을 터득하게 되어 있으므로 시도를 하는 것 자체가 우선시 되는 것이 중요하다.

실행할 계획에 대해서 기초적인 안을 수립하는 것부터 실행은 시작된다고 할 수 있다. 무슨 일을 어떻게 해야겠다는 계획 수립을 한 후 실행을 할 경우에 시행착오를 덜 하고 좋은 성과를 거둘 수가 있다. 무작정 실천하는 것을 지양하고 철저한 실행안을 먼저 만들어서 효과적으로 실천하도록 해야 한다.

직장은 스스로 효율적인 실행안을 수립한 후 실행하는 경우와 타인이 수립해놓은 실행안에 의거한 실행을 할 경우가 있다. 어떤 경우라도 실행하는 사람의 역할에 따라 성과가 다르게 나타난다. 최적의 실행력을 보이는 직장인이 결국 동료보다 빠르게 승진하게 될 기회를 잡게 되어 있다. 어떤 직무를 수행하거나 완벽하게 업무 완수를 하면 직장에서 인정받기가 수월한 것이 자명한 사실이다.

실행은 스스로 해야 하는 경우와 타인을 움직여서 하게끔 만드는 경우가 있다. 기업이 가지는 속성에 의해 다르게 되나, 효과적인 성과를 내기 위해서는 어떻게든 현장에서 움직여서 행동해야 한다. 적당한 실행이 아닌 실제적인 성과를 창출하기 위한 강력한 실행력을 보여야만 기대한 목적 달성을 할 수가 있다.

직장에서의 실행력은 개인이 사적으로 하는 일에서의 실행력과 상이하다. 개인이 무언가 실천하여 실패했을 시에는 다시 새겨서 같은 과오를 범하지 않도록 하며 재실행을 하면 된다. 하지만 회사에서의 실행 실패는 금전적으로 크나큰 손실을 초래하게 될 수 있으므로 직장인은 성공적인 실행을 할 수 있는 능력을 갖추고 있어야 한다.

개인적인 실행과 직장에서의 실행은 다르다. 업종별로 약간의 차이가 있을 수는 있으나 임직원의 실행력에 따라서 기업의 성과가 현저히 차이가 난다. 현장에서 올바른 실행력은 목표를 달성하는 데 중요한 요소이다. 기획을 아무리 잘했어도 일선에서 실천하지 않으면 무용지물이 된다. 실행력이 강한 본사가 경쟁력을 가지게 되어 있다. 기업에서 실행력을 높일 수 있도록 직무 교육을 하고 부서 간 협업을 통해서 현장 강화를 하는 이유가 여기에 있다고 볼 수 있다.

직장인은 기업 목표를 달성할 수 있는 실행력을 가지는 것이 중요하다. 직장에서 실행력은 직접 자신이 실행하는 것도 있지만 상대방을 이해시키고 설득시켜서 대신 실행하게 만드는 것도 있다. 어느 방법을 취하든지 실행하고 시키는 사람의 역량에 따라 목표 달성 여부가 달려있으므로 직장인이 필수적으로 갖추고 있어야 할 역량이 실행력이다.

빠른 시도

직장에서 상사로부터 업무 지침을 받았을 시는 즉시 실행한다는 생각을 지녀야 하고 실천하여야 한다. 잠시 생각에 잠기거나 조금 있다 하면 되겠지 하는 마음을 가지는 순간에 실행력은 약화될 수밖에 없다. 직장에서 예기치 않게 발생하는 일이 많고 또 다른 일이 차상위 상사로부터 하달될 수가 있어서 할 일을 놓치게 되는 경우가 많기 때문이다.

즉시 실행하는 것은 개인의 성향에 의해 상이할 수 있지만 일에 접근하는 자세와 태도에 의해서도 비롯된다. 직장 상사는 자신이 하달한 업무를 즉시 실행해 가지고 와서 보고하는 직원을 인정하게 되어 있다. 나무랄 것이 없이 완벽히 직무를 완성하면 더할 나위가 없겠지만 시일이 오래 걸리지 않고 마무리해서 보고한다는 자체로도 일단은 점수를 따고 들어가게 되는 것이 직장 일이다. 즉시 실행하면서 제대로 하는 것은 경험에 의해 노하우가 쌓이게 되어 있으므로 즉시 실천하는 직장인이 될 수 있도록 노력해야 한다.

머릿속에 많은 생각을 하면 강력한 실행력을 보이기가 현실적으로 어렵다. 실천이 생각을 앞서야만 실행력을 높일 수가 있다. '하고 보아야 한다'는 마음 자세를 가지는 것이 필요하다. 실천한 후 실패했을 시 피드백하고 같은 실수를 하지 않도록 하는 것이 중요하다. 단 기업에서는 한 번의 잘못된 실행으로 인해서 미치는 손실이 막대하기에 철두철미한 계획 하에 실행해야 한다. 성과를 낼 수 있는 강력한 실행력이 요구되는 이유다.

사실적으로 직장인의 실행은 지시에 의하거나 결정된 경영 정책과 방침에 의거해 실행하는 것이 대부분이다. 즉 정해진 것을 현장에 적용하여 실천하는 것이 주를 이룬다고 할 수 있다. 회사의 시스템과 추구하는 목적을 이해하고 실천하는 능력을 필요로 하는 곳이 직장이다. 머리보다는 몸으로 행동을 먼저 한다는 생각을 지녀야 실행력이 강화될 수 있지만 여기서 간과해서는 안 될 점은 무조건적인 실천을 하기보다 성과를 창출할 수 있는 실행을 해야 한다는 것이다. 특별히 직장인은 더욱 중요시해야 할 사항이다.

실행력을 높이는 데 최대의 장애 요인이 실행 초기 단계에서 '해야 되나' 하고 머뭇거린다는 것이다. 하지 말아야 할 행동이다. '즉시 한다.' 라는 말이 맞는 표현이다. 그래야 가부 결론이 나올 수 있어서다. 가끔 은 학창 시절에 시험 일자가 임박하여 벼락치기 공부를 하는 것이 오히 려 효과를 보는 경우가 있는 것과 같은 개념이라고 보면 된다.

완전무결하게 끝내야 한다는 생각을 버리는 것도 실행력을 높이는 방법이다. 무언가를 이룰 생각이 있다면 속된 표현으로 죽이 되든 밥이 되든 시도를 해 봐야 한다. 성공한 리더와 그렇지 못한 리더의 간극이 발생하는 이유는 빠른 시도에서 비롯된다고 할 수 있다. 미미하게 보일 것 같은데도 실행의 시기에 따라 결과는 엄청나게 큰 차이를 보이게 된 다. 리더로부터 입증된 결과다.

주어진 일을 처리할 경우에 신속하게 업무를 추진하는 직장인을 인 정하지 않는 상사는 거의 없다. 일에 대한 결과의 평가는 차후 문제다. 시시비비는 향후에 가려도 늦지 않은데 시기를 놓쳐서 일을 그르치는 경우는 변명의 여지가 없게 되는 것이 직장의 실상이기에 직무를 이행 하면서 때를 놓치지 않도록 유념해야 한다.

기한 확정

언제까지 실행해서 완성하겠다는 마음을 가지고 추진하는 태도가 있어야 실행력이 좋다는 평을 들을 수가 있다. 종료 시점이 없이 실천하 다 보면 끝맺음이 명확하지 않아 강력한 실행력을 발휘하기가 힘들다.

기한을 정해 놓아야 집중이 되고 한곳으로 기량을 모아서 성과를 낼 수가 있다.

직장에서 자신에게 내려진 미션을 수행할 경우 상사가 언제까지 하라고 날짜를 지정해 주었을 경우와 그냥 지침을 주는 경우가 있다. 개인의 능력에 따라 정해진 날짜까지 실행하지 못하는 직장인이 있는 반면에 상사가 기대하는 날보다도 더 빠르게 완수하는 직장인이 있다. 실행력에서 오는 결과이다. 여기에는 물론 직무 능력이 우선으로 선행되어야만 가능하다. 이처럼 직장 생활에서 주어진 직무에 대한 업무 능력을 갖추는 것이 무슨 일을 하든지 우선해야 한다. 이 대목은 직장인이라면 항시 염두에 두어야 할 부분이다.

직무를 이행하기 전에 오늘 할 일과 한 주간에 할 일을 기록하여 정리해 놓는 것이 좋다. 일의 우선순위를 정하고 그것에 맞게 실행하는 것을 일상생활화해야 한다. 모든 일에는 '중요하고 급한 일'과 '중요하지는 않지만 급한 일'이 있다. 또한 '중요한데 급하지 않은 일'과 '중요하지도 않으면서 급하지도 않은 일'이 있다. 여기서 유의할 부분은 중요하고 급한 일을 만들어서는 안 된다는 것이다. 사전에 중요하고 급한 일이 생기도록 방치해 놓았다는 것이 더 큰 문제이다.

직무를 수행하다 보면 정말 중요하고 급한 일이 생길 때가 있다. 이 때 실행력이 있는 직장인은 모든 역량을 발휘하여 빠른 시간 안에 실행하여 회사에서 인정을 더 받게 되는 계기로 삼는다는 것이다. 반면에 실행력이 부족한 직장인은 당황한 기색이 역력하여 효율적으로 업무 처리를 하지 못하게 되어 있다. 평소 훈련되고 습관화된 결과라 할 수 있다.

직장 일은 다 때가 있다. 업무를 완수해야 할 시기가 있기에 제한된 날짜 안에 주어진 일을 효율적으로 끝내는 직장인이 인정받게 되어 있다.

직장에서 해결하고 추진해야 할 일이 수시로 많이 생기고 정기적으로 실행해야 할 일이 있다. 막연하게 시간이 가거나 말거나 하는 대로 해서 끝내면 되겠지 하는 생각으로 일에 접근하고 실행하게 되면 기대하는 성과를 낼 수 없음은 물론이고 효율적이지 못한 결과를 초래하게 된다.

어떤 일이나 끝내는 일정을 잡은 후 시도하는 습관을 가지고 실행하는 자세가 직장인에게는 절대적으로 요구되는 부분이다. 능력이 있는 사람을 평할 경우 같은 과제를 주었을 시 누가 효과적으로 신속히 완결 짓는가를 보기 때문이다. 모든 일은 기한이 정해져 있다. 실행할 때 해야 하고 끝내야 할 때 끝내버려야 기대하는 바를 이룰 수가 있게 되어 있다. 그래야 일에 대한 집중력이 생기게 되고 올바른 선택을 하는 데 좋다는 것을 직장인은 염두에 두고 있어야 한다.

일이라는 것이 대부분 실천할 때와 완결지어야 할 시기가 있다. 프로 직장인은 끝내야 할 시기를 미리 정해놓은 상태에서 그 시일 동안 마무리하기 위해 온 전력을 다한다. 막연한 추진 일정은 아예 머릿속에 남겨 두지 않는다.

실행 의지

직장에서 상사의 눈에 들기 위해서는 의도하고 세운 목표를 달성하고 말겠다는 강한 마음이 있어야 한다. 적극적으로 실행할 단초를 제공해 주기 때문이다. 꼭 이룬다는 생각을 가진 상태에서 실천하는 것과 확실한 목표가 없이 실행했을 때의 결과는 크게 다르게 나타날 수밖에 없다. 실행하여 성과를 낸다는 것은 할 수 있다는 굳은 신념을 지녀야 한다는 관념에서 비롯된다고 할 수 있다. 사실상 직장에서 실행하는 것들은 회사의 내규에 의해 정해진 직무를 수행하거나 상사의 지시에 의해 행해지는 일이 대부분이다. 자의에 의해서 어떤 일을 추진하여 기획하고 실천하여 성과를 내는 경우도 있지만 드문 케이스다. 역량이 있는 직장인이라야 실행할 수 있는 일이고 여건이 조성되어 있는 경우 가능한 일이다.

의무감과 책무에서 비롯되어 실행할 때와 성과를 내기 위해 실행하는 경우의 결과는 판이하게 다른 성과물이 나오게 되어 있다. 이루어 내겠다는 의지와 다짐의 결과다. 인정받는 직장인은 무슨 일을 하거나 반드시 결과물을 가져온다는 마음이 강하다. 적극적인 실행 의지가 있어야 성과가 나온다는 것을 증명해 준다고 단언할 수 있는 이유다.

직장 일을 하다 보면 하기 싫고 해결하기가 만만치 않은 일들이 있다. 이런 일을 먼저 하는 것이 실행 의지를 높이는 지름길이다. 실천해야 할 일이 있을 시 아리송하고 잘 모르겠으면 동료 및 선배에게 물어서 확실하게 내 것으로 만들어 놓는 것도 하나의 방법이다.

남을 지도하는 것은 행동에서 비롯되게 되어 있다. 리더십은 행동에서 비롯된다는 말과도 같다. 창의적인 생각도 중요하나 기대하는 결과를 만들어 내게 되는 것은 실행 의지가 얼마나 있느냐에 달려 있는 것이다. 유능한 직장인과 속칭 직장에서 잘나간다는 평을 듣고 인정받는 직장인은 모두 실행력이 좋다는 공통점이 있다. 결과물을 내어야 믿음을 주어서 신뢰를 받게 되는데 실행하여 성과를 낸다는 의지가 강해야만 가능하게 되기 때문이다. 머리가 안 좋으면 손과 발이 고생한다는 말이 있다. 대책이 없는 무조건적인 시도를 지양하고 현실적이고 생산적인 실행 계획을 수립하여 실행하는 직장인이 되어야 한다. 자신이 직접 실행해서 성과를 내는 경우와 타인을 설득해서 실행하게끔 만드는 경우를 잘 구분하여 실행해야 한다.

직무를 수행하다 보면 일의 중요도에 따라 스스로 판단하여 실행하는 시기와 강도 등을 결정하고 시도하는 것이 일반적인 직장인의 행동이다. 여기서 개인의 역량에 따라 일의 순서와 실행 강도가 정해진다고 할 수 있다. 상사의 지시에 따라 해야 할 일을 우선순위를 정해서 실시하는 것이 보편적이다.

어느 순간에는 동시에 여러 상사로부터 업무 하달이 되는 경우가 있다. 무엇을 먼저 실행해야 할지 난감한 상황에 처하는 경우가 직장에서 빈번하게 발생하고 있는 것이 현실이다. 직속 상사에게 차상위자로부터 이런 내용의 업무 지시가 있었다는 것을 사전 보고하고 일의 순서를 정하는 것이 현명한 처사다. 실행력 강화를 위해서 놓치지 말아야 할 부분이다. 실행 의지를 갖게 되는 비결이기 때문이다.

이 일을 했을 때 어떤 결과가 도래되어 성과를 이루게 된다는 것을 예측하고 실천하는 태도를 가져야 한다. 그래야 실행해서 인정받겠다는 의지가 수반된다고 할 수 있다. 당연시하는 실천에서 벗어나 실행으로 인해 향후 발생하는 것들에 대해 그림을 그리면서 강력한 실행 의지를 갖도록 해야 한다. 직장인이 마음속에 새기면서 직무 수행을 해야 할 부분이다.

실행력 향상법

어느 일이나 결과를 얻으려면 실행을 해야 한다는 것을 알면서도 생각과 염려가 앞서서 실행하지 못하는 경우가 많다. 머릿속에서는 해야지 하고 마음먹지만 막상 실행하려고 하면 이런저런 이유로 망설이게 되고 포기하는 것이 현실이다. 직장은 상사의 지시에 의해 움직이는 것이 다반사이기에 실행을 안 할 수가 없는데 실행을 하되 강력한 실행력을 보이지 못해 성과물이 미진하고 원하는 대로 이루지 못하는 경우가 많다.

앞만 보고 공격적으로 추진할 때 의외의 성과를 내게 되는 사례가 생각보다 많은 것이 현실이다. 사회적으로 성공 반열에 오른 사람의 대다수는 생각한 것을 실행할 때는 단순하게 접근해서 '하고 본다'는 공통점을 가지고 있다. 성공과 실패가 교차할 수 있지만, 나중 일을 고민하기보다는 실행한 후에 결과를 담담히 받아들이는 것에 무게를 더 둔다는 것이다. 이것이 실행력을 향상하는 무기이므로 직장인은 염두에 두고 행동에 옮길 수 있어야 한다. 직장에서 성과를 내어 인정받을 수 있는 비책이기 때문이다.

무엇에 관해서든 시도를 안 한 상황에서 좋고 나쁘다 평가하고 성패를 미리 예단한다는 것은 어리석은 짓이다. 직접 실천해 보아야 확실한 평가가 이루어지게 되어 있기 때문이다. 실행력을 향상하기 위해서 뾰족한 해법이 있다고 단언하기 힘든 이유다.

결과 여부에 무게 중심을 두지 말고 일단 실행하는 쪽에 초점을 맞추는 사고를 하는 것이 중요하다. 실천 계획이 나왔을 경우 실행안에 대해서 여러 생각을 하고 추측하지 말고 과감하게 실천한다는 사고를 갖도록 해야 한다. 계획이라는 것이 완벽하다고 할 수 없고 언제든지 변경 가능하기 때문이다. 실행력을 키우기 위해서는 실천하는 첫 단계에서부터 많은 생각과 우려를 하지 말아야 한다. 계획한 것에 집착하는 태도를 버려야 하고 무엇이 좋은 것인지는 실행을 해 보아야 알 수 있다는 생각을 우선적으로 지니는 것이 필요하다.

해야 한다는 생각이 났을 경우 시도해 보려는 자세를 가지고 실제 행해보는 것이 실행력을 높이는데 좋다. 모든 일을 완벽하게 해야 한다는 생각을 가지는 순간부터 강력한 실행력을 보인다는 것이 어렵게 된다. '의도하는 대로 안 되면 어떻게 하지' 하는 생각을 떨쳐버리고 일단 해 보는 자세가 있어야만 실행하는 것에 익숙해지게 된다. 물론 일의 중요도에 따라 사전에 철저하게 여러 번 검토 후에 실행안을 수립해서 현장에서 실행해야 하는 경우에는 예외다.

실행력이 좋은 직장인을 많이 둔 기업은 성과를 잘 내게 되어 있다. 왜 강력한 실행력을 기업에서 요구하는지를 알 수 있게 해주는 대목이다.

실행력을 효율적으로 높이기 위해서는 원하는 목표에 대해 세분화하여 중요도가 적은 것부터 실천하겠다는 생각을 하고 실행안을 수립하는 것이 필요하다. 실천했을 경우 결과물이 나오게 되어 어떠한 이익이 오게 되고 환경이 변화된다는 상상과 생각을 구체적으로 해 보는 것도 실행력을 높이는 데 도움이 된다. 실행을 하면서 실행에 대해 수행하고 있는 상태를 체크할 수 있는 목록을 만들어서 사용하는 것도 유익한 방법이다.

실행 계획을 수립할 때 순서에 입각하여 실천하는 것에서 벗어나 때로는 거꾸로 나중에 세운 실행안을 우선으로 해보는 것도 실행력 강화에 좋을 수가 있다. 실행력은 간접적인 경험을 통해 높인다는 것이 말처럼 수월하지 않다. 현재 처한 환경을 개선해서 동기 유발을 할 수 있는 외부 환경적인 요인에 변화를 주는 자극을 통해 현장 실행에 대한 실천력을 높게 만들어 주는 것도 필요하다 할 수 있다.

관계 :
원만한 대인 관계도 업무의 일부다

직장의 대인 관계

타인과 서로 연결되어 얽혀 있는 것을 관계라고 한다. 관계는 사회 어디서나 세상을 살면서 항시 존재한다. 직장에서 동료와의 관계에 따라 평판과 협업을 통한 업무 성과와 직장에서 위치가 판이해지게 되어 있다.

직장에서 동료나 상사와 좋은 관계를 잘 유지하려면 상대의 입장에서 생각한다는 마음을 가지는 것이 우선으로 취해야 할 자세다. 상대의 좋은 점을 칭찬해 주고 잘 들어주는 것이 원만한 관계를 설정하는데 유리하다. 진실한 소통을 통해 상대를 이롭게 한다는 자세로 동료와 어울려야 상호 에너지를 교류하게 되어 직장 내 평판이 좋게 날 확률이 높다.

직장은 친목 집단이 아니기에 사사로운 감정을 앞세워 지나치게 형제자매 같은 사이로 전락하지 않도록 해야 한다. 사내에서 편 가르기가 되어 버리면 팀워크를 이루는 데 장애 요소로 남게 돼서 좋지 않은 결과를 초래하게 되므로 유의할 필요가 있다.

팀 내 팀원이 홀수로 구성될 경우에 따돌림을 당하는 팀원이 생기게 되는 경우가 있다. 인원이 적은 부서는 짝수로 구성하는 것이 팀 분위기를 좋게 하는 데 효과적이다. 직장에서는 선배 및 동료와 적당한 거리감을 유지해야 일의 성과가 나오게 되어 있다. 직장은 이익 집단이기에 성과 창출에 힘을 합쳐야 하는데 필요 이상으로 가까운 사이가 되면 상대 말을 무조건적으로 수긍하는 일이 발생할 수 있어서 비생산적인 업무 처리가 될 수 있기 때문이다.

같은 직장에서 함께 일하는 사람을 동료라고 부른다. 직장에서의 대인 관계는 일반 사회에서의 대인 관계와는 무언가 다른 성질을 내포하고 있다. 직장에서는 공통의 이익·목적을 달성하기 위해 서로의 지혜와 역량을 모아 실천해 간다.

직장의 인간관계는 그 과정에서 상대를 배려하고 존중해 주면서 상호 원만한 상태를 유지해 가는 것을 뜻한다. 직장에서는 상사, 동료, 후배와의 관계 설정이 중요하다. 직장 상사와는 관계를 어떻게 만든다기보다는 상사 스타일에 맞추어 가면서 직무를 수행하는 형태여야 한다. 후배와는 지도해주고 품어주는 선배로서의 직장 관계를 유지 할 수 있어야 한다.

직장 내에는 일은 잘하는데 왠지 마음에 쏙 들지 않는 직원이 있는 반면 일은 좀 미흡해도 관심이 가고 인정해 주고 싶은 직원이 있다. 시키는 일을 잘해도 미운 사람이 있고 업무 수행 능력이 뒤처져도 믿음이 가고 오래 같이 가고 싶은 사람이 있다. 평소의 대인 관계가 이처럼 직장에서는 큰 영향을 미치므로 관계 설정에 유념하고 근무해야 한다.

직장에서는 동료와 업무적으로 협조를 구하면서 추진해야 할 일이 다반사이다. 업무적으로 사사건건 태클을 걸고 부딪치게 하는 동료가 어느 조직이고 있는 것이 일반적인 현상이다. 이러한 상황에서 상대에게 편안함을 주면서 상대를 이해시키고 설득시킬 수 있는 능력을 지니고 있는 직장인이 대인 관계를 좋게 유지하게 된다. 내 사람으로 만드는 비결이다. 교만하지 않고 겸손하며 경청을 잘하면 상대의 마음을 열게 하는 데 손쉽다.

상대를 외모로 평가하면서 그 사람과 관계를 맺으려는 생각을 가진다는 것은 어불성설이다. 외모로 상대를 평하게 되면 자신도 그 사람으로부터 외모로 평가된다는 것을 자각하고 있어야 한다.

직장을 다니면서 일 외적으로 선배 및 동료로 인해 불필요하게 신경 쓸 일이 많으면 업무 성과가 나오기가 어려울 수밖에 없다. 이런 요인이 안 생기게 하기 위해서는 나 자신이 직장에서 주위로부터 좋은 평판을 들을 수 있는 언행과 처신을 잘해야만 한다. 원만한 대인 관계 형성은 상대가 아닌 나부터 시작된다는 것을 유의하고 직장 생활을 해야 한다.

처음은 겉으로 보기에 착하고 선한 것 같으나 시간이 지날수록 더 악랄하게 구는 경우와 처음 보는 순간은 독해 보여도 점차 정이 많고 진실한 사람이라는 것을 알게 되는 경우가 있다. 사람을 만나다 보면 보이는 외모와 언행이 다가 아니라는 것을 알게 되는 경우가 많다. 짧은 면을 보고 사람을 평하고 단정 짓는 것은 크나큰 오류를 범해 손실을 보게 할 때가 있다. 첫인상과 행동으로 판단하고 단언하며 상대를 고정화하는 것은 대인 관계에서 해서는 안 될 일이다. 첫 선입관을 중요시하는 습성이 누구나 있으나 일부분을 전체로 단정 지어 버리는 것은 이득이 안 되므로 유의해야 한다.

공동체 의식

사람과의 관계에서 쉽게 단정 지어 버리는 섣부른 결정은 삼가야 한다. 누가 나에게 보석이 될지는 시일이 말해주기 때문에 길게 보고 모나지 않게 어울릴 줄 알아야 한다. 모난 사람은 모나게 살다가 모나게 세상을 하직한다는 말이 있는 것처럼 직장에서는 나보다는 우리라는 생각으로 늘 공동체 의식을 함양하고 있는 것이 중요하다.

상사에게 '내 사람'이라는 생각이 들게 처신하는 직장인은 출셋길이 훤히 트이게 되어 있다. 공석에서는 물론이고 사석에서도 예의 바른 자세로 언행에 유의해서 상사를 대하는 마음 자세를 가질 수 있어야 한다.

새로운 사람을 만나게 되는 경우 최대한 빠르게 상대방의 이름을 기억하여 불러주고 시일이 경과한 후에도 잊지 않고 있어야 한다. 그래야 상대로 하여금 친밀도와 신뢰를 우선적으로 심어 주어 좋은 인간관계를 맺는 데 득이 된다. 자신의 이름을 불러 줄 때 그 순간에 높은 자존감과 상대에 대한 친밀도가 동시에 일어나 믿음이 생기게 되어 있다. 명함 교환 시에는 가벼운 인사말을 하며 주고받는 것이 서먹서먹한 첫 분위기를 부드럽게 해주는 데 도움이 된다.

겉으로 보기엔 좋아 보이는 품성을 지닌 것 같은데 몇 번 지내보면 아님을 알게 되고 실망하는 일이 있다. 반면 외형은 품격이 없어 보여도 겪어 보면 괜찮은 사람이 있다. 사람을 겉모습만 보고 판단해서 손해를 보는 사례가 많다. 한 번의 섣부른 판단으로 상대의 진면목을 보지 못해서 나중에 후회하는 일이 생길 수 있으므로 신중하게 판단할 필요가 있다.

10명 이상 모이는 집단에는 나하고 맞지 않고 성향이 다르며 만나기 싫은 사람이 반드시 존재한다. 남을 미워하면 미워하는 사람만 가슴이 아프고 진정 미움을 받는 자는 아무렇지도 않은 법이다. 상대의 단점을 장점으로 승화시켜 내 것으로 만드는 아량이 있을 때 우군이 된다. 자라고 처한 환경이 각자 다르기에 '그럴 수 있겠구나' 하고 이해를 하면 싫어할 이유가 없고 자신의 마음이 편하게 되며 원만한 인간관계를 유지하게 된다. 가슴속에 새기고 직장 생활을 하는 지혜가 필요하다.

직무 관련된 일을 할 때 동료와 선배에게 일의 원인과 진행사항 및 결과에 대해 소통하고 보고하는 일을 잘해야 한다. 사람과의 관계에서는 매사 끝맺음과 마무리를 잘해야 좋은 이미지를 부각해서 새로운 일을 도모하는 계기를 마련하게 된다. 처음보다 더 좋은 끝이 되도록 처신하는 것이 좋은 인간관계를 형성하는 주된 요인이다.

만날수록 지낼수록 신뢰와 믿음이 가는 동료가 되도록 하는 것이 중요하다. 처음에는 마음에 들었다가 시일이 지날수록 점점 싫어지는 사람이 있는 반면 첫 이미지는 안 좋았는데 대화를 하면 할수록 왠지 점점 호감이 가고 믿음을 주는 사람이 있다. 후자의 인생이 원만한 관계를 유지하는 데 유리하다. 물론 인상 깊은 첫 이미지가 지속적으로 더 좋게 가도록 할 수 있는 것이 최고의 인간관계를 맺는 지름길이다.

직장인이 직장에서 관계를 잘 유지하기 위해서는 남을 배려하는 마음이 우선시 되어야만 가능하다. 자신이 손해를 본다는 마음이 있어야 남을 이해하고 상대 입장에서 생각하고 판단하게 되기 때문이다. 여기에 덧붙여 직무와 관련된 역량이 가미가 되어야 직장 관계가 좋아지게 되어 있다. 그러기 위해서는 상사가 시킨 일과 해야 할 일에 대해 놓치지 말아야 한다.

말을 할 때는 주저하지 말고 명쾌하게 의사 표시를 할 수 있어야 한다. 상대에게 약한 이미지를 심어주지 않는 것도 필요하다. 약육강식이 동물 세계에만 있는 것이 아니다. 사람들의 세계에서도 없는 것 같지만 많이 일어나고 있는 것이 현실이다. 우월감과 자존감이 강한 사람일수록 자신은 약자에게는 강하고 강자에게는 약하다고 말하는데 실상은 반대인 것이 대다수라고 해도 결코 틀린 말이 아니다. 직장에서 상사 및 동료 사이에서 이루어지는 언행 불일치가 서로에게 데미지를 줄 수 있으므로 말과 행동에 특히 유념해야 한다.

워크숍을 가보면 공동 의식이 있는 직장인을 쉽게 구분할 수 있다. 사무실을 벗어나서 하는 행동을 보면 개인주의 성향이 강한 직장인인지 알 수가 있다. 워크숍 중에 토론하게 될 때 서로 주장하는 내용이 상반되어 이해관계가 얽혀 진전이 없을 때가 있다. 그러면 나와 내가 속한 집단이 서로 이익에 너무 치우치고 있는지와 이기주의적인 발상으로 상대에게 무리한 것을 요구하고 있는지를 먼저 파악해야 한다. 그래야 원만한 협상을 이루어 서로에게 좋은 안을 모색할 수 있다.

토론할 경우에는 상대방이 자신과 대립하는 집단에 소속되어 있으면서 상반된 견해와 주장을 강조할 때도 있다. 그럴 때는 그 위치에 있으면 그런 말을 할 수가 있겠고 일리가 있는 말이라고 생각하며 소통을 하는 것이 좋다. 그래야 유연하게 보여서 상대를 이해시키기가 쉽다. 상대의 의견을 인정해 주고 내 의견을 피력하는 습관이 필요하다.

어느 조직이나 항상 튀는 행동을 하는 사람이 반드시 있는데 주위를 의식하지 않고 돌출 행동을 한다. 정작 당사자는 자신의 언행에 대해 이상하다고 생각하지 않고 있으며 말을 가리지 않고 주변의 시선을 아랑곳하지 않은 채 행동도 자기 위주로만 한다. 직장에서 인정받기 힘든 성향이므로 해서는 안 될 행동이다.

인적 네트워크

사회적으로 성공한 부류의 사람들은 인맥 즉 인적 네트워크가 다양하게 형성되어 있다. 혼자서는 명성과 부를 얻을 수 없는 것이 현 사회 구조이다. 직장 생활에서의 인맥도 인생을 살면서 무시할 수 없다. 리더들은 각계각층에서 두각을 보이는 사람들과 많은 관계를 맺고 있다. 남의 도움을 받고 유익한 정보를 얻어 내어 자기 것으로 만들어서 더 나은 방향으로 추진하는 것이 일반적이다.

직장 생활을 하는 동안 원만한 인간관계를 맺어 우호적인 인맥을 형성해 두는 것이 필요하다. 세상사가 하찮다고 생각하고 무의미한 일을 하면서 보냈다고 생각하고 보낸 시간도 있다. 하지만 나중에 자신에게 그 당시 일들이 경험으로 쌓이고 인맥이 형성되어 보탬이 되어 돌아오게 되어 있다. 지금 충실히 하는 것이 결국은 언젠가 나에게 큰 힘이 된다. 무슨 일로 어떤 시간을 소비하게 될 경우라도 무의미하고 득이 없는 시간이라고 생각하지 말자. 매 순간에 열중하는 것이 후에 자산으로 돌아온다는 것을 염두에 두고 직장 생활을 해야 한다. 그래야 언젠가 도움을 줄 수 있는 우군을 얻을 수 있게 되어서다.

직장에서 상대적으로 좋은 인적 네트워크를 형성해 놓으면 경력으로 이직할 때 추천을 통해 간략한 절차를 밟아 입사할 수 있다. 같은 울타리 내에서 직장 생활을 하면서 서로를 알기에 믿음이 있어서 소개해주고 영입을 하기 때문이다. 단 평소 좋은 대인 관계를 유지하고 있어야 가능한 일이다. 추천자가 누구인가에 따라 영향을 준다.

직장은 높은 자리에 오르기가 어렵지 한번 오른 자리에서 타 회사의 비슷한 직책으로 옮기는 것이 그리 어려운 일이 아니다. 인맥을 활용한 재입사가 용이해서다. 연령에 구애받지 않는 특권을 누리며 지내는 강점이 있고 조직 관리 능력, 의사 결정 능력, 진입 장벽의 검증이 이미 되어 성과 창출이 빠르다는 믿음을 받을 수 있기 때문이다.

이처럼 인맥은 사회생활하면서 여러모로 큰 영향을 미친다. 바람직한 인맥 형성을 위해서는 자신의 역량을 발휘해서 실력을 인정받고 겸손하며 성실한 태도를 취하는 것이 더 중요하다. 인맥은 의도적으로 맺으려고 하는 것보다 평상시 처신에 따라 형성되는 것이 일반적이다. 학창 시절에 학업에 관심이 없는 친구가 사회에서 성공해 각 분야에서 우뚝 서 있는 경우는 인간관계가 좋아 좋은 인맥을 형성해 서로 많은 도움을 주고받은 영향이 크다고 할 수 있다.

옷깃이 스치기만 해도 그 사람이 은인이 되고 귀인이 되어 미래를 통째로 바꾸어 놓는 일이 있다. 누구를 만나도 정성을 다해 공손하게 대해야 한다는 것을 입증해주는 말이다. 인적 네트워크를 강화하기 위해서는 겸손이 우선시 되어야 한다. 어느 정도 대화가 가능한 지식과 지혜를 지니고 있어야만 상대와 말이 통하게 되어 친밀감과 만남의 연속성이 있게 된다. 정보는 상대에게 먼저 주어야 상대로부터 유익한 정보를 얻을 수가 있다. 그러므로 자신이 많은 실력을 쌓아둘 필요가 있는 것이다.

무슨 일을 하든지 기본적으로 학습해서 지식을 쌓아야 한다. 지식이 있어야만 지혜가 생기게 되어 있다. 지식이 없는 상태에서 지혜는 잔머리에 불과하다. 혼자서는 무슨 분야든지 성공적으로 완수하기가 쉽지 않다.

원만한 인간관계를 맺기 위해서는 적당한 거리를 유지하면서 다가가야 한다. 상대에게 집착하는 순간부터 멀어지게 될 확률이 높다. 잡으려면 도망가고 풀어주면 오고 싶어 하는 것이 인간의 심리이다. 지나친 관심이 오히려 역효과를 초래하게 되어 사이를 더 멀어지게 할 수 있기에 주의해야 한다.

인맥 강화 비결

인맥은 쫓으려 하면 멀리 가버린다. 내가 누구를 알고 있다고 인맥을 과시하는 것은 어리석은 행동이다. 인맥은 때가 되면 저절로 오게 되므로 자신을 가치를 드높이는 것이 우선이다. 사람을 우연히 만났을 때 소주 한잔 하고 싶은 사람이 있고 커피 한잔 하고 싶은 사람이 있으며 형식적인 인사만 하고 헤어지는 부류가 있다. 순간적으로 결정된다. 내가 저 사람에게 평소에 어떻게 보였는지를 판가름하는 잣대라고 보면 된다.

인맥을 강화하기 위해서는 상대방이 처한 환경을 이해하고 하는 말과 행동에 대해 그럴 수 있겠구나 하는 생각을 가지는 것이 선행되어야 한다. 사소한 일도 관심을 가지고 피드백해 주는 태도가 있어야 한다. 약속한 것은 어떤 일이 있어도 이행한다는 각오를 지녀야 하고 남을 칭찬하는 데 인색하지 않으며 감사하는 마음을 지니는 것이 필요하다. 말한 것에 대해서는 책임지는 모습을 보여야 하고 잘못을 하고 실수를 범했을 시는 진지한 사과를 하도록 해야 한다. 상대에게 공감을 해주는 것을 게을리하지 말고 경청을 잘하고 화를 다스릴 줄 알아야 좋은 인적 네트워크를 형성하는 데 도움이 된다.

인적 네트워크를 넓히기 위해서 평소에 소식이 뜸한 지인과의 관계 개선을 통해 새로운 유대 관계를 맺는 것이 좋은 방법이다. 지금까지 쌓아놓은 인맥을 크게 멀리서 바라보며 새로운 인적 관계를 위한 그림을 그려 보는 것이 좋다.

상대방의 허술하고 부족한 면을 채워줄 수 있도록 하고 정보를 얻어서 다른 상대방에게 활용할 수 있도록 하는 것이 필요하다. 가벼운 모임이라도 참석을 자주 해서 참신한 정보와 지식을 습득하는 것이 인맥을 형성하고 강화하는 데 좋다. 정보는 내가 남에게 주어야 더 좋은 고급 정보가 오게 되어 있다.

인맥도 빈익빈 부익부가 통용된다. 인맥이 많을수록 기하급수적으로 더 많은 인맥이 형성되게 되어 있으므로 어느 정도 인맥을 형성하는 데까지가 어렵지 일정 시점에 도달하면 그 후는 손쉽게 인맥이 형성되는 것이 인간관계의 원리이다.

주변에 보면 사람 만나기를 좋아하고 혼자 지내는 것보다 누군가와 함께 어울리면서 하루를 보내는 사람들이 있다. 그들이 많은 정보를 얻게 되고 새로운 지식을 얻어서 부를 축적하며 앞날에 서광이 비치는 삶을 영위해 가는 것을 볼 수 있다. 많은 인적 네트워크를 형성하게 돼서 자신도 모르게 다방면으로 경험과 지식이 축적되어 어느 순간 큰일을 하는 자리에 오르게 되는 결과다. 직장 생활을 하면서 사내는 물론이고 사외에서 알게 되는 동료 및 협력 파트너와 좋은 유대 관계를 쌓아두는 것이 무엇보다도 큰 자산이다.

인맥을 넓히는 요령 중 발이 넓고 자기 분야에서 영향력이 있는 지인과의 친밀감을 강화하는 것이 중요하다. 거미줄처럼 얽혀 있는 것이 사람 사이의 관계이기에 순식간에 좋은 인적 네트워크가 이루어지는 것이 기본적이다. 롤모델을 정해서 닮아가도록 노력하고 공식 및 비공식 조직에 적극적으로 참여하는 것을 게을리하지 말아야 한다. 무언가를 바라지 말고 상대를 대하며 남보다 손해를 더 보겠다는 생각을 가지고 어울리는 것이 인맥 형성에 도움이 된다. 정해진 몇 명과 소통할 때보다 처음 사람을 만났을 때 에너지가 더 나오게 되고 정신 건강에 좋다는 말이 있는 것처럼 다양한 분야에 관심을 가지는 지혜가 필요하다.

또한 상대방에게 고맙다는 말을 들으려 하지 말고 언제든지 자신이 상대에게 필요한 사람이라는 인식을 줄 수 있도록 만드는 만남을 유지하는 것이 중요하다. 완벽을 추구하게 되면 상대방은 점점 멀어지게 된다는 것을 직장인은 유념해야 할 필요성이 있다.

대인 관계 능력

대인 관계가 좋으려면 타인의 하고 싶어 하는 말과 행동을 잘 이해하고 심정이나 기분을 헤아려 줄 줄 알며 다른 생각과 처지에 놓여 있어서 어떠한 일이 복잡다단하게 얽힌 실타래를 풀어줄 수 있는 능력을 갖춰야 한다.

직장에서 동료와 상사 및 후배에게 칭송받는 경우를 보면 상대를 배려하는 마음을 우선시하고 있다는 것을 알 수 있다. 개인주의나 이기주의 성향이 강한 상태에서 대인 관계를 좋게 한다는 것은 있을 수 없는 사실이다. 나를 앞세우고 난 후 상대를 이해하겠다는 마음을 갖게 되면 원만한 대인 관계 형성이 어려운 것이 세상사의 원리다.

직장에서는 직무와 직접적으로 직결이 안 되는 문제로 인한 무수히 많은 갈등이 산재 되어 있다. 해답이 없는 과제가 산적해 있고 나날이 지속적으로 발생하고 있다고 할 수 있다. 직무와 관련된 사항은 업무적으로 해결해 가면 되기에 직장 관계라기보다는 직무 능력이 핵심 요인이라 할 수 있다. 반면에 직무 외적인 일은 대인 관계 능력 여부에 의해 평판의 호불호가 판가름나게 된다. 직장인이 대인 관계의 중요성을 인식하고 능력을 갖추어야 하는 이유다.

직장에서 대인 관계 능력이란 동료와 협력 관계를 유지하고 동료에게 보탬이 되며 직장 내적인 일과 외적인 일에서 발생하는 해결해야 할 일을 잘 처리하는 것이다. 그로 인해 매출을 증대시켜 수익을 창출하기 위한 고객 만족을 시켜주는 능력을 지칭한다.

아무리 우수한 역량을 지닌 직장인이라도 혼자서 괄목할만한 성과를 내기가 힘든 것이 직장이 지니고 있는 속성이다. 지니고 있는 성질과 됨됨이가 좋게 바탕에 깔려 있을 경우에 원만한 대인 관계를 형성하게 된다. 인위적으로 대인 관계 능력을 키운다는 것이 물리적으로 힘들다고 볼 수 있다. 근본적으로 좋은 성품이 바탕이 되었을 때 가능한 일이다.

대인 관계 능력이 부족하다고 판단되는 직장인은 자신이 취약한 부분을 인지하고 점점 나아지는 방향을 모색하여 실행에 옮기도록 부단히 노력해야 한다. 오랜 직장 생활에서 대인 관계의 중요성은 여러모로 지대하게 영향을 미치기 때문이다. 대인 관계 능력이나 품성을 기르고 닦아야 개인의 이미지가 제고되어 직장에서 좋은 팀워크를 형성해서 시너지를 내게 되고 업무 성과를 창출할 수 있다. 그러므로 직장인의 대인 관계 능력 배양은 성공적인 업무 성과를 위한 중요한 요인이다.

신명 나고 즐겁게 직장 생활을 영위하기 위해서 원만한 대인 관계는 필수적인 요소다. 활기차고 에너지 넘치게 주어진 일을 완수하기 위한 원천이 되는 것이 좋은 대인 관계를 구축해 놓는 일이다. 또한 효율적으로 직무를 이행하여 성과를 내는 경쟁력을 갖추는 것이 필수 조건이 된다고 할 수 있다.

대인 관계를 안 좋게 만드는 직·간접적인 요인으로 예측 불가능하게 신속히 변화하는 사회에 대한 우려로 자신을 앞세우려는 성향이 강하게 나타나게 되는 것도 간과할 수 없는 현실이다. 치열하게 직장 내에서 경쟁해서 남보다 앞서서 승진하려는 경향이 강하게 나타나는 추세다. 그래서 남을 이해하고 존중하는 자세보다 나를 먼저 생각하는 습성이 있어서 희망하고 추구하는 대인 관계를 형성하지 못하는 원인도 한몫한다고 할 수 있다. 이런 와중에서도 잘나가는 직장인은 여러 장애 요인을 극복해서 동료 및 상사와 좋은 관계를 유지하면서 팀플레이를 활발하게 하여 기대 이상의 성과를 내고 있음을 상기하고 대인 관계 능력 배양에 힘을 쏟을 수 있어야 한다.

직장 유머

유머는 주변 상황을 한곳으로 모으게 하여 분위기를 밝고 명랑하게 조성시켜주는 특효약과 같은 작용을 해 준다. 소통을 잘하기 위해서 유머는 필수적으로 요구된다고 할 수 있을 정도로 원활한 소통에서 유머는 많은 비중을 차지하고 있다.

직장에서 유머 역시 직무 성과를 높이는 데 필요한 요소라 할 수 있다. 남하고 이야기를 주고받을 경우 본론만 가지고 처음부터 끝까지 대화하게 되면 왠지 삭막하고 무언가 거리감이 있다는 생각을 가지게 되어 있다. 직장에서 잘나간다는 사람을 보면 대다수가 유머 감각이 뛰어나다는 것을 확인할 수 있다. 그만큼 남을 이해하고 배려하는 마음이 있다는 것을 의미한다.

직장 내에서 어느 자리를 가나 화기애애한 분위기를 만들어서 활력이 넘치게 만드는 직원이 있는 반면에 항시 분위기를 싸하게 만들어 버리는 직원이 있다. 자신에 대한 믿음과 상대를 이해하는 마음의 차이에서 나타나게 되는 현상이다. 직장에서 하는 유머는 단순한 분위기 조성 차원에서 벗어나 직무 성과와도 직결되게 되어 있다는 것을 염두에 두면서 생활할 필요가 있다.

유머가 있다는 것은 여유가 있다는 것이나 다름없다. 여유가 없으면 유머가 나올 수가 없기 때문이다. 자신의 능력을 믿고 있을 경우에 유머가 저절로 나오게 되는 것이다. 실력과 역량이 있을 때 마음의 여유가 생기게 되고 여유가 있을 때 유머 감각이 생기기 때문이다. 자존심이 강해서는 유머를 하며 소통을 하기가 쉽지 않다. 자존심보다는 자존감이 강할 때 나올 수 있는 것이 유머다. 내가 나를 믿을 때 생기는 것이 유머라고 단언해도 지나친 말이 아니다.

남을 웃길 수 있는 사람은 멋있는 사람이다. 직장에서 늘 긍정 바이러스를 불어넣어 주면서 활력을 주는 직원을 보면 다소 직무 능력이 부족해도 인정받게 되는 경우가 있는데 이를 입증해주는 결과다. 누군가에게 재미를 주고 에너지를 주는 작용을 할 수 있다는 것은 큰 자산을 가진 것이나 다름없다. 직장에서 유머가 있어야 동료와 원활한 소통을 하여 대인 관계가 좋아지게 되고 나아가 협업과 팀플레이가 잘 돼서 좋은 성과로 이어지게 된다.

유머가 넘치는 직장인 주변에는 사람들이 많고 사람들이 그를 가까이하는 경향이 많다. 웃음 바이러스를 전파해 주기에 같이 있고 싶은 심정이 들어 그렇다. 직장인은 유머를 적절하게 사용하는 능력을 갖추도록 노력해야 할 필요성이 있다. 비단 말의 주고받음에 그치지 않고 직무 성과와도 보이지 않게 연관이 깊기 때문이다.

유머는 의도적으로 하려고 해서 생기는 것이 아니고 순간적인 센스가 받쳐주어야 가능하다. 평소의 행동 습관을 무시할 수 없는데 현재 유머가 부족하다고 판단되는 직장인은 자존감을 높이는 것부터 실현하도록 노력하는 것이 중요하다. 그래야 마음의 여유가 생겨서 유머가 섞인 소통을 할 수가 있게 되어서다. 유머가 없는 직장인을 보면 융통성이 없고 고정관념이 강하며 닫힌 사고를 지닌 것 같은 선입관이 들 수 있다. 공연히 불이익을 보게 될 수 있으므로 유머 사용을 하면서 사람들과 어우러질 수 있는 직장 생활을 할 수 있도록 해야 한다.

유머 감각 높이기

유머 감각을 높이기 위해서는 우선시해야 할 점이 안 좋게 될 거라는 생각부터 떨쳐 버리는 것이다. 부정적 사고를 가지는 순간부터 유머는 나올 수가 없게 되는 것은 자명한 사실이다.

유머가 나오기가 힘든 여건을 살펴보면 자신은 항상 상대방에게 인정받아야 한다는 강박관념이 강할 때와 성과를 반드시 내야 한다는 생각이 앞서게 될 때이다. 자신이 마음먹은 대로 일이 안 풀리면 크나큰 자책을 하면서 자기를 비하하려는 태도를 취할 경우와 어떤 결과에 대해서 스스로 책임을 져야 한다는 생각이 짓누를 때 역시 유머가 나오기가 어렵게 된다.

세상은 바른 사고를 지닌 사람에게 좋은 일이 일어나야 하고 정의는 반드시 승리한다는 신념을 지니고 있어도 유머러스한 소통을 하기가 만만치 않다. 이처럼 유머 감각을 높이려면 자신은 완벽한 존재가 아니라는 것을 인정할 줄 알아야 한다는 것이다. 직장 생활을 하면서 약간의 실수와 빈틈과 미약함을 받아들일 수 있어야 유머 감각이 생기게 된다는 점을 유념할 필요가 있다.

유머 감각을 높이기 위한 첫 번째는 긍정적인 마음을 지니는 것이다. 긍정적인 마음은 현재의 자기 모습을 있는 그대로 보고 인정할 수 있어야 하고 뚜렷한 미래의 목표를 설정할 수 있어야 생긴다. 상대에게 고맙다는 말을 진심 어리게 할 수 있을 때 또한 긍정의 정신이 깃들게 된다. 내가 나를 인정해서 할 수 있다는 생각을 굳건히 가질 수 있어야 긍정적인 사고를 지닐 수가 있다는 점을 직장인은 인식하고 있을 필요가 있다.

때로는 장난기가 있는 행동을 할 줄 알아야 하고 인생은 여러 가지의 수를 두고 실천해야 한다는 것과 약간의 의도적인 허점을 보여주면서 친근감 있게 다가오게 만들고 자신의 약점이 노출되어도 의연하게 수긍하는 태도를 보일 수가 있어야 한다. 불리한 입장에 놓여도 지나친 흥분을 삼갈 수 있는 아량을 베풀 수 있어야 유머 감각이 향상될 수가 있다.

직장 동료나 지인과 즐거운 일을 만들어 함께하는 것도 유머 감각을 높이는 한 방법이다. 엔돌핀이 증대되어야 에너지 넘치고 활기 있는 언행을 하게 되어 유머 감각이 있는 소통이 수월하다. 그것에는 운동처럼 좋은 처방이 없으므로 틈틈이 체력 단련에 시간을 투자하는 것이 바람직한 직장인의 행동이라 할 수 있다.

실제로 직장을 다니면서 긍정적인 사고를 가진다는 것이 말처럼 쉽지 않은 것이 사실이다. 이 벽을 넘기 위해서는 어느 순간 스스로 터닝 포인트를 만들 수 있어야 한다. 자신만이 해결할 수 있는 일이다.

유머 감각이 있다는 것은 재미있게 말한다는 것을 의미한다. 말을 할 때 세세하고 작은 부분까지를 전달할 수 있어야 상대가 말 한마디에 관심을 가지고 들으면서 상대의 궁금증을 유발해서 끝까지 듣게 만들 수 있다. 그런 와중에 웃음을 유발하는 말을 하면 효과가 배가 된다. 두리둥실하게 말하면 유머가 있다는 생각을 하기가 힘들다. 말을 할 경우 제스처를 비롯하여 표정을 통해서 상대에게 무한한 상상을 할 수 있도록 만들어야 유머 감각이 있다는 소리를 들을 수가 있다.

약간의 연기자 같은 분위기를 연출하는 것도 하나의 방법이다. 상대방이 집중할 수 있도록 흥미를 유발하는 질의를 하는 것도 유머 감각을 높이는 좋은 방법이다. 유머 감각은 비단 직장뿐만 아니라 어느 곳에서나 필요한 요소다. 좌중을 폭소하게 만들 수 있는 것은 제반 실력이 밑바탕이 안 되고서는 불가능한 일이다. 현대의 직장인은 직무 역량을 갖추고 자신을 믿으며 상대를 배려하고 이해하는 마음을 지닐 수 있는 여유를 가지고 직장 생활을 할 수 있도록 노력해야 한다.

뛰어난 통찰력

사물을 꿰뚫어 볼 수 있는 능력을 갖추었을 때 통찰력이 있다고 한다. 직장 생활을 하는 동안 무수히 많은 상사와 동료 후배를 만나게 된다. 그뿐만 아니라 비즈니스 상 여러 협력 업체를 만나게 되고 그 외 꼬리에 꼬리를 물어 셀 수 없을 정도로 많은 사람들을 접하게 된다. 다른 것은 차치하고도 직장에서 함께 근무하고 있는 직장인에 대한 성향과 직무 처리 방식 및 가치관에 대해 통찰할 수 있는 능력을 지녔을 때 직장 관계는 좋아진다.

상사에게는 인정을 동료에게는 좋은 평을 후배에게는 신망을 얻을 확률이 높아지게 되어 있다. 사극에서 관심법이 유행한 적이 있었던 것처럼 상대방의 표정과 언행을 보고 심리 상태와 현상을 어느 정도 깊숙이 볼 수 있는 기량을 지니고 있다면 직장에서 눈치 빠르게 센스 있는 말과 행동을 하면서 상사에게 인정받으며 신명 나게 근무하는 데 유리한 고지를 점령하게 된다고 해도 과언이 아니다.

통찰력을 인사이트라고 부르기도 한다. 통찰력을 얻기 위해서는 미리 예견하고 결정하는 습관을 버리는 것이 좋다. 직장을 다니면서 어느 일이나 선입견을 품는 것은 좋지 못한 처사다.

문득 생각나는 것에 대해서 메모를 하는 습관을 지닐 수 있어야 한다. 필요시 인지할 수 있도록 요약 정리해야 한다. 해결할 일이 발생 시 근본적인 문제점이 무엇인지 유심히 파악할 수 있어야 하고 상대의 좋은 점과 강점을 상황에 따라서 모방할 필요가 있으면 해야 한다. 새로운 것을 익숙하게 보기도 하고 익숙한 것을 새롭게 보는 다각도의 시선을 훈련해 둘 필요도 있다.

심사숙고해서 어떤 사안에 대해 결정하고 결정된 일은 즉시 실행하는 것을 습관화하는 것이 통찰력 강화에 효과적이다. 무언가를 감을 잡을 수 있다는 것은 살아가면서 크나큰 경쟁력이다. 통찰력은 직무를 수행하면서 현상 분석을 하는 능력과도 일치한다고 할 수 있다. 결국 업무 성과와도 밀접한 관계가 있음을 증명해주는 부분이다.

직장에서 통찰력이 누가 좋은지를 확인하기 위해서는 전체 회의를 해보면 파악이 용이하다. 어떤 안건에 대해 논의를 할 경우 문제의 본질을 꿰뚫어 보는 능력을 갖춘 직원은 냉철한 분석을 하여 현실적인 대책을 제시하기 때문이다. 문제의 발단부터 과정과 결과에 이르기까지 일련의 과정을 한눈에 통찰할 수 있는 능력이 있기에 가능한 일이다.

잘나가는 직장인은 하찮은 일이라도 예사롭게 넘기지 않는 습성이 강하다. 상대방에 대한 인성과 경쟁력 및 특질을 냉정하게 파악할 줄 알며 사물을 보는 시야와 접근 방식이 남다르다. 상사의 업무 지시 사항에 대해서 왜 이 일을 주었는지를 우선 간파한 후 어떻게 처리해야 효율적으로 좋은 결과물이 될 수 있는지 처음부터 마무리까지의 전체적인 그림을 나름대로 그린 후 추진하는 능력을 지니고 있다. 그래서 성과가 잘 나오게 되는 것이다.

직장 일은 결국 이익을 창출하는 데 모든 초점이 맞추어져서 진행되는 것이기에 누가 더 생산적이고 효과적으로 직무 수행을 하느냐에 따라 직장에서 인정받고 잘나가는 척도가 된다고 할 수 있다.

상황 대처 능력

직장은 언제 어디서 어떤 예기치 못한 일들을 직면할지도 모르는 상황이 무수히 많이, 늘 도사리고 있다. 복합적으로 움직이고 추진되어 성과를 내야 하는 일이 워낙 많이 산재하여 어느 과정에서는 표면으로 드러나서 대처해 나가야 할 일이 발생하게 된다.

외부 요인과 환경 변화 영향으로 인해서도 의외의 돌발 변수가 나타나 상황에 적합한 실행을 해야 할 경우가 많다. 운동선수에게 적용되는 순발력과도 무관치 않은 것이 상황 대처 능력이다.

상황마다 눈치 빠르게 행동하는 직장인이 있다. 어느 자리에서 누구를 만나든지 처한 분위기를 저해하지 않도록 상황에 맞게 처신을 잘하는 직원을 의미한다. 상사는 이런 직원과 함께 자리하기를 좋아한다. 발 빠르게 상황에 맞게 효율적으로 대처할 수 있는 능력을 구비한 직장인이 인정받는 데 유리한 위치에 놓이게 될 경우가 많은 이유다. 상황이 발생하는 경우 시각을 다투어 해결해야 할 것들이 대부분이다. 순발력을 요하는 경우가 많다.

상황에 맞게 대처한다는 것은 위기관리 능력이 좋다는 것과 같다. 사건이 발생했을 경우 신속하게 순발력 있게 대응하여 문제를 해결할 수 있을 때 적은 비용으로 문제를 극복할 수 있게 된다. 어느 사안에 대해 위기가 올 경우 즉시 찾아오는 것이 아니고 사전에 어느 정도 감지할 수 있는 징후가 반드시 서서히 나타나게 되어 있는데 이때 사전 포착을 잘해서 대응을 현명하게 할 수 있어야 한다. 항상 "왜?"라는 의문을 가지고 있어야만 상황 발생 시 대처하기가 용이해지게 된다는 점을 직장인은 인식해야 한다. 근본적인 원인이 있기에 문제가 일어나는 것이고 거기에는 분명 대처할 수 있는 방안이 있는 것이 직장 일이기 때문이다.

여건이 좋은 상황과 불리한 경우에 놓이게 되는 것이 일반적인 상황이나 어느 경우를 불문하고 상황에 맞게 대응할 수 있는 역량을 지니는 것이 직장인의 책무이다. 그러기 위해서는 부단하게 실력 향상 연마에 전력을 다할 수 있어야 한다.

직장 생활을 하다 보면 인원수와 무관하게 전체 석상에서 이런 상황에서 어떻게 대처하면 좋을지에 대해서 질문을 하는 경우가 흔하게 발생한다. 여기서 잘나가는 직장인이 되는 기준점이 드러나는 경우가 많다. 이러한 연유로 인해서 이런 결과가 나왔는데 이를 극복하기 위해 이런 방법을 사용하면 좋겠다고 구체적으로, "어떻게 누가 어디서 언제 왜 무엇을" 실행해야 하는지를 논리적으로 제시할 수 있을 때 인정받게 되는 것이 직장 조직의 원리이다. 무능한 직원은 대안 제시는 고사하고 입도 뻥긋하지 못하는 경우가 많은 편이다.

때론 말도 안 되고 현실성이 결여된 것 같은 이야기일지언정 자신의 소신을 밝히는 직원도 있다. 중간은 가는 상황이다. 상황에 대처할 수 있는 것도 실력의 받침이 없이는 불가능한 일이다. 직장 상사는 문제점을 지적하는 직원보다 대안을 제시하는 직원을 신뢰하고 인정하게 된다는 점을 직시하면서 근무할 줄 알아야 남보다 빠르게 잘나가는 직장인이 될 수 있다.

현명한 판단력

정해진 기준에 의거해 사물이 좋은지 나쁜지 바른지 그른지 결정할 수 있는 능력이 직장인에게 요구된다. 매사 결정이 있어야 실천이 가능하기에 직무상 현명한 판단은 직장에서 절대적으로 필요하다. 현상을 정확히 보아 바람직한 판단을 할 수 있느냐가 성과를 내는 데 관건이 된다고 할 수 있다. 옳은 판단을 한다는 것이 현실적으로 쉬운 일은 아니지만 확률적으로 시행착오를 덜 할 수 있는 판단력을 배양하는 것이 중요하다. 판단 자체를 하지 못하고 자기의 소신을 밝히지 못하는 직장인이 생각보다 많은 것이 직장 현실이다. 판단도 실력이 있어야 할 수 있는 일이라서 그렇다.

직장에서 직무 외적으로 어떤 행사를 개최하게 될 때 전체적인 실천 계획을 짜임새 있게 수립하여 실천하도록 기획을 잘하는 직원이 있다. 판단력이 우수하기에 가능한 일이다. 직장 일은 직무 특성상 판단하고 결정할 일들이 많다. 판단이 필요한 어느 상황에서 머뭇거리며 소신을 밝히기를 두려워하고 어중간한 대답을 하기를 반복하는 직원은 동료보다 앞서가기가 어렵다. 요즘 세상에 누가 말을 못하느냐고 반문할지 모르나 직무상으로 판단해야 할 사항에 대해 소신껏 의견을 개진하지 못하는 직장인이 의외로 많은 것이 현실이다.

현명한 판단을 하기 위해서는 주변의 말을 잘 경청해야 한다. 말을 우선 많이 들을 수 있어야 바르게 판단할 수 있는 실력이 길러진다. 배움의 이유는 사물을 비판할 수 있는 능력과 문제를 해결할 수 있는 능력을 배양하기 위함이라는 말이 있다. 비판 능력을 갖춰야 바른 판단을 할 수 있다는 말이나 다름없다. 시야를 넓게 볼 수 있어야 여러 상황을 고려하여 적절한 판단을 내릴 수가 있게 되는 것이다.

주관적인 시각을 배척하고 객관성을 유지하도록 노력하는 것도 정확한 판단을 내리는 데 도움이 된다. 고집스러운 사고를 버릴 줄 아는 것이 필요하다. 어떤 판단을 내렸을 때 그것을 실행하였을 경우 성공을 예측할 수 있는지도 고려한 판단을 하는 것이 중요하다. 실천해서 성과가 나올 수 없는 판단은 무용지물이나 다름없기 때문이다. 지식과 경험이 축적되어 있어야 현명한 판단을 하기가 용이한 것은 맞으나 지나친 확신은 오히려 좋지 않은 결과를 만들 수 있다는 것을 염두에 두어야 한다. 시대가 빠르게 변하고 있기 때문이다.

　카리스마가 있어야 빠른 판단을 하는 데 도움이 된다. 신속한 판단은 자기 확신이 선행되어야 할 수가 있다. 자신을 믿는 마음이 강해야 전체를 한곳에 모아 추진하게 하는 카리스마가 생기는 것이며 신속하게 결정할 수 있는 판단을 하게 되는 것이다.

　업무 능력이 출중한 직원은 판단이 빠르다. 빠른 판단도 좋지만 지혜롭고 이치에 부합한 판단을 내릴 수 있어야 최상의 판단력을 갖추었다고 말할 수 있다. 빠른 판단이 때로는 과오를 범하게 되는 경우가 있어서 유념할 필요가 있다.

　잘나가는 직장인은 신속하고 현명한 판단을 잘 내려서 업무 추진력이 뛰어나다는 공통점을 지니고 있다. 직장에서 상사가 현실을 명확히 직시하지 못하고 그릇된 판단을 하게 되면 업무 방향이 비효율적인 곳으로 흐르게 될 확률이 매우 높다. 상위 직책을 지닌 직장인의 판단과 결정은 무게감이 있으므로 현상과 여건을 고려하여 신중한 판단을 하여야 한다. 직장인은 직무상 하루에도 여러 번 판단을 해야만 한다. 그럴 때 깊고 냉철한 현상 분석과 깊은 통찰력을 통해 현명하게 판단하여 강력하게 추진해야 한다. 직장인은 성과를 창출하여 직장에서 인정받도록 열과 성을 다하는 자세로 근무할 수 있어야 한다.

슬럼프 :
3년마다 찾아오는 슬럼프 극복 방법

슬럼프가 오는 원인

슬럼프는 자신이 목적을 달성하려고 온갖 정성을 다하고 시간을 투자해서 노력하고 실천했는데도 바라는 결과를 못 내게 되었을 때부터 슬슬 불청객으로 찾아오게 되어 있다. 하루아침에 불쑥 슬럼프가 오지는 않는다. 사회생활을 하면서 최선을 다했어도 제반 여건과 환경에 의해 쓰디쓴 좌절감을 맛보거나 어느 상황에 대해 마음속에서 의심이 가게 되는 경우가 반복되면서 슬럼프가 찾아오게 되어 있다.

몸과 마음의 상태가 어떤 일을 실행하기에 힘에 겹고 의욕과 열정이 없어 활발하게 활동을 하지 못하여 일시적으로 성과를 낼 수 없게 될 때 일상적으로 슬럼프가 왔다고 한다. 자신의 평소 실력 발휘를 못 해서 부진한 상태가 오랫동안 지속되는 경우다. 대부분 운동선수에게 적용되는 말인데 일상에서도 많이 표현하고 있는 실정이다. 몸과 마음의 상태가 좋지 않고 성과가 안 오를 때 잠시 동안 부진한 시기가 도래하는데 이때 흔히 슬럼프가 왔다고 대부분은 스스로 단정 짓게 된다. 슬럼프는 열등감과 우월감이 반복적으로 나타나는 현상에서 초래되는 경우도 있다. 내가 나를 보듬어주고 나의 부족한 면을 감싸줄 줄 알아야 슬럼프를 미연에 방지할 수 있다.

일상생활을 하면서 왠지 무기력해지고 하고 싶은 일이 없어지고 해야 할 일도 하기 싫을 때가 분명히 오게 되어 있다. 이때 누가 빠르게 헤쳐나가느냐에 따라서 슬럼프를 미연에 방지하기도 하고 못해서 나락으로 빠지기도 한다. 슬럼프는 감기 몸살처럼 누구에게나 찾아오게 되는데 이 수렁에서 누가 먼저 빠져나가느냐가 관건이다.

지금 하는 일이 잘 풀리지 않는다고 하고 싶지 않다는 것은 현실 도피성 생각이다. 지금 하기 싫다고 안 하게 되면 훗날 경제적으로 오는 고통이 커서 정신까지도 피폐해지게 된다는 사실을 항시 염두에 두고 직장 생활을 할 수 있어야 한다. 일정한 틀에 박힌 생활에서 오는 무력감과 기대치에 못 미치는 성과를 보일 때 자존감이 낮아지면서 슬럼프가 찾아오게 되어 있다. 슬럼프는 정신적, 육체적, 기술적인 원인으로 찾아오는 경우가 많다. 일에 대해 집중과 열의가 결여되었을 때 슬럼프 시초가 될 수 있으며 피로가 누적되어 육체적으로 힘들 때도 마찬가지로 슬럼프가 오게 된다. 목표가 없고 직장 상사가 나를 인정해 주지 않는 것 같은 기분이 들 때도 보이지 않게 슬럼프가 오는 경우가 있다.

슬럼프가 오면 직장을 다니기 싫은 마음이 들게 되며 사직할까 하는 생각이 머릿속을 맴돌게 된다. 직장인이 사직서를 가슴에 품고 다닌다는 말이 나오는 이유다. 슬럼프는 일에 대한 집중력이 저하되며 스트레스가 쌓이게 되어 피로가 누적되고 두통까지도 오게 만든다. 어떤 일을 하려고 해도 자신감이 상실되어 의욕이 없어지고 조울증이 반복되어 나타나는 경우도 있으며 사소한 것으로 동료와 갈등이 발생하는 경우도 의외로 많이 일어난다.

슬럼프는 해야 할 일을 미루게 하기도 한다. 슬럼프는 나보다는 남의 주장이나 감정과 생각에 찬성해주고 배려심이 많을 때, 세상을 열심히 살아가려는 사람에게 오는 경우가 많다. 미연에 방지하는 것이 급선무지만 소리 없이 다가오는 슬럼프에 과민 반응을 하지 말고 의연하게 탈출할 수 있도록 스스로 돌아보고 대책을 마련하여 실천하는 습관을 들이도록 해야 한다. 슬럼프가 분수에 지나칠 때 온다고 하는 말도 있다. 일명 슬럼프가 사치라고 표현하는 경우가 있다. 안 와야 할 것인데 자신이 처신을 잘못하여 온다는 뜻과도 같은 말이다. 슬럼프는 의연하게 맞이하고 대처하는 자세를 취하는 것이 최선이다.

슬럼프 자가 진단

직장 생활을 하다 보면 어느 순간에 왠지 의욕이 없어져서 내가 왜 여기에서 이러고 있지 하면서 보람을 찾지 못하고 혼자 생각에 잠기는 경우가 종종 있다. 이때 스스로 현 상태를 진단해 보고 슬럼프가 온 것 같은 심정이 들 경우 빠르게 벗어나는 지혜와 슬기를 모을 줄 알아야 한다. 무심코 가볍게 보고 지나쳐 버릴 일이 아닌 것이 슬럼프다.

평소와 다른 현상이 자신에게 보이는 것 같을 경우는 주변의 가까운 동료나 지인에게 자문을 구해서 자가 진단을 해보는 것이 빠르게 슬럼프를 이겨낼 방법이 될 수 있다. 어찌 보면 슬럼프 증상과 무기력증 및 우울증과 조울증 증세가 겹치는 것이 많다고 할 수 있다. 상호 연관이 되어서 방치하면 예상하지 못한 또 다른 증상으로 옮겨 갈 수가 있으니 스스로 진단하여 대응해 가는 행동을 보여야 한다.

직장인의 슬럼프는 언제든지 누구에게나 올 수 있는 불청객이므로 어떻게 현명하게 대응하고 대처해 가느냐가 관건인 셈이다. 슬럼프는 직장 생활 하는 동안 주기적으로 온다고 한다. 흔히들 3년마다. 홀수년에 오는 것이 일반적이라고 말하는 경우가 있는데 개인차가 크다고 할 수 있다. 슬럼프는 누구에게든, 언제가 되었든, 무슨 일을 하더라도 찾아오게 되어 있다. 슬럼프를 슬럼프라고 인식하느냐 아니면 스쳐 지나가는 잠깐의 태풍이라고 생각하느냐에서 빠져나가는 데 큰 차이를 보인다고 할 수 있음을 유념할 필요가 있다.

퇴근한 다음에 누구도 만나기 싫어서 약속을 잡는 것이 싫으며 잠을 제대로 청하지 못해 잠을 잔 것 같지 않다거나 아침에 일어나기 싫으면 슬럼프가 왔나 하면서 고민을 해볼 필요가 있다. 직장에서는 잠이 솔솔 온다든지 작은 것에 민감하게 반응하여 화를 잘 내거나 현재 허전하고 불안하고 삶의 의미를 찾지 못하는 심정이 들 때도 마찬가지다.

책상 정리는 물론 주변 정리정돈 하는 것이 귀찮으며 직장 밖으로 나가고 싶은 기분이 자주 들고 멍하게 있거나 퇴근 후에는 몸이 지치고 기운이 없는가. 직장을 그만두고 싶은 생각이 문득 빈번하게 생기고 아무것도 하기 싫으며 누가 자신에게 무슨 이야기를 하면 금방 기가 꺾여 풀이 죽는 현상이 나타나는가. 패배 의식에 사로잡히게 되고 매사 남의 탓으로 돌리고 집중을 못 하며 다른 생각을 하게 되고 세상에 자신이 혼자라는 생각이 들고 쉬운 일도 힘들게 느껴지는가. 입맛과 식욕이 없으며 누군가에 의지하고 기대고 싶고 재미있는 일이 없는가. 그렇다면 슬럼프가 왔다는 판단을 하고 최대한 신속히 헤쳐나가는 방안을 강구해야 한다.

몇 개의 항목이 자신과 부합하는지를 체크해 보고 슬럼프를 초기 단계와 중기 및 심한 단계로 나누어 그에 맞는 대처를 하는 것이 현명한 처사다.

슬럼프가 왔다고 민감하게 반응하는 것도 안 좋고 방관해버리는 태도도 좋지 않은 행동 방식이다. 슬럼프 기간이 오래갈 것 같은 예감이 들면 자신을 되돌아보는 여유를 가지고 새로운 계획을 수립하여 실천할 수 있어야 한다. 개인에 따라서 슬럼프가 진짜 찾아왔는데도 자각을 못 하는 사람이 있는 반면 사소한 증상에도 슬럼프라고 주변에 과장해서 "나 지금 슬럼프가 왔어." 하고 알아주라는 식으로 말하고 다니는 사람이 있다.

남이 대신해서 슬럼프를 빠져나가게 해 주기가 쉽지 않다. 자신이 "슬럼프는 별것 아니야. 나하고는 무관한 것."이라고 강하게 판단하고 확정 지으면서 감기처럼 잠시 스쳐 가는 것이라고 규정하고 이겨내는 것이 최선책이다. 가볍게 슬럼프 요인이 오는 것 같으면 즉시 순간에 떨쳐 버리는 행동을 취하는 것이 바람직하다. 현재 슬럼프를 겪고 있는지에 대해서 스스로 진단하기가 애매하면 가까운 지인이나 직장 동료의 힘을 빌리는 것도 좋은 방법의 하나다. 병은 알려야 올바른 처방 법을 생각도 못 한 상황에서 예기치 않게 들을 수 있기 때문이다. 슬럼프는 결국 본인 몫이나 주변 환경의 도움도 무시할 수 없다는 점을 인식하고 도움을 받는 것이 좋다.

무기력증 대처법

전신에 기운이 없거나 힘이 없어지는 현상이 일정 시간 유지되면 무기력증이 왔다고 말할 수 있다. 무기력증에 빠지게 되면 아무런 이유가 없이 아무 일도 하기 싫어지고 밤잠을 제대로 못 이루며 오랫동안 뒤척이게 되어 기억력까지 감퇴하는 현상을 보일 수가 있게 된다.

입맛이 없어져서 안 먹다가 한번 먹으면 폭식과 과식을 하게 되고 오랜 기간 휴식을 취하더라도 피곤이 가시질 않게 된다. 사는 것에 어떤 의미를 부여하기가 힘들어서 하루가 길고 싫어지게 되고 항상 부정적인 생각이 앞서게 되어 있다. 재미있고 흥미 있는 일이 없으며 사는 게 낙이 없고 즐거운 일이 없다. 쾌락 자체에 흥미를 못 느끼게 되어 동료와 어우러지는 것 자체가 싫어지게 된다. 한마디로 사람 만나기가 싫고 하고 싶은 일이 없으며 세상 살기가 귀찮아지는 현상을 보이는 것이 일반적인 증상이다.

좋은 음식을 먹으러 가고 현재 있는 장소를 옮겨 보는 것도 무기력증을 빠져나가는 한 방법이다. 화려한 의상을 입고 외출하는 것도 활기를 불어넣어 주는 방법이 될 수 있다. 무기력함에서 벗어날 수 있고 벗어나고 말겠다는 마음가짐을 굳게 하는 것이 무기력을 헤쳐나가는 방법이다. 정해진 스케줄대로 활동을 해서 생기를 돌게 하는 것도 필요하다.

무기력증을 유발하는 주요 원인으로는 강한 압박과 무엇이나 완벽하게 처리해야 한다는 생각과 스트레스가 있다. 누군가가 나에게 어떤 일에 대해 반드시 이루어 내야 한다고 압력과 영향력을 행사해서 무력하게 만들어 버리는 경우에 무기력증에 빠질 수가 있다. 공포심을 유발할 정도로 심한 압박을 주면 정신이 혼미해져 아무것도 하기 싫어지고 될 대로 되라는 식의 생각을 가지게 만들 수가 있다. 작은 실수를 범했을 때 자신에 대한 자존감의 상처와 주변의 시선을 못 이겨서 오는 경우도 무시 못 한다. 감당하기 힘들고 여건이 불리하게 될 때 심신으로 긴장 상태가 오는 것을 스트레스라고 하는데 이때에도 무기력증이 오는 경우가 있다.

무기력증은 외부 요인도 있지만 자신에 대한 내부 요인이 더 크게 작용한다. 자신에게 무기력증이 닥치지 않게 사전에 하루의 소중함과 세상에 태어난 것에 감사를 느끼며 보람되고 즐겁고 신명 나게 직장에 근무한다는 마음가짐을 두는 것이 필요하다. 심신이 약해졌을 때 불청객처럼 찾아오는 무기력증에서 벗어나려면 강인한 정신력을 평소에 배양해 놓아야 한다. 마음에서부터 발병되는 것이 크기 때문이다.

무기력증을 개선하는 가장 좋은 방법은 운동이다. 지속적인 운동과 비타민 C를 섭취하는 것이 좋다. 비타민 C가 스트레스를 줄여주는 역할을 하기 때문이다. 홍삼 역시 체력 증진에 보탬이 된다고 연구 발표

사례가 있으니 참조할 필요가 있다.

무기력증은 피할 수 없고 손님으로 왔다가 가는 하나의 현상이라 생각해야 한다. 별거 아니며 금방 나에게서 떠나갈 거라는 생각을 가지고 자신감 넘치는 직장 생활을 하는 자세가 요구된다고 할 수 있다. 추가적으로 무기력증을 탈피하기 위해서는 햇볕을 쬐면서 걸어 보는 것이 도움이 된다. 걷기는 여러모로 심신 건강에 좋다는 것이 입증되었기에 계속적으로 일상생활화하는 것이 유익하다.

잠이 보약이라는 말이 있지만 숙면은 내 생각대로 이룰 수가 없기에 깊은 잠을 잘 수 있는 방안을 찾아서 실천하도록 해야 한다. 기력을 회복하기 위해서 반드시 필요한 일이 깊은 잠이다. 크고 실현하기가 만만치 않은 것을 피하고 소소한 것부터 해 가는 것도 좋은 방법의 하나다. 나만의 장점과 경쟁력을 상기하고 되새겨 보는 것도 필요하다. 무기력증은 얼마든지 스스로 의지로 풀어가고 헤쳐 나갈 수 있으니 확신을 가지고 대처하는 자세가 무엇보다도 중요하다.

슬럼프 탈출 방법

슬럼프가 닥쳤을 경우는 왜 슬럼프가 왔는지에 대한 본질을 파악하고 해결책을 강구해서 실천할 수 있어야 한다. 새로운 동기 부여를 주어 활력을 불어넣어 주는 말과 행동을 할 필요가 있다. 슬럼프는 정신적, 육체적, 기술적인 원인으로 찾아오는 경우가 많다. 어떤 방식으로든지 세상 사는 이유를 모르게 되는 경우까지의 슬럼프를 사전에 방지하고 극복하는 방법은 자신을 사랑하고 자신감을 지녀서 당당하고 신명 나게 일하는 것이다.

슬럼프가 왔다고 탓하기보다는 빠르게 빠져나가려는 의지가 우선이다. 남이 나를 슬럼프에서 벗어나게 할 수 없다는 것을 자각하는 것이 급선무다. 타인의 도움으로 벗어날 수도 있으나 주체는 나라는 것을 인식하고 스스로 노력하는 자세가 있어야만 조기 탈출이 가능해진다는 것을 인지해야 한다. 슬럼프가 왔다고 남들에게 말하고 다니면 개중에는 나의 허약해진 처지를 활용하여 역으로 이용하려는 경우가 있을 수 있기에 직장을 다니면서 유의하고 언행을 해야 한다. 남은 나 같지 않다는 것을 항시 머릿속에 간직할 필요가 있다.

슬럼프를 탈출하기 위한 좋은 방법은 운동이다. 몸을 움직여 주어야 한다. 운동은 불필요한 잡념과 생각을 버리게 할 수 있다. 때로는 이른 새벽부터 생동감 넘치게 활기찬 하루를 보내고 있는 새벽 시장을 찾는 것도 하나의 방법이다. 잠시도 다른 생각할 여유와 시간이 없는 사람들이 생계를 위해 열심히 움직이는 모습을 보면서 무언가를 느끼게 할 수 있기 때문이다.

슬럼프에서 빠져나오기 위해서는 자존감을 높이는 것이 필요하다. 자신에게 투자하고 자신을 믿는 마음이 있어야 한다. 내가 최고로 멋있고 잘나가는 사람이라는 것을 의도적으로 의식해서 자존감을 높이는 방법을 실천해볼 필요가 있다. 멋진 외모를 꾸며보는 것이다.

책을 가까이하는 것도 좋다. 한곳에 몰두하게 만들어 필요 없는 잡념을 떨쳐 버리게 해 주기 때문이다. 어느 곳을 방문했을 때 그곳으로부터 편안함과 평안함을 찾을 수 있는 장소와 지인을 찾는 것도 유익한 방법이다.

항상 감사하는 마음을 가지는 것을 잊지 말고 세상의 일원으로서 함께하고 있다는 것에 고마움을 느껴보는 것도 좋은 대처 방안이다. 긍정적인 사고를 지닌 사람을 위주로 만나고 다니며 생각 자체의 전환을 하도록 노력해야 한다. 따뜻한 물로 목욕하는 것도 심신을 안정시켜주는 작용을 하므로 슬럼프 탈출에 도움이 된다는 것을 직장인은 염두에 둘 필요가 있다.

직무상 슬럼프가 왔을 경우 빠져나가기 위해서는 먼저 무엇을 반드시 해야 한다는 생각을 지나칠 정도로 갖지 않아야 한다. 또한 해내기 힘들 정도의 많은 것을 한 번에 하려고 하지 않아야 한다. 슬럼프가 오기 전에 자신에게 어떤 일이 있었는지 되새겨 보는 것도 필요하다. 무슨 일이 나에게 영향을 미쳤는지 한번 상기해 보는 것도 좋은 방법이 될 수 있다.

슬럼프가 왔을 시에 완벽히 어떤 것을 끝내고 만다는 생각을 가지는 것은 도움이 되지 못하는 발상이다. 무엇이든지 잘하겠다는 마음이 앞섰을 시 성과가 생각처럼 안 나와 버리면 실망스러운 자신의 모습에 슬럼프로 가는 단초를 만들 수 있기에 조심해야 한다.

직장인의 슬럼프는 업무적인 것에서 발단이 되는 경우가 대다수이다. 미연에 차단시키면 좋겠지만 현실적으로 불가능하다고 할 수 있다. 동료 및 상사에게 도움을 청하는 것도 좋지만 결국은 자신 스스로 헤쳐 나가도록 하는 것이 최선책임을 새기면서 난관을 풀어 나가야 한다.

직장인 슬럼프 극복

직장에서의 슬럼프는 분수에 걸맞지 않게 행동하는 것과 같다고 비유적으로 말하기도 한다. 직장 슬럼프는 자신의 탓이 크다. 직무 능력이 부족하고 처세가 좋지 못해 상사로부터 질책을 자주 받고 목적의식이 없이 일하는 반복적인 생활에서 오는 무료함과 매너리즘 등이 복합적으로 작용하여 발생하는 결과라고 할 수 있다.

신입 시절에는 사회 초년생으로 직장에 대한 본질을 확립하지 못하고 직장인으로서 목표를 설정하지 못하여 슬럼프가 초래된다고 할 수 있다. 어느 정도 직위에 올라가면 직장 상사와 동료 및 후배와의 갈등에서 비롯되어 발생하는 직무와 직무 외적인 일로 인해 슬럼프가 오게 된다. 부서의 장으로서 근무 시는 직장에서 향후 입지와 가장으로서 입지가 확실하지 않아서 슬럼프가 찾아오게 되어 있다. 미래의 불확실성과 현재의 입지 불안 및 직장 구성원 사이의 갈등에서 오는 슬럼프가 직장인에게 온다고 할 수 있다.

직장에서 슬럼프는 상사로부터 질책을 받을 때마다 조금씩 쌓이다가 자주 반복적으로 일어나게 되면 참지 못하고 밖으로 표출되는 경우가 많은 편이다. 직장인이라면 누구나 겪고 이겨내야 할 부분이다.

날마다 같은 일에서 오는 무료함 때문에 싫증이 나는 기분이 드는 것이나, 직장에서 인정받지 못하고 있다는 선입견과 기대에 못 미치는 대우도 직장인 슬럼프를 유발하는 요인이다. 업무에 지쳐서 온 누적된 피로감과 직장 조직에 적응하지 못해서 오는, 자신만이 동떨어진 것 같은 느낌에서 불현듯 찾아오는 기분 때문에 슬럼프가 오기도 한다. 무언가 일에 쫓겨서 나타나는 마음속의 압박감과 한군데에 몰입해서 일 처리를 하기가 힘들 때도 슬럼프는 오게 되어 있다.

직무를 이행하다가 나름대로 최선을 다해서 추진한 일이 기대에 미치지 못하는 결과를 초래했을 경우도 슬럼프가 서서히 오게 되어 있다. 직장인의 슬럼프는 일과 구성원과의 관계에서 비롯되는 경우가 다반사라 할 수 있다. 직무 수행 역량을 갖추고 타인을 배려하는 마음으로 잘 어우러지는 습관을 지니는 것이 직장 내의 슬럼프를 예방하고 차단하는 방책이다.

누구에게나 찾아오는 슬럼프는 최대한 누가 먼저 빠져나가느냐가 관건인데 자신 스스로 헤쳐 나가는 수밖에 없음을 인지하고 의연하게 행동할 수 있어야 한다. 평상시 내공이 있고 멘탈이 강하면 슬럼프를 물리치기 용이하다.

직장인이 슬럼프를 극복하기 위해서는 자신과 부합하는 취미 생활을 해야 한다. 때로는 격렬한 운동을 통해 땀을 흘리면서 모든 것을 쏟아붓는 것도 좋은 방법이다. 주어진 직무의 양을 가급적 줄이는 방향으로 하고 주관적인 사고를 벗어나 객관적인 사고를 갖도록 노력하는 것이 도움이 된다. 여유를 가지고 충분한 휴식을 통해 심신의 안정을 꾀하도록 할 필요가 있다.

단기 및 중장기적으로 직장에서의 뚜렷한 목표를 정립하여 미래의 밝은 청사진을 펼쳐놓아야 한다. 그것에 도전하려고 세부 실천 계획을 수립하여 실천하면 직장인이 슬럼프를 극복하는 데 크게 효과를 볼 수가 있다.

슬럼프는 나 자신으로 인해 오게 되는 경우가 다수이다. 직장인의 슬럼프 극복 비법은 근본적인 원인을 자신에게 찾아서 빠른 시일 안에 극복한다는 강한 의지를 가지고 행동하는 것이다. 직장인은 사소한 것에서도 보람과 희열을 느끼면서 맡겨진 업무를 동료와 협업을 하여 추진해야 한다. 목적 달성을 하도록 열과 성을 다할 때 슬럼프는 남의 문제로 넘어가게 된다는 것을 각별하게 유념하면서 직장 생활을 하도록 해야 한다. 직장에서 슬럼프를 탈출하는 비결이다.

회식 :
우리는 회식을 좋아하는 민족이다

회식 문화

직장 회식은 동료와의 소통과 화합 및 서로의 친목을 도모하는 목적이 있다. 직장에서 회식은 예전에는 일의 연장이었기에 회식 중 사건 사고가 나면 근무 시간에 발생한 것 같은 처우를 해주었는데 현재는 주 52시간 근무제 도입으로 인해 직장 근무 시간에 회식 시간을 포함해 주지 않게 되어 직장 일 외적 시간으로 보기에 직장에서 회식은 업무 연장이 아니다.

언제부터인지는 몰라도 직장에서 회식을 하려면 상사가 부하 직원의 의중을 물어보고 실시해야 하는 시대에 접어들었다. 그만큼 직장 문화가 바뀌어 가고 있다는 것을 반증해 주는 결과다. 흥청망청 술을 마시는 회식 분위기가 이제는 찾아보기 힘들 정도로 회식 문화가 180도 변하고 있는 실정이다. 서슴없이 개인 사정으로 불참하겠다는 의사 표시를 하는가 하면 그것을 당연시 이해해 주는 회사 분위기가 되고 있는 편이다. 작금은 만사 제쳐 놓고 참석해야 했던 지난날과는 엄연히 다른 회식 풍경이 연출되고 있다고 할 수 있다.

직장 회식을 하는 중에 말 안 해야 할 금지어가 있다. 타 동료에 대한 이야기는 좋은 말이든지 아니든지 가급적 입에 담지 않는 것이 바람직하다. 직무 이야기를 꺼내서 좋을 것이 없으니 되도록 하지 말아야 한다. 더군다나 술기운과 분위기에 휩쓸려서 동료 및 상사 뒷담화를 한다든지 부하 직원을 특별히 장 챙겨 주겠다는 말을 삼가는 것이 좋다. 어려운 일을 토로하는 경우에 해결해 주겠다는 표현은 안 하는 것이 좋다.

특히 주의할 점은 직원의 인사에 관한 정보를 누설하는 일이 없어야 한다. 직원의 인사 이동은 직장인의 최고 관심 분야이다. 술좌석에서 툭 던지는 인사 이야기에 상사에 대한 믿음이 희석되니 하지 말아야 한다. 간혹 술자리에서 한 말은 무효라고 묵살해 버리려는 상사가 있을 수 있는데 아무리 술자리라도 그 장소에서 나온 말이 뼛속에 묻히게 되어 오랫동안 마음의 상처로 남게 되는 일이 많으므로 언행을 조심할 필요가 있다. 술로 핑계를 대서 무마되는 시대가 흘러갔기 때문이다.

평소에 상사에게 신뢰를 받으며 직무 수행을 하다가 회식 장소에서 뜻하지 않은 실수로 인해 이미지가 손상되는 직장인이 의외로 많다. 술에 만취가 되어 할 말 안 할 말을 가리지 않고 내뱉어서 말실수를 범하게 되는 경우가 있다. 상사는 물론 동료에게 부정적으로 뇌리에 박히는 일이 의외로 빈번하게 발생하고 있는 것이 직장의 현주소이다.

새로 입사한 직원을 신속하게 평가하려면 회식을 해 보면 안다는 말이 있다. 그 자리에서 하는 처신을 보면 어느 정도 성품과 기질이 드러나게 되기 때문이다.

체질적으로 술을 못하는 경우는 술을 마시면 신체적으로 변화가 와서 부대껴서 힘든 체질이라고 아예 첫 회식 시간에 명확하게 의사 표시를 하는 것이 계속되는 술자리에서 힘들지 않게 되는 비책이다. "술이 몸에 받지 않아서 못 마십니다."라고 강하게 말해 놓아 직장 상사의 뇌리에 심어 주도록 해야 한다. 술을 안 마시려면 체질적으로 안 받는다고 말하는 것이 가장 좋은 방법이다.

회식 주체

직장의 회식은 참석한 직장인 중에서 최고 높은 직위를 지닌 상사를 위한 자리라고 단정해도 지나친 말이 아니다. 최고의 위치에 있는 직장 상사가 회식 일자를 정하고 장소와 메뉴를 선택해 놓고 일방적으로 참석시키는 경우가 많기에 그렇다고 할 수 있다.

회식 자리를 함께 해보면 직무 이야기는 하지 말아야지 하면서도 결국은 어느 순간부터 직장 일들로 화제가 이루어지고 있는 것이 대다수의 직장 회식 풍경이라 할 수 있다. 회식 자리는 상사가 대부분 주도적으로 말하고 분위기를 이끌어 가는 것이 일반적이다. 직원들 대다수는 술만 마시고 말을 적게 하고 상사의 말만 듣는 분위기가 대부분이기에 직위가 낮을수록 별 흥미를 못 느끼게 되는 것이 직장 회식이라 할 수 있다. 밀레니얼 세대는 더욱 즐겁지 않은 회식 자리일 수 있기에 직장 상사는 함께하는 회식 자리를 만드는 것이 필요하다.

회식할 때 상사가 주도적으로 말하고 이끌어 가는 풍토에서 벗어나 전체 참가자가 같이 공감하고 공유하며 회포를 푸는 자리로 만드는 것이 중요하다. 진정한 소통의 장으로서 평소에 직장 내에서 못 한 말을 자연스러운 환경에서 해서 스트레스를 조금이나마 벗어던질 수 있는 회식 자리가 되어야 한다.

이렇게 하기 위해서는 회식 자리에 참석한 직장인 중 제일 직위가 높은 상사가 실행에 옮겨야 한다. 회식 자리를 주관하는 상사가 어떻게 회식 분위기를 주도해 가느냐에 의해 즐거운 회식이 되고 지루하고 의미 없는 회식이 되는 것이 일반적인 현상이다. 직장은 특히 이 점이 강한 조직이다. 상하 계급으로 뭉친 집단이기에 상사의 눈치를 안 볼 수가 없기 때문이다. 회식을 주도하는 상사는 가급적 회식 자리에서 직원들이 말을 많이 할 수 있도록 분위기를 유도하고 조성하는 자세가 필요하다. 술자리에서는 말을 많이 할 수 있어야 기분이 상쾌해지고 속에 있는 응어리가 풀리는 기분을 지닐 수가 있어서다. 가장 높은 상사 주도하에 일방적으로 진행되는 직장 회식이 최악의 회식이기 때문이다.

자신이 하고 싶은 것을 하려는 성향이 강한 것이 인간의 마음이다. 더군다나 직장에서 높은 직책을 지니면 자신의 의지대로 하고 싶은 욕망이 더욱 생기기 마련이다. 우스갯소리로 "꼬우면 출세하라."는 말이 이를 대신해 주는 말이라 할 수 있다. 일 외적인 장소에서 높은 직위에 있다면 주체적으로 리드하고 싶은 마음이 더 발로가 되게 되어 있다. 직장 회식은 최고의 직위를 지닌 상사가 주체가 되어 행해지게 될 수밖에 없다. 여건상 그렇게 되게 되어 있다. 주어진 환경에서 자신의 매력을 발산하는 장으로 삼는 지혜가 필요하다.

직장 생활을 하는 동안 수없이 많은 회식을 접해야 하는 직장인은 회식 자체를 즐기려는 마음 자세를 우선적으로 가지는 것이 선행되어야 한다. 회식도 요령 있게 다가가고 행동하면 새로운 활력을 불어넣어 주는 기회의 장이 된다. 직장인 개인차에 따라 극명하게 갈리는 직장 회식이다. 어떻게 받아들이는가에 따라 부담의 장소가 에너지를 뿜어대는 활력의 장소로 탈바꿈하게 됨을 직장인은 유념할 필요가 있다.

회식 예절

직장에서 회식은 다양한 계층과 하게 된다. 경영자 및 팀장이 주관하는 회식이 있고 비즈니스 파트너와 업무적으로 술자리를 갖게 되는 일이 있다. 회식 장소마다 지켜야 할 기본적인 회식 예절이 있다.

잘나가는 직장인은 회식 장소에서도 남다른 무언가가 있어서 상대에게 흥미를 유발해 주고 화기애애한 분위기를 조성해서 자신의 매력을 한껏 뿜어대는 능력을 갖추고 있다. 일과 회식을 같은 연장선상에 놓고 열중한다는 것이다. 대충 시간을 보내려 하지 않고 적극적으로 자신을 드러내려는 의지가 강하다. 상사와 같이하는 회식 자리에서 긴장의 끈을 놓지 않고 작은 실수도 하지 않으려고 노력을 한다. 어떻게 보면 냉정하다고 볼 수 있지만 직장 생활을 하면서 플러스 요인으로 작용하게 되기에 유의해야 할 사항이다. 술자리에서 범하는 한 번의 실수가 장기간 머릿속에서 이미지 실추로 남아 버릴 수가 있기 때문이다.

직장인이 해서는 안 될 것 중의 하나가 회식 장소에서의 실수다. 회식 장소에서 직장의 기본 질서에 어긋나는 행동을 하여 눈살을 찌푸리게 하는 직장인이 있다. 못하는 술을 마신 이유도 있을 수 있지만 술버릇이 안 좋아 나타나는 경우가 더 많다.

직장 회식 시 자리 배석과 앉는 위치도 직장인이 알고 있어야 할 직장 예절의 한 부분이다. 회식 자리에서 상석은 출입구에서 멀리 떨어져 있으며 벽을 등지고 앉을 수 있고 출입문을 정면으로 바라볼 수 있는 중앙 석이다. 회식 자리에서 직위가 제일 높은 상사가 위치하며 그곳으로부터 좌우로 직위 순으로 착석하는 것이 기본적이다. 회식 장소에 가면 대다수는 어디에 앉아야 하는지 하고 어물쩍 서 있다가 누군가의 중간 위치에 있는 상사가 어디 앉으라고 할 때 착석하는 것이 보편적인 자리배치다.

직위와 직책에 따라 사전에 회식 시 미션을 정해 주어 장소 섭외 및 예약을 하게 하고 메뉴와 술 등을 선정해 놓는 것도 직장에서 회식 예절의 일부다. 기업 경쟁력이 있는 곳은 회식도 체계화되어서 질서정연하게 이루어지는 특색을 보인다. 직위가 올라갈수록 회식도 일의 연장으로 보려는 경향이 있는 반면에 직위가 낮을수록 일과는 별개의 행위라고 보는 생각이 짙은 편이다. 직장의 고위 직책일수록 변모해 가는 회식에 대한 개념을 제고해 볼 필요성이 있다고 할 수 있는 대목이다.

술을 따르고 받는 것도 주의해서 지켜야 할 회식 예절이다. 직장 회식 때 그 자리에서 최고 직위 순으로 따라야 한다. 사적인 자리에서는 연장자순으로 따르는 것이 옳은 처사다. 말없이 술을 따르는 것보다 "제가 한잔 올리겠습니다." 하고 멘트를 곁들이는 것이 세련된 술자리 매너이다. 상사로부터 술을 받을 경우는 "감사합니다."라는 말을 하면서 받는 것이 예의 있는 행동이다. 술을 잘 마시지 못하는 경우는 술을 받은 후 한 모금 입에 붙였다가 술잔을 내려놓는 것이 기본 예의다. 건배 시는 상사의 잔 아래에 살짝 부딪히는 것이 좋다.

회식 자리에서 술을 마시게 될 때는 가급적 말을 많이 하는 것이 건강에 유리한데 직위가 낮을수록 말수를 줄이게 되어 있다. 시대의 변화에 따라 젊은 세대가 직장 내 회식을 그리 반기지 않는 이유의 한 부분이다. 평소에는 점잖고 예의 바른 직장인이 회식 장소에서 술이 과하거나 술을 이기지 못하는 체질인데도 과음을 해서 언행이 흐트러져 본의 아니게 실수를 범해서 이미지에 타격을 받는 경우가 의외로 많은데 각별히 유의해야 할 부분이다.

회식 건배사

건배사는 간결하고 명료해야 한다. 건배 제의를 받았을 시는 머뭇하지 말고 자신감 있게 잔을 들고 일어나는 용기가 있어야 한다. 건배사도 나름의 원칙이 있다. 먼저 자리를 마련해준 상사에 대한 감사의 표시와 건배 제의를 할 기회를 준 것에 대한 고마움의 표현을 하는 것이 좋다. 다음은 회식을 하는 목적에 대한 취지와 과정의 스토리 이야기를 할 수 있어야 한다. 지금까지 온 경유를 비롯하여 이 자리가 있기까지의 배경을 전파하는 것이 건배사를 듣는 사람의 귀를 쫑긋하게 만들 수가 있다고 할 수 있다. 끝으로 현재의 위치에서 자신의 다짐을 하는 자리로서 이 시간 이후 어떤 각오로 어떻게 행동하여 성과를 내서 조직에 기여하겠다는 각오를 하며 생각했던 건배 구호를 선창하고 상대방이 후창하도록 마무리 짓는 것이 최고의 건배사라 할 수 있다. 막상 건배사를 하려면 당황하게 되어 매끄럽게 하기가 힘든 것이 직장에서 하는 회식 건배사이다.

건배사를 잘하기 위해서는 회식하는 대상과 취지를 인지하는 것이 중요하다. 회식하는 이유가 여러 가지가 있을 수 있으므로 그곳의 상황에 적합하게 건배사를 해야 하기 때문이다. 신입 사원 환영회 및 동료 퇴사시와 단합을 위한 회식 자리 등 장소에 부합하는 건배사가 필요하다.

건배사를 잘하는 직장인은 회식한다고 할 경우 회식 장소에 가기 전까지 사전에 자신에게 건배 제의가 온다고 가정하고 건배사를 연습하려고 한다. 건배사도 실력이라고 보는 견지에서 준비하는 것이다. 선각자의 행동 습관으로 보아도 무방하다. 건배사는 일단 짧은 것이 듣는 사람의 입장에서 와닿게 된다. 장황한 건배사는 지양해야 한다. 임팩트를 주는 간결하고 명쾌한 내용이 좋다.

건배 시의 자세도 반듯하게 지닐 필요가 있다. 시선 처리 또한 유념할 필요가 있다. 멘트와 관련성이 있는 사람과 눈을 마주치면 말을 할 때 느끼는 강도는 훨씬 강하게 들리게 되어 있다. 건배 구호 끝에 "위하여" 복창을 하게 될 경우는 건배사를 하는 사람이 건배 구호를 외칠 시 미리 전해주는 것이 끝맺음을 부드럽게 만드는 데 효과적이다. 회식 건배사는 일 외적인 좌석에서 자신을 강하게 부각하고 긍정적인 이미지를 심어줄 수 있는 좋은 계기를 마련할 수 있으므로 적극적인 태도를 보이도록 해야 한다.

건배사를 잘하기 위해서 놓쳐서는 안 될 부분이 있다. 회식하는 이유를 파악하는 일이다. 눈치가 빨라야 가능한 일이다. 현재 상황과 여건에 맞는 건배사를 해야 공감할 수 있다. 건배사를 할 경우 남들이 사용해서 귀에 익숙한 내용에서 벗어나겠다는 것을 염두에 두는 것이 좋다. 나만의 독창적인 건배사 내용을 할 수 있도록 하는 것이 잘하는 건배사다.

유난히 건배를 시키면 움츠러들고 마지못해 하려는 직장인이 의외로 많다. 자신감 있게 소통하여 조직의 일원으로서 자리매김하여 공동체 정신을 함양하여 동질성을 지녀 조직의 시너지가 나오게 하는 효과가 있는 것이 직장 회식에서 건배사라고 생각하는 것이 필요하다. 직장인은 건배사를 할 시 함께 적극적으로 동참한다는 의식을 갖도록 해야 한다. 자신의 경쟁력을 높이는 일임을 인식하는 것이 무엇보다도 중요하다고 할 수 있다. 나만의 특색을 찾아서 당당하게 소견을 말하는 습관을 가지는 것이 필요하다.

회식 자리

직장 생활뿐만 아니고 사회생활 하면서 자의든 타의든 많은 술자리에 참석하게 된다. 친한 지인들과 술 모임을 할 수도 있고 친구들과의 회포를 푸는 자리를 할 경우도 있으며 업무상 비즈니스 파트너와 술좌석을 함께하는 일도 있다. 직장에서 정기적 또는 수시로 하는 회식 자리를 해야 하는 일이 자주 있다. 어느 자리이거나 나름의 기본적인 술좌석 에티켓이 존재한다. 그중에서도 신경이 가장 쓰이는 술자리가 직장 회식 자리다.

예전에는 직장인들이 회식을 어떻게 하면 자주 할 수 있는지 스스로 건수를 만드는 경우가 많았다. 팀 회식을 비롯하여 회사 전체 회식을 기다리는 재미로 직무에 대한 스트레스를 이겨내려고 마음속 위안으로 삼았다. 야유회를 간다면 환호성을 지르고 좋아했다. 직장 생활을 오랫동안 해 본 직장인이라면 누구나 공감할 것이다.

하지만 현시대의 직장인은 180도 달라진 회식 문화를 접하고 있다. 회식 자체를 꺼린다는 것이다. 직무를 수행하면서도 여러 요인으로 인해 시달리고 있는데 일과 후에도 상사의 비위를 맞추어 가야 한다는 것이 싫다는 이유가 크게 미친다고 할 수 있다. 밀레니얼 세대가 사회에 진출하면서 회식 문화가 변모되어 가는 추세다.

시대가 변했어도 직장 회식은 여전히 성행하고 있는 실정이다. 어느 정도 규모가 있는 기업은 담당 부서에서 회식 장소를 비롯하여 전반적인 것을 실행하지만 작은 기업은 입사 연차가 얼마 안 된 직장인 중 평소에 활동성이 좋은 직원을 시켜서 회식 전반적인 미션을 맡기는 사례가 많은 편이다.

미션을 부여받았을 경우 회식 참여 인원과 장소, 여건 및 분위기 등을 파악하여야 한다. 또한 관련 사항을 구성원에게 알리며 이동 차량을 배정하고 자리 위치까지 일사불란하게 처리할 수 있어야 한다. 직장 회식 자리에서는 누군가 주도해서 술자리를 이끌어 가야 전체를 하나로 모아 기운을 북돋아 활기찬 자리를 만들게 된다. 유독 노는 분위기에서 나서서 사회를 보면서 좌중을 사로잡는 사람이 있는데 적극성을 띤 성격을 지녀야만 할 수 있는 일이다.

이런 자세는 직장 업무와도 직결된다고 할 수 있다. 열의와 열정은 결국 적극적인 사고에서 출발하기 때문이다. 이 말의 뜻은 잘 놀 줄 아는 직장인이 업무 성과도 잘 낸다는 것을 의미한다고 할 수 있다. 함께 하면서 '나보다는 우리'라는 마음 자세를 가지고 그 자리를 나로 인해 빛나게 할 수 있도록 처신하는 것이 현명한 직장인이다.

직장에서 의전을 잘하는 경우 상사에게 반듯하다는 평을 듣는다. 모임이나 행사에서 눈치 빠르게 상황 캐치를 잘하고 알아서 척척 실행하는 직원은 상사의 눈에 들어오게 되어 좋은 이미지로 각인될 수밖에 없다.

직장 회식 자리는 업무를 떠나 누가 들어도 편하고 신경이 쓰이지 않는 주제와 내용을 가지고 대화를 하는 것이 분위기를 띄우는 데 상책이다. 하지만 현실은 상반된 경우의 회식 자리가 되는 일이 있어서 회식 자리를 회피하는 경향이 점점 많아지고 있는 추세다. 오늘 회식 자리에서는 일 이야기를 하지 말아야지 다짐을 하고도 막상 자리에 어울리면 일에 대한 주제로 어느 순간에 가 있는 것이 현 실태이다. 어쩔 수 없는 사실이고 직장 회식 자리에서 풀어야 할 영원한 숙제이다. 회식을 기피하게 되는 주된 요인인 셈이다.

정해진 격식을 준수하며 행동하는 것을 의전이라 말하는데 회식 자리에서도 지켜야 할 상사에 대한 기본적인 예의범절이 있다. 술에 취해 흥겨운 나머지 속칭 나사가 풀리면 본의 아니게 실수를 범하는 경우가 많기에 회식 자리에서 특히 주의를 요해야 한다. 회식 자리는 업무의 연속이 아닌 것 같지만 실상은 업무의 연속이기도 하다.

Chapter 4.

최고의 직장인 :
당신은 프로인가?
아마추어인가?

남이 못 하는 것을 할 수 있어야
프로 직장인이다

프로 직장인

진정한 프로는 불가능을 가능으로 만들 줄 알고 어쩌다 한 번이 아닌 지속적으로 목표를 달성하는 사람이다. 자기의 감정을 억제하고 조절할 줄 알고, 확신에 찬 태도로 자신감을 지니고 당당하게 소신을 밝힌다. 문제 발생 시 의연하게 대처하는 능력을 갖추고 해결책을 강구하여 실천하는 역량이 뛰어나다.

직장에서 인정받고 잘나가는 직장인의 공통점은 프로 근성을 가지고 주어진 일에 열정을 다해 성과를 내겠다는 의지가 강하다. 매사 적당히 처리하지 않고 확실하게 일 처리를 할 줄 안다. 센스가 있고 눈치가 빠르며 상황 파악을 잘하고 순간적인 지혜를 발휘하여 효과적인 행동을 취한다.

직장은 상사를 의식하지 않을 수 없는 구조적인 환경을 지니고 있다. 프로 직장인은 직무에 충실하고 불필요한 것에 에너지를 낭비하지 않는 경향이 강하다. 상사 눈치 보기에 급급하지 않고 자신의 일에 온갖 열과 성을 다한다. 직장에서 신뢰받고 좋은 기회를 잡아서 출세 가도를 달리려면 프로 근성을 지니면서 맡은 업무를 완수할 수 있어야 한다.

아마추어 발상을 지니면서 직장 생활을 하는 직장인은 리더 반열에 오를 기회조차도 안 주어지게 되어 있다. 직장 조직은 계속해서 매년 우수한 인재가 속속 들어와서 새로운 분위기와 기를 불어넣는 특성을 가진다. 조직은 무언가 혁신을 추구하고 신기술을 원하며 생산적인 시스템을 도입하려는 목적이 있어서 능력이 뛰어난 인력을 지속적으로 영입한다. 여기서 뒤처지지 않기 위해서 자신만의 역량을 꾸준히 개발하여 경쟁에서 살아남아야 하는 것이 누구도 부인할 수 없는 작금의 직장 현실이다.

우리네 보통 상식을 벗어나 직장에서 리더 반열에 오른 직장인을 보면 대체로 성실하고 온순하며 소위 착하다는 평을 듣지 않는 경우가 많은 편이다. 높은 직책에 오르기 위해서는 전문적인 지식을 지니고 강한 추진력이 있어야 하고 강력한 지도력이 요구된다는 것을 입증해주는 대목이라 할 수 있다.

프로 직장인에게는 남이 가지지 못한 비범함이 존재한다. 싹수가 아예 파란 경우가 많다. 남다른 무언가가 있다. 프로 직장인은 자신의 직무에 올인 하고 기회 포착을 잘하고 말보다는 실천을 통해서 결과를 만들어낸다. 일을 놓아두고는 직성이 안 풀려서 즉시 해치우는 습성이 있고, 할 수 있다는 자신감이 넘치고 항상 파이팅이 있어서 놀이 문화에도 앞서서 신나게 놀 줄 아는 강점을 가지고 있다.

직장 상사가 업무적으로 지적하고 방법을 제시할 경우에 일 외적으로 상대방의 자존감을 무너트리는 행동을 하는 것은 아마추어 직장인의 행태다. 상사에게 듣는 질책성 말 한마디가 비수가 되어 버리면 업무 성과를 내기가 물리적으로 어렵게 되기 때문이다.

직장에서 장의 위치에 오르기도 힘들지만 그 직책을 수행하는 것은 더 용이하지 않다. 프로는 계속하여 상위 직책에 오르려고 전력을 다한다. 헛되이 보내는 시간을 최소화하고 순간마다 의미를 부여하면서 직무를 수행한다. 이런 과정을 누구나 겪으면서 더 큰 고지를 점령하기 위해 노력하는 곳이 직장인 셈이다.

직장 생활을 하다 보면 누가 보아도 참 일 잘한다는 소리를 듣게끔 업무를 수행하면서 상사는 물론 동료 및 후배 직원과 잘 어울리는 경우를 보게 된다. 전형적인 프로 직장인의 행동거지다. 프로 직장인이 되려면 기본에 충실하고 초심을 잃지 않는 것이 중요하다. 여기에 내공과 강한 멘탈을 보유하면 금상첨화다. 프로 직장인은 일하면서 '이것을 왜 하는 거지', '급여를 받고 상사가 시키는 일이니까 하는 것'이라는 생각을 하지 않는다. 일의 성취를 통해 자신을 중하게 여기고 높이는 데서 만족감을 찾을 줄 안다. 그것이 아마추어 직장인과 다른 점이다.

안 하는 것과 못 하는 것

프로는 타인이 안 하는 것을 하는 것이 아니고 타인이 할 수 없는 것을 하는 사람이다. 실행하지 않는 것과 실행해도 안 되는 것은 엄연히 다르다. 실행해도 안 되는 것을 되게 만드는 것이 프로다. 세상에는 아무리 하려고 애를 써도 안 되는 일이 분명히 있다. 하지만 직장의 일은 전략과 방책을 수립하여 꼭 이루겠다는 열정이 넘치면 어떻게든 결과를 창출할 수 있는 시스템 구조로 이루어져 있다. 자신이 처한 환경과 여건에서만 해결책을 강구하기에 어려운 것이다. 상사, 아니 최고 경영자의 능력으로 도움받고 인프라를 최대한 활용하면 안 될 일이 없는 것이 직장 조직의 원리다.

안 한다는 것은 꾀를 부린다든지 게으르거나 실력이 없어서 자신감이 결여될 때 일반적으로 하는 행위다. 직장에서 인정을 못 받는 대부분은 제때에 일을 끝내지 못하고 할 일을 놓치며 결과를 내지 못하는 데서 비롯된다. 반면에 인정받는 직장인은 끝내야 할 시기를 지나지 않으면서도 효과적인 결과물을 보여주고 더 나아가 남들이 어렵다고 포기하고 안 된다고 결정해 버린 것도 방법을 모색하고 실천하여 성과를 내려는 성향이 강하다.

직장은 끊임없이 수익을 내야 하는 집단이다. 실행 없이는 그 어느 것도 이룰 수가 없게 되어 있다. 이런저런 이유를 들어 미리 포기하고 그 이유를 합리화하고 정당화하려는 쪽에 무게를 두고 업무를 하면 성과를 기대하기 힘들다. 전형적인 아마추어 직장인이 하는 행동이다. 직장 내에는 유난히도 매사 부정적인 사고를 지니고 일을 하는 직원이 있다. 될 수 없는 방향으로만 관념이 가 있어서 초래하는 결과다. 프로 직장인이 될 수 없는 첫 번째 요인이다.

프로가 되려면 긍정적이고 적극적인 사고방식이 선행되어야 한다. 직무를 이행하면서 절대로 간과하고 지나쳐서는 안 될 사항이다. 필자는 사회적으로 리더가 된 고수는 무슨 일이나 넓은 시야를 가지고 가능성을 열어 두고 생각하고 판단한다는 사실을 확인했다. 직장을 다니면서 필히 염두에 두어야 할 부분이다. 무능한 직장인은 실력이 부족해서일을 해내지 못하면서 상황이 안 좋아서 안 한 것이라고 변명을 늘어놓기를 반복하는 일이 자주 있는 편이다. 진정한 프로 직장인은 못한다는소리를 하지 않고 할 수 있는 방안을 모색할 줄 알고 있다.

직장 상사가 업무 지시를 했을 경우 일 자체를 받는 것을 마음 한쪽으로 이 일을 '왜 나에게 시키지.' 하는 마음을 가지는 순간부터 일 처리를 완벽히 끝내기가 힘들 수밖에 없다. 그만큼 일에 접근하는 태도가 직무 수행에 큰 영향을 미친다고 할 수 있다.

프로는 자신에게 업무가 하달되는 것을 꺼리지 않으며 두려워하지않고 성취하는 데 보람을 느끼는 성향이 강하다. 그래서 남들이 어렵다고 판단하는 것들을 시도하여 성과를 올리게 되는 것이다. 직장에서 신명 나게 주어진 일을 하면서 상사에게 믿음을 주어 많은 일을 하게 될때가 좋은 시절이다. 자신이 인정받고 있다는 마음으로 업무 처리를 하고 난관에 부딪치는 일이 발생 했을 시에도 안 된다는 생각을 떨쳐버리고 실행하는 프로 직장인이 될 수 있어야 한다. 그래야 직장에서 리더 반열에 진입하게 될 수 있다.

아마추어와 프로는 생각 차이에서부터 간극이 발생하게 된다는 점을 유념해야 한다. 어렵다고 생각하는 일을 완수하기 위해서는 내가 저 일을 하고 말겠다는 굳은 의지가 우선 수반되어야 가능해지는 것이다. 아예 힘들 것 같다는 판단을 하게 되는 순간에 직무 성과는 기대할 수 없게 되어 있다. 여기서 못 하고 안 하는 것이 선명하게 구분된다고 할 수 있다.

불가능 탈출 법

실제로 일의 좋은 결과가 나타날 수 없고 목표를 이룰 수 없다고 생각하는 데서 벗어나기 위해서는 나 자신을 믿는 것을 최우선으로 삼아야 한다. 내가 나를 불신하고는 어느 것도 원하는 바대로 해내기가 힘들게 될 수밖에 없다. 믿지 못하면 자신감이 없어지고 안 된다는 확신이 더 크게 와닿게 되어서 실천 자체가 힘들어져서 결과물을 내기가 어렵기 때문이다.

주변을 신경 쓰지 말고 다른 사람은 더더욱 의식하지 않아야 한다. 현재의 여건과 환경에서 집중하는 일을 소홀히 하지 않는 것도 불가능을 가능하게 만드는 요인이다. 누군가에게 본질과 상관없이 에너지를 뺏기게 되면 한곳으로 모으는 힘과 기량이 분산되어 몰입이 어려워 기대하는 실적을 내기가 힘들게 된다. 자신의 능력을 존중하고 자존감을 높여서 하고자 하는 일을 집중하여 실행하여야 남들이 어렵다고, 하기 힘들다고 하는 일을 도전하여 깔끔하게 마무리하게 되는 것이다. 자신을 믿는 확신과 일에 몰두한 집중력을 배양하여 동료가 못하는 일을 해내는 직장인이 되도록 하는 것이 프로다.

순간순간에 열정을 다하면 목표 달성에 서광이 비치게 된다. 일을 하기 힘들다는 생각이 아예 머릿속에서 사라지게 되고 모든 일에 항상 가능성을 열어 두게 되어 있다. 매사 현재를 중시하고 하루를 보내는 자가 지정한 프로라고 할 수 있다. 짧은 시간도 헛되이 보내지 않고 보람있는 일을 하겠다는 굳은 각오를 다지는 것이 불가능에서 탈출하는 비결이다. 대충 하는 일이 없는 것이 프로의 공통점이다.

또한 '이것은 적당히 해도 되고 어영부영 지나가도 별 탈이 없겠지.'라는 생각조차도 하지 않는다. 어중간한 생각과 행동이 일을 가능하게 만드는 데 장애 요인으로 대두된다는 것을 인식하고 그런 행위를 안 하려고 부단히 노력한다. 무엇이든지 할 수 있다는 생각이 앞서 스스로에 대해 믿음이 발로되어 공격적으로 실천하게 되어 흔히 어렵다고 느끼는 일들을 강력히 추진하여 결국은 이루어 낸다. 프로 직장인이 아마추어와 직무를 수행하는 데 있어서 차별되는 점이다.

불가능하다는 생각을 지니는 것은 부정적인 사고가 팽배하여 있을 때 나타나게 되는 현상이다. 이를 탈피하기 위해서는 긍정적인 사고의 전환이 필수다.

사소하고 미미한 일부터 스타트 하는 것을 습관화할 수 있어야 일에 자신감이 붙는다. 무게감이 큰 일을 먼저 시작하다 보면 때론 해내기가 곤란한 상황에 봉착하여 중도에 단념하거나 처음부터 포기하는 일이 생길 수가 있다.

작은 일이라도 실행해서 결과가 나오고 성과가 있을 때 자신감이 차곡차곡 쌓이게 되어 결국은 중요도가 있는 일을 하게 되어도 할 수 있다는 믿음이 생겨서 결과치를 만들게 된다. 자주 실천하고 일을 마무리 지어서 '끝까지 했다'는 자부를 느낄 수 있도록 습관화해 놓는 것이 우선이다. 성과에 익숙해지는 것이 불가능을 이기는 방안이다. 한 번이 어색하고 염려가 되는 것이지 두 번부터는 덜하게 되며 반복될수록 손쉽게 되는 것이 세상의 이치이다.

직장에서도 그대로 적용되기에 직장인은 일단 시도해 보는 것을 몸에 습관화해 놓을 수 있어야 한다. '고기도 먹어본 사람이 먹는다'는 것과 일맥상통하는 의미다. 갖가지 이유와 원인을 앞세워 안 하고 못 한다는 것을 극복하여 가능성을 가지고 과감히 실천하는 일 처리를 하는 것이 진정한 프로의 세계다.

프로가 되는 길

프로는 처음과 끝이 일관성을 유지한다. 시작할 때의 마음 자세를 흔들리지 않게 하려 한다. 초심을 잃지 않는다는 표현이 적합한 말이다. 지속성과 계속성이 따라야 프로의 길에 접어들게 된다. 들쑥날쑥하게 행동하고 간헐적으로 성과를 내게 되면 직장에서 상사에게 신뢰를 주기가 어렵다. 한결같다는 소리를 들을 수 있어야 상대방으로부터 신뢰가 싹트기 시작하게 된다. 직장은 상사에게 믿음이 싹터야 상급자로 말이 전파되어 중책을 맡기게 된다.

프로는 한결같다는 말을 자주 듣는다. 항상 그 자리에 있다는 표현이 적합하다고 할 수 있다. 변함이 없고 일에 굴곡이 없으며 머릿속에 일을 떠올리면 잘해내고 있고 해낼 거라고 믿게 된다는 것이다. 직장인으로서는 상사에게 들을 수 있는 말 중에 최고의 찬사다. 직무에 대해서 해박한 지식과 전문성을 필히 지니고 있을 때 프로 직장인이라는 소리를 들을 수가 있다. 일 처리에 그 외적인 행동을 부수적으로 동반하여 매끄럽고 믿음을 주도록 처신할 경우이다.

프로가 되려면 먼저 주관에서 벗어나 객관적으로 자신을 돌아볼 수 있어야 한다. 이루고 싶은 목표를 현실적으로 설정하는 것 또한 필요한 항목이라 할 수 있다.

직장에서 프로라는 평판을 들으려면 자세와 태도가 남달라야 한다. 일에 대한 대가로 지급받는 급여보다 그 이상의 실적을 올리려고 열정을 다해 실력 발휘를 하고 개인과 회사의 비전을 수립할 수 있어야 한다. 프로는 이유를 달지 않는 습성이 있다. 남의 탓을 하지 않으려고 한다. 자신에게서 결과에 대한 원인을 찾고 스스로 해법을 강구한다.

직무를 수행하다 보면 본의 아니게 자신의 과오가 아닌데도 상사에게 싫은 소리를 들을 경우가 있다. 이런 일이 직장에서는 다반사로 발생한다고 할 수 있다. 이 부분에서 프로와 아마추어 직장인의 대응과 표정 관리가 극명하게 나뉜다. 프로는 의연하게 질책을 받아들이고 재발하게 하지 않겠다는 다짐을 하겠다고 표출한다. 시간이 지나면 진실이 밝혀진다는 것을 알고 있기 때문이다. 상대 입장에서 생각하고 이해하는 습성을 지닌다는 표현이 맞을 것이다. 그만큼 프로로 진입하려면 유연한 사고와 표정 관리에 신경써야 한다. 작은 것 같지만 직무 역량 이상으로 직장 생활하면서 필요시 되는 부분이다.

프로 직장인은 직무를 처리하는 방법과 효과적으로 일 처리를 할 방법을 안다. 효율적인 방안을 모색하려고 뇌를 활발하게 움직이는 경향이 많다. 어떻게 하는 것이 최적의 방책인지를 쉴 틈 없이 꾸준하게 고민하고 생각한다. 같은 일을 해도 성과 위주로 접근하고 실천하고 불필요한 일에 시간과 정열을 허비하지 않는다. 상사의 업무 지시에도 그대로 그것을 이행한다는 생각보다 좀 더 효과적인 방안을 찾으려고 애쓴다. 실제로 예전 자료를 찾아 가면서 비교 분석해서 최고의 실행안을 완성하고 상사를 설득하여 자신의 안을 결재받는 능력을 갖추고 있다. 프로로 진입하는 전 단계로 직장인이 갖추고 있어야 할 역량이다.

프로 직장인은 하나를 알려주면 둘과 셋을 스스로 알아내어 그 이상의 성과를 내는 방식을 보여 주기에 직장에서 상사에게 인정받고 일 잘한다는 평을 받아서 남이 해내지 못하는 것을 이루어 내서 더 잘나가게 되는 것이다. 직장인이라면 누구나 실천하여서 미래의 청사진을 펼칠 수 있도록 노력해야 할 사항이다. 직장에서 프로가 되기 위해 조금만 자신에게 눈을 돌려 취약한 부분을 바라보면서 보충해 나갈 수 있도록 지속적으로 역량을 쌓는 일을 우선적으로 실행해야 한다.

적극적 도전

프로는 임무가 부여되면 진취적이고 자발적으로 실천하여 정면으로 돌파한다. 적당히 하는 것을 자신이 용납하지 않는다. 할 수 있다는 생각을 가지고 무슨 일이나 열과 성을 다하는 습성을 지니고 있다. 헛되이 보내는 시간이 없을 정도로 시간 관리를 철저히 한다. 조기에 시도하여 남보다 앞서 정성스럽게 추진하고 마무리를 확실하게 할 줄 알며 직장 상사가 어떤 지침을 주면 '그게 힘들 텐데' 하는 생각보다 어떻게 하는 것이 더 효율적이고 이익이 되는지 골똘하게 생각한다.

잘나가는 직장인은 주어진 직무를 수행하면서 보여주기식의 일이 아닌 결과를 만들기 위해 전력을 다하는 것이 일반적이다. 도전해야 성과가 나온다는 것은 누구나 다 아는 사실이지만 실제로 적극적으로 도전하는 경우는 별로 많지가 않은 것이 현 실태이다. 프로는 끊임없이 도전한다. 항상 가능성을 열어 두고 무언가를 시도한다. 그래서 프로가 되는 것이다. 말보다는 실천을 앞세우는 행동을 하는 것이 습관화되어 있다.

타인이 못하는 것을 하려면 전문적인 지식을 우선적으로 갖추고 있어야 한다. 전문 지식이 없이 의욕과 열정만 가지고 일을 처리한다는 것이 현실적으로 어려운 것이 사실이다. 지식이 바탕이 안 되고는 어느 분야에서 어떤 일을 하더라도 한계에 봉착할 수밖에 없다. 직장에서 직무 지식은 기본이다. 깊이 있게 지식을 갖추고 있으면서 열정을 쏟아부어야 성과를 이룰 수가 있게 되는 것과 같은 이치다.

유능한 직장인은 일을 실행할 때 집중할 수 있도록 시간을 배정하고 여유를 가지고 쫓기지 않게 임무를 완수한다. 새로운 일에 대해 반감을 보이지 않고 도전하는 정신이 강하며 이익을 내는 데 기여한다. 적극적인 사고방식을 가진다는 것은 적극적으로 도전한다는 것과 같은 뜻을 내포하고 있다. 잘나가는 직장인이 일에 대해 지니고 있는 신념이라 할 수 있다. 측면 돌파를 피하고 정면 돌파 정신을 앞세워 직무를 수행하여 성과를 내는 직장인이 잘나가게 되어 있음은 자명한 사실이다. 해결할 일이 생겼을 시에 편한 길보다는 난관에 부딪히게 될 것 같아도 승부수를 던질 줄 안다는 것이 직장에서 인정받는 직장인의 행동이라고 할 수 있다.

남들에게 능력 있다는 말을 듣는 직장인은 일이 발생 시 회피하지 않고 주도적으로, 적극적으로 나서서 해결하려고 노력하는 자세가 강하다. 주변의 시선을 사로잡을 정도로 적극적인 행동을 보인다는 사실이다. 그래서 상사로부터 신임을 얻게 된다고 말할 수 있다. 자신이 하는 일에 대해서 자부와 긍지를 갖기에 가능한 일이다. 더불어 현장에서 일어나고 있는 일에 대해서 귀를 기울일 줄 알며 인정의 욕구가 많고 분야의 최고를 고집하려는 경향이 강하다.

상사에 대해 뒷담화를 잘 안 하고 신뢰하며 무언가 배워서 자기 것으로 만들려고 한다. 부하에게 업무 지도 전수를 잘해주고 주변 탓을 안 하는 습성이 강하다. 그렇기에 어떤 일에서나 소극적인 자세에서 벗어나 적극적이고 공격적으로 시도하게 된다고 단정 지을 수가 있는 것이다. 적극적인 도전을 하기 위해서는 항상 가능성을 열어두는 것이 중요하다. 힘든 일을 맞이하면 대책을 강구하는 데 몰두하고 할 수 있다는 믿음을 가지는 것이 필요하다. 안 될 것 같고 못 할 것 같다는 생각을 미리 하지 말아야 한다. 시간이 부족하고 자금 여력이 없으며 실력이 없다는 편견을 갖지 않도록 해야 한다. 자신을 믿는 것이 우선이다.

프로는 사물을 보는 눈이 다르다

현상 분석

직장에서 상사가 지시한 내용에 대해서 습관적으로 이런 이유로 안 되고 저런 이유로 인해 이것이 최선이라고 말하는 직장인이 있다. 자기 방어가 강한 부류이다. 방어벽을 일단 쳐놓고 그 속에서 변명 아닌 변명을 늘어놓으려는 경향이 강해서 나타나는 현상이다. 정확한 사물의 현상 파악과 분석이 되지 않아서 발생하는 결과라고 할 수 있다.

효율성을 최적으로 높여서 상사가 원하는 방향으로 일 처리를 하고 보고할 수 있어야 유능하다는 평을 들을 수 있다. 자기 그늘에서 나오지 못하는 직장인은 방어벽 치는 태도를 반복하여 행하게 되어 상사가 일을 주지 않고 싶어지며 막상 주더라도 기대를 별로 하지 않게 되어 있으므로 일 처리를 하면서 버려야 할 직무 습관이다.

최적의 안을 도출하여 대책을 강구하기 위해서는 먼저 처해있는 사물의 상황에 대해 정확한 현상을 분석할 수 있어야 한다. 현상 분석이 제대로 이루어지지 않으면 해법이 다른 방향으로 가게 되기 때문이다.

문제 해결을 위한 최초의 과제와 해법이 현재의 상태를 정확하게 분석하는 일이다.

제일 적합하고 적당한 안을 완성해서 직장 상사에게 제시할 수 있을 때 능력 있다는 소리를 듣게 되어 있다. 현재의 상태를 그대로 보는 것이 현상이다. 왜 이런 일이 일어났고 무엇이 문제이며 주된 요인이 무엇인지를 명확하게 파악할 수 있어야만 그에 적합한 대안을 강구할 수 있다. 현실을 직시해서 원인과 대책을 마련하는 것을 능수능란하게 할 수 있는 직장인이 성과를 잘 내게 된다.

현상은 사실을 파악하는 것이 우선이다. 어떤 문제로 인해 결과가 만들어졌는지를 알기 위해서는 주변의 환경 변화도 유심히 관찰할 수 있어야 한다. 문제를 야기한 배경도 명확히 분석할 수 있어야 한다. 원인 규명을 분명하게 하는 것을 우선시해야 현재의 문제에 대한 대책을 강구할 수가 있다.

일을 잘하는 직장인은 상황이 발생 시 무엇 때문에 그렇게 되었는지를 머릿속에 그리면서 해결책을 찾을 줄 안다. 결과에 대해 대책에만 급급한 직장인은 하수다. 근본적인 이유를 찾지 못하고서는 올바르고 효율적인 해법을 찾는다는 것이 수월하지 않기 때문이다. 항상 문제의식을 느끼고 직장 생활을 하는 마음 자세를 지닐 필요가 있다.

왜 이 일이 일어나게 되었고 무엇 때문에 발생했으며 어떻게 했기에 그런 결과가 나왔는지에 대해서 여러 가지 복잡다단한 내용을 사실적으로 해명할 수 있어야 현상 분석을 정확하게 했다고 할 수 있다. 개인차에 따라 보는 시각이 여러 각도로 다르기에 현상 분석 자체가 다를 수밖에 없다. 직장에서 같은 사안이라도 각자의 생각과 판단에 의해 나름의 대안을 제시하게 되는데 직장 상사에 의해 관철 여부가 결정되므로 소신껏 바람직한 대안을 제시하는 자체가 중요하다고 할 수 있다. 그것도 직무 역량이 있을 경우 가능한 일이기에 그렇다. 맡겨진 일만 처리하는 직장인과 평소에 발생하는 일에 대해 문제의식을 느끼고 해결책까지 마련하여 보고할 수 있는 직장인과는 시일이 경과할수록 점점 상사로부터 인정받는 척도가 극명하게 상이해지는 것이 직장 현실이다.

상사는 자신이 평소에 생각하지 못한 기발한 아이디어를 제공하는 직원에게 관심이 갈 수밖에 없다. 어찌 보면 그래서 유능한 인재를 도입하려고 안간힘을 쓴다고 할 수 있다. 현상을 분석할 수 있는 능력을 지녔다는 것은 잘나가는 직장인으로 발돋움하는 지름길이다.

여건 합리화

그릇된 행동으로 인한 결과에 대해서 그럴듯한 이유로 인해 정당하게 만드는 것을 합리화라 말한다. 행동에 대해 정당하다고 꾸며대는 것을 사전적 의미로 정당화라고 한다.

유난히 자신이 한 행위에 대해서 합리화를 잘하고 정당하다고 고집을 피우는 직장인이 있다. 상사가 이렇게 하면 더 좋지 않으냐고 말하거나 왜 이런 식으로 일 처리를 했느냐고 말하면 우선 자신의 방어벽을 먼저 치는 데 급급하여 이래서 그렇고 저래서 그렇다는 핑계 아닌 핑계와 물리적으로 그렇게밖에 할 수 없다는 식의 표현을 하여 최선을 다한 결과라고 말하는 직장인이 의외로 많은 것이 직장인의 실태다. 자기 보호가 강한 직장인의 안 좋은 일상적인 습관이다. 이런 직장인은 상사의 말에 항상 같은 식으로 대응하는 것이 최선인 줄 착각하고 있어서 반복하여 자신도 모르게 튀어나오게 된다고 할 수 있다. 자신의 이미지를 실추하는 처사이기에 시정해야 할 사항이다.

사회적으로 리더의 위치에 오른 경우는 악조건 속에서도 여건을 탓하기보다는 해결책을 모색하여 강력하게 추진하는 것을 생활화한 영향이 크다. 최적의 안을 찾는 데 집중했고 안 되는 쪽보다는 되는 방법을 강구하는 데 전력을 쏟는다는 것이다.

세상사가 순탄하게 뜻한 대로 이루어지기를 기대할 수가 없기에 불리한 여건을 극복하는 힘과 기량이 요구되는데 이를 갖추려고 노력하고 연마하는 직장인이 되어야 한다. 작금의 상황 탓만 하다 보면 의례 그런 거라는 인식이 자신도 모르게 몸에 익숙해져 효과적인 방안을 찾지 못하게 되므로 주의해야 한다.

주변 상황은 시시각각으로 변모하게 되어 있다. 그래서 업무 처리 형태도 함께 변해야 하는데 과거에 잘되었던 관행이 머리에서 떠나지 않고 남아 있는 경우가 있다. 효과적인 방법을 찾기보다 익숙한 방법만 고집하는 것은 습관을 답습하려는 경향이 강해서 나타나는 결과인데 지양해야 할 일이다. 직장 일은 혼자 힘으로 성과를 내기가 어렵다. 동료와 머리를 맞대어 최선책을 찾는 근무 자세를 가지는 것이 중요하다. 그래야 갇힌 틀에서 벗어날 수가 있어서이다.

주어진 조건이 이렇기 때문에 어쩔 수 없이 이렇게밖에 실행할 수가 없다고 말하는 것이 현실의 상황 탓을 하는 직장인의 대표적인 행동이다. 상사는 현재의 여건과 실태를 대부분 알고 있다고 보아야 한다. 그러면서도 직원에게서 새로운 무언가 효율적인 방안이 나오기를 기대하게 된다. 이를 충족시켜줄 수 있을 때 직장에서 인정받기 시작하게 되는 것이다. 천차만별인 상황 인식과 업무 처리 방식에 대해서 효율적인 안을 선택하여 실행시키는 것은 전적으로 직책이 높은 상사의 몫이다.

각양각색의 성향을 지닌 직원의 직무 능력을 배양해 주는 것도 또한 상사가 할 일이다. 하지만 그보다 앞서 일의 실무자가 주변의 불리한 여건과 상황을 유리한 쪽으로 해석하여 현실의 여건과 주변을 최대한 활용하여 최적의 대안을 제시할 수 있는 것이 우선시 되어야 한다. 직장의 일은 안되는 것이 분명 있다. 하지만 지레짐작하여 이 일은 이것이 최선이란 식의 단정을 해서는 안 된다. 직위와 직책이 높을수록 더 많은 대책을 마련할 수 있기 때문이다. 대안 제시를 한다는 자체가 능력인 셈이다. 실력이 있어야 할 수 있는 일이기에 그렇다.

의식 전환

사물을 바라보는 시각을 긍정적이고 적극적으로 볼 수 있도록 사고를 전환하는 것이 업무 처리를 효율적으로 하도록 만드는 시발점이 된다. 모든 성과를 내는 비결은 생각과 의식의 차이에서 비롯되는 것이 일반적인 현상이다. 고정화되어 버린 의식을 전환한다는 것이 결코 쉬운 일이 아니다. 이미 형성된 가치관과 인생관을 쉽사리 바꾼다는 것이 현실적으로 어렵다. 직장인의 부정적이고 답습된 사고를 전환하기 위해서는 꾸준하게 직무 역량을 배양하고 긍정 마인드를 가지도록 해야 한다.

직장에서 같은 상황 같은 현상에 대하여 보고 느낀 대로 발표를 시켜보면 상이한 반응이 나온다. 부정과 긍정이 판이하게 나누어지는 것을 알 수 있다. 사물을 보는 인식의 차이에서 비롯되는 결과다. 마음속에 내재 되어 있는 의식에서부터 이미 일이 가는 방향이 굳어져 버리게된다고 볼 수 있다. 가지고 있는 의식의 중요성을 적나라하게 보여주는현상이다.

굳어져 버린 매너리즘은 직장인에게 최대의 적이나 다름없다. 일정한 틀에서 탈피하지 못하고 반복적인 행동을 보이며 새로운 것을 보고새롭게 행동하지 못하는 상태를 두고 흔히 매너리즘에 빠졌다는 표현을한다. 직장인에게 자주 사용되는 말이다. 여기서 탈피하는 것이 바람직한 의식으로 전환 된다는 것임을 지칭한다고 할 수 있다.

직무에 접근하는 자세와 일 외적인 전반적인 부분에서 올바른 의식을 가지고 직장 생활을 영위할 수 있을 경우 업무 성과를 내기가 수월하게 되고 상사에게 믿음을 주는 계기가 된다. 비단 일뿐만 아니라 사회생활을 하면서 건강이 안 좋아졌을 경우에나 어려운 일에 닥쳤을 경우에도 어떤 의식을 지니고 있느냐에 따라 결과치가 큰 차이를 보이게 되는데 같은 맥락이라 할 수 있다. 직장에서 상사의 지시를 받고 일을 실행할 경우 의식의 차이가 목표 달성 여부와 성공 여부를 결정하게 되는 것과 같은 이치다.

현재 직접적으로 경험하고 있는 상황을 유리하게 해석하고 적응하여 실천하는 직장인이 되어야 원하는 실적을 올리기가 용이하다. 어려움에 봉착했을 시에도 충분히 헤쳐나갈 수 있다는 생각을 지닐 경우 상상치도 못한 결과를 보이게 된다는 것을 필자는 역력히 경험했다. 깨어 있는 의식 전환은 성과로 직결되어 인정받는 데 주된 역할을 한다는 점을 염두에 두면서 직장 생활을 할 수 있어야 한다.

직장인이 특별히 버려야 할 부분이 피해의식이다. 자신과 관련된 제반 사항이 손해를 입었다는 느낌이나 의견과 생각을 가지는 것을 피해의식이라 한다. 일을 못하고 스스로 무엇이든지 부족하다는 열등감을 가지게 될 때 피해의식을 발산하게 되어 있다. 더 나아가서는 자기가 이루어낸 업적도 미흡하고 부족하다는 생각을 가지는 자격지심까지 들게 만들게 되기에 열등감은 직장인이 지녀서는 안 되는 첫 번째 요인이다.

누구나 자기가 처한 상황에 만족을 느끼기가 힘들다. 열등의식은 다 지니고 있다고 보아야 한다. 누가 얼마만큼 자신의 약점을 강점으로 승화시키는가가 열등감을 해소하는 관건이다. 열등감을 지속적으로 쌓아 놓으면 그것이 결국은 좋지 않은 의식을 갖게 만드는 원동력이 될 수가 있으므로 과감히 떨쳐버릴 수 있어야 한다. 열린 사고를 하고 사물을 바라보면서 주어진 직무를 수행하여 실적을 달성하기 위해서는 할 수 있다는 의식의 전환이 절대적으로 요구된다고 할 수 있다. 피해의식과 열등감은 직장인이 반드시 없애고 날려 버려야 할 나쁜 악습이다.

대안 제시

숨은 발톱을 때로는 의도적으로 드러낼 수 있어야 직장에서 인정받기가 수월하다. 직무상 획기적인 실행안이라 판단되면 계급장을 버리고 당당하게 소신을 밝혀 상대방에게 관철한다는 의지를 지녀야 한다. 직장에서 직무상으로 자신을 낮추는 것이 바람직한 태도가 아니다. 직장은 어차피 이익을 추구하는 집단이기에 수익성 극대화에 임직원이 역량을 발휘해야 하기 때문이다. 경제 원칙에 입각하여 최대의 효율을 낼 수 있는 실천 계획을 수립하여 제안할 수 있어야 빠르게 상사로부터 인정받기가 수월하다. 현실성이 결여된 실천안을 대신하여 새롭고 기발한 아이디어를 내는 직원에게 경영자는 관심을 두게 되기 때문이다.

주제를 설정해 주고 부서별로 미팅하여 최적의 실행안을 도출하는 회의를 직장 내에서는 자주 하게 된다. 일명 브레인스토밍이다. 주제와 연관이 있는 많은 아이디어를 모아서 하나의 최고의 안을 만들기 위해 여러 의견을 교환하는 회의 방식이다. 직급을 떼어 놓고 상대의 의견을 존중하면서, 견해를 주고받아가면서, 의견 차이를 좁혀 나가면서 최종적으로 최고의 실천안을 완결하게 된다. 가장 현실적이고 효율적인 대안이 나와서 그것을 강력하게 실행하였을 경우 성과로 이어지게 되는 것이 직장의 일이다.

좋은 대안을 제시하기 위해서는 창의력이 있어야 한다. 창의력을 키우기 위해서는 어떤 사안에 대해서 왜 그런 문제가 발생하게 되었는지를 파악할 수 있어야 하고 정해진 시간 내에 여러 아이디어를 창출하는 능력이 필요하다. 고정화된 사고에서 벗어나 여러 각도로 생각하는 융통성을 발휘할 수 있어야 하며 각종 쏟아지는 정보를 분석할 수 있어야 하고 현실의 상황을 재정립하는 능력도 겸비해야 한다.

같은 현상에 대해서 보는 시각이 다른 것은 창의성의 영향도 크다. 다각도로 바라볼 수 있는 시선의 차이에서 비롯되는 경향이 많은 편이다. 입사 시험에서 창의력 있는 인재를 발굴하려고 여러 형태의 테스트를 하는 것은 효과적인 직무 수행을 하기 데 필요하기 때문이다. 직장인이 업무 수행에서 효율적인 대안을 제시해서 실천했을 때 성과는 예상밖의 큰 차이를 보여주게 된다. 직면한 일에 대해서 정확한 현상 분석과 생산적인 대안을 제시할 수 있어야 잘나가는 직장인이 되기가 상대적으로 손쉽다.

문제 해결 능력이 곧 대안을 제시하는 능력과 같다고 할 수 있다. 어쩌면 위기 대처 능력과도 서로 같은 의미의 말이라 할 수 있다. 직장은 수많은 문제가 발생하고 해결할 일이 많다. 그중에는 위기를 맞이할 만큼 중차대한 문제가 생기기도 한다. 이때 유능한 직장인은 자신의 진가를 밖으로 표출해 한눈에 상사의 눈에 들게 돼 버린다. 의도적인 행동이 아니라 문제 해결 능력이 뛰어나서 효율적이고 기발한 아이디어를 제공한 것인데 상사는 그 이상의 역량을 인정하여 평가하게 된다.

업무 처리를 잘하면 자기도 모르는 사이에 서서히 인정받는 직장인이 되어 버리는 게 직장 조직의 특성이다. 직장에서 잘나가는 비결이 어떻게 보면 굉장히 많다고 볼 수 있으나 실상은 미미한 차이로부터 판가름 나는 경우가 많은 편이다. 개념 정리를 잘하고 문제의식을 느끼고 해결할 수 있는 대안을 찾을 수 있는 능력을 갖추도록 하는 것이 직장인이 지녀야 할 중요한 역량이다.

직장의 고수

어느 부문에서 실력이 특출난 경우 우리는 흔히 고수라고 부른다. 직장에서도 분명 남다른 고수가 존재한다. 직장의 고수가 되려면 자신을 높이려는 마음을 비워 두는 것이 좋다. 생활 속에서 참고 견디는 자세를 취해야 하고 직장 상사나 동료와 업무적으로 의견이 안 맞을 경우에는 있는 사실과 수치상 자료를 제시하는 요령을 갖출 필요가 있다.

상대의 단점보다는 장점을 보는 습관을 지니고, 상사의 질책을 진실로 받아들일 수 있는 태도를 지니고, 같은 일을 반복하여 행하지 않도록 하여야 한다. 시야를 넓게 보아서 일정한 틀에 갇힌 상태에서 사물을 보는 습관을 버리고 유연한 사고를 하도록 해야 한다. 목소리가 크다고 이기는 것이 아니라는 것을 인식하고 논리적으로 상대방에게 설명하여 이해시켜 설득하고 납득하게 만들 줄 알아야 진정한 직장의 고수라 할 수 있다. 또한 고수는 협업을 잘하고 가급적 손해를 본다는 마음으로 대인관계를 하는 것이 결국은 이득으로 돌아오게 된다는 것을 알고 있다. 상대의 감정을 상하게 하는 말과 행동을 삼가는 것이 고수들의 처사다.

직장의 고수의 공통점은 일 처리가 빠르다는 점이다. 일의 끝마무리가 확실하고 매듭을 분명하게 하고 대충 넘어가려는 것이 없는 편이다.

상사가 지시한 일에 대해서 제출 일자보다도 앞서서 완성하여 보고할 줄 안다. 상사 위치에서 지침을 준 사항에 대해서 지시한 날보다도 빠르게 완결지어 보고하는 직원에 대해 높은 점수를 주고 싶게 되어 있다. 고수가 되려면 업무 처리 속도를 염두에 두어야 하는 이유다. 물론 업무의 질도 수반되었을 때 적용되는 말이다. 고수는 디테일을 중시한다. 작은 것도 예사로 넘기지 않으려는 성향이 강하다. 작은 것을 놓치지 않아야 큰일을 도모하게 된다는 것을 명명백백하게 알고 있다는 점이다.

고수는 남하고 다르게 일 처리를 하고, 그 과정에서 효과적으로 추가적인 사항까지도 알아서 실행할 줄 알고, 상사가 지시하지 않은 상황까지도 스스로 할 수 있는 역량을 갖추고 있다. 또한 상대가 상처받는 말을 안 하려고 의식적으로 노력하며 배려하는 마음이 큰 편이다. 싸우지 않고 이기는 방안을 가지고 있으며 알아듣기 쉬운 말로 이해시킬 줄 아는 것이 고수가 지니고 있는 강점이다.

직장의 고수는 문제를 쉽게 풀어 나가는 방법을 알고 상사의 가려운 부분을 잘 파악하여 처신하는 능력이 뛰어나다. 유능한 직장인이라도 건강이 안 좋아지고 피로감이 쌓이면 업무 생산성이 지속되지 않고 중도에 경로를 이탈하는 경우를 흔하게 필자는 보아왔다. 직장에서 원하는 인재상은 계속성이 있는 자원이다. 단기간에 반짝하고 존재 가치가 미미해지는 인력을 요구하지 않는다. 어찌 보면 마라톤과도 같은 상황이다. 최종적으로 웃을 수 있는 직장인이 진정한 승리자와 같은 이치다.

직장 상사는 자신이 지시한 일에 대해서 자신이 바라는 의중을 이해하고 흡족하게 마무리 지을 수 있는 직원을 선호하게 되어 있다. 상사는 무엇을 하려는 의도에서 업무 지시를 했는지를 확실하게 분석하고 간파한 후 일 처리를 하는 직원을 좋아하고 신뢰하며 인정할 수밖에 없다. 직장은 상사에 맞추어 가면서 일을 해야 하는 조직이기 때문이다. 나아가 최고 경영자의 경영 철학과 경영 방침을 준수하면서 직무 수행을 할 수 있으면 금상첨화다. 남보다 일 처리를 효과적으로 처리하면서도 에너지를 적절히 배분하는 능력을 갖추고 있으며 자신만의 최적의 업무 수행 요령을 알고 실행하는 능력이 탁월한 직장인이 진정한 고수다.

고객을 감동시키는 직장인이 진짜 프로다

고객 정의

직장을 다니면서 어느 부서에 배속되어 일하든지 간에 고객과 항상 함께 되어 있다. 고객으로 인해서 직장인으로서 명함을 갖게 되고 급여를 받는다는 사실을 누구도 부인할 수 없는 현실이다. 고객이 없는 기업은 상상조차 할 수가 없다. 그만큼 고객의 존재 가치는 신의 존재와도 같다고 할 수 있다.

고객이란 상품이나 제품과 기업에서 제공하는 서비스를 구매하거나 이용하고 사용하는 자를 지칭한다. 고객으로 인해 기업의 수익이 발생한다. 즉 돈을 벌어 주고 기업을 존속·발전시켜주는 역할을 담당하는 사람이라 할 수 있다. 고객은 자신이 바라는 것을 상대가 들어주고 해주기를 기대한다. 직장 일은 고객을 떠나서는 이루어낼 수가 있는 것이 없다고 해도 틀린 말이 아니다. 고객을 왕처럼 떠받들어야 하고 고객이 원하는 것은 무조건 해주어야 한다는 것이 일반적으로 고객을 대하는 요령이다. 제품의 질을 완벽하게 하여 고객에게 제공하고 최고의 서비스를 베풀어서 사전에 고객이 불만이 쌓이지 않도록 해주는 것이 최선의 고객 관리라 할 수 있다.

기업은 고객에 의해서 존재하기에 직장인은 고객에 대한 정확한 개념 정리를 하고 이해할 수 있어야 한다. 고객을 배려하고 고객의 욕구를 충족시켜 주어야 한다는 관념을 가지고 있는 직장인이 많을수록 기업은 번창하게 되어 있다. 인정받는 직장인은 고객 응대부터 불만 처리 하기까지 행동이 남다르다. 보통 기업에서 1차 고객은 내부 임직원이고 2차 고객이 소비자이면 3차 고객이 협력 업체라고들 표현한다.

실상은 대부분 기업이 소비자를 1차 고객으로 인식하고 모든 것을 쏟아붓고 있는 상황이다. 제품을 생산하고 서비스를 제공하는 데 연관이 있는 모든 사람을 넓은 의미에서 고객이라고 말한다. 고객은 언제나 공정하게 평가해 주고 있는 사실 그대로를 사심 없이 전달해 준다. 고객은 이익을 가져다주고 변화하는 시대에 빠르게 특성이 변모되어 간다.

언제든지 제품을 구매할 준비가 되어 있고 매장을 방문할 수 있는 고객을 잠재 고객이라 부르고, 처음으로 제품을 이용했거나 매장을 방문한 고객을 신규 고객이라 지칭한다. 한번 사용한 고객이 자주 사용하고, 한번 방문한 고객이 여러 번 매장을 방문했을 시 단골 고객이라 말하며 자신은 물론 수변 지인까지 대동하고 제품을 사용하고 매장을 방문하는 고객을 충성 고객이라 말한다. 기업은 충성 고객을 누가 많이 확보하고 있느냐가 성패를 좌우한다. 직장인의 올바른 고객 관리 습관이 얼마나 중요한지를 깨우쳐 주는 부분이다.

고객은 항시 본인이 상대의 기억에 남기를 희망한다. 일시적이고 단편적인 것이 아니라 오랫동안 머릿속에 남아서 대우를 받고 싶어 하는 경향이 강하다. 상대에게 환영받고 언제나 자신을 반갑게 반겨 주길 원하며 자신에게 관심을 두고 배려해 주길 바란다. 중요하게 여겨지는 대상으로 남고 싶어하는 마음이 크다. 고객은 누구를 만나거나 어느 장소에 가거나 편안해지고 싶어 하고 존중받으려는 생각이 크다. 자신이 바라는 바와 기대치에 대해 수용해 주고 동의해 주었으면 한다. 고객은 순전히 자신의 입장에서 생각하고 알아주기를 원한다고 보아야 한다.

고객은 자신이 손해를 보지 않으려는 성향이 크며 주변 지인의 말을 잘 듣는 편이다. 지인이 사용해 보니 편리하고 좋다고 하고 어디를 가보니 서비스가 너무 좋다고 하면 귀가 솔깃해지게 되어 있다. 특히 친한 친구가 하는 말을 잘 들어서 행동에 옮기고 또 다른 지인에게 파급시키는 강도가 강하다. 고객 한 명에 대한 소홀함이 어떻게 기하급수적으로 확산되어 브랜드 이미지를 실추시키는지 신랄하게 입증해 주고 있는 대목이다.

고객 서비스

직장에서 최종 성과를 내려면 고객에게 서비스를 완벽하게 제공하여 고객 만족을 주어야만 한다. 본사나 일선 현장에서는 항상 고객과 함께하게 되어 있다. 때로는 전화로 소통하고 불만 처리를 해 주는 경우가 있는데 어느 상황에서나 고객의 간지러운 부분을 긁어줄 수 있는 말과 행동을 할 수 있어야 한다. 평소 고객의 중요성을 깊이 인식하고 있을 때 고객이 흡족하게끔 올바른 처신을 하게 된다.

고객의 의미에 대해 무게를 싣지 않으면 가볍게 넘길 수 있어서 고객 불만으로 이어지는 일이 빈번히 발생할 소지가 다분하다. 고객에게 제공되는 서비스도 일종의 상품과 제품이나 마찬가지다. 고객 서비스란 품질 향상을 통해 고객의 만족도를 높이기 위한 일련의 제반 활동을 말한다. 서비스는 보이지 않는 무형의 상품과도 같기에 누가 고객이 만족할 수 있는 서비스를 제공했는지는 고객만이 알 수 있다고 할 수 있다.

서비스를 제공하는 자는 순전히 자신의 기준에서 잘했다고 단정 짓는 경향이 짙다. 고객 서비스는 재고 물품이 없으며 고객 마음에 안 든다고 반품을 해 줄 수도 없다. 그만큼 한 번의 말과 행동으로 끝나기에 신중을 기해서 제공할 수 있어야 한다.

양질의 제품을 청결한 환경에서 제공하고, 고객에게 다가가는 서비스를 통해 고객의 정서적 욕구를 충족시켜주는 것이 점포에서 하는 최선의 고객 서비스다. 가성비가 좋고 편안한 분위기를 조성해 주고 진정성 있는 서비스를 제공받을 때 고객은 만족하게 되어 있다. 현장과는 달리 본사에서 근무하는 직장인이 제공하는 고객 서비스는 형태가 다르다. 불만이 가득 쌓여서 화를 삼키지 못하고 전화로 항의하는 고객을 이해시킬 수 있어야 하고 민원을 제기하는 고객을 잘 응대하여 해결할 수 있는 스킬이 요구된다.

고객과 전화하는 태도나 내용만 보아도 고객 서비스 정신이 깃들어져 있는 직장인인지를 쉽게 판단할 수가 있다. 유능한 직장인은 같은 말을 해도 고객이 불편하고 불쾌하지 않게 응대할 줄 안다. 하지만 고객에 대한 개념이 부족한 경우는 불난 집에 부채질하는 것처럼 오히려 화를 더 북돋아 걷잡을 수 없을 정도로 만들어 버린다. 고객의 속성을 정립해 놓는 것이 중요한 이유다.

고객 서비스에 대한 반응과 평가는 서비스를 제공받은 고객만이 할 수 있는 것이 정확한 해석이다. 서비스 품질에 대한 평가는 고객이 기대하는 기대 심리에서 비롯되는 것과 실제 사용하고 제공받는 서비스에서 오는 차이에서 발생하는 것에 대하여 정해지는 것이 보편적이다.

기본적으로 고객 서비스는 고객에게 제품과 서비스를 동시에 제공하여 만족시키는 성격도 있으나 일상적으로는 사후 관리에 더 의미를 두는 편이다. 현대는 서비스의 중요성을 인식하고 최선을 다해서 행해야 한다는 방침을 세우고 있고 실시하고 있다. 누가 일시적이 아닌 지속적으로 고객을 만족시키는 서비스를 제공해 주고 있는가가 관건인 셈이다.

초심을 잃지 않고 계속적으로 고객 서비스에 만전을 기한다는 것이 말처럼 쉬운 일이 아니다. 서비스는 한결같이 고객에게 실행하는 것이 가장 중요하다. 언제나 똑같은 서비스를 고객에게 제공해줄 때 브랜드 이미지는 상한가를 치게 되어 있다. 직장 일을 하다 보면 고객 서비스는 담당 업무를 하고 있는 직원만 하는 것으로 생각하고 자신하고는 무관한 일이라고 생각하는 경우의 직장인이 있는데 특히 주의해야 하는 부분이다.

고객 감동

　현대는 고객을 만족시키는 데서 그치지 않고 고객을 감동시킬 수 있어야 한다. 고객이 제품과 서비스에 대해서 마음 깊이 긍정적으로 느끼게 만들어야 한다. 단골 고객에서 충성 고객으로 만들어야만 기업이 원하는 최종 가치를 얻을 수가 있다. 고객이 바라는 욕구에 부응하는 그 이상의 제품과 서비스를 제공하여 고객의 마음을 움직이게 만드는 것이 고객을 감동시키는 서비스다. 결국 고객이 믿음과 신뢰를 얻을 수 있도록 최상의 품질로서 고객을 맞이하여 최고의 서비스를 베풀 수 있어야 고객이 감동한다.

　고객이 마음속 깊이 감사함을 느껴서 스스로 마음을 움직이게 만들 수 있을 때 고객을 감동시켰다는 표현을 한다. 고객 서비스의 최종 단계인 고객 감동은 고객이 예상치 못한 서비스를 제공받아서 감격하게 만드는 것을 뜻한다. 직장에서 자신이 혼자 하는 업무는 잘하는데 남을 배려하고 대응하는 것은 미흡한 직장인이 의외로 많다. 더군다나 고객을 감동시킬 정도의 응대와 서비스를 베푸는 경우는 더욱 드물다. 고객 서비스는 일선 현장에서 고객을 직접 맞닥뜨려 업무를 하는 직원에게만 해당되는 일이라고 보는 습성이 강한 탓도 영향이 있다고 할 수 있다.

　항시 고객의 입장에서 바라보고 생각하고 판단하며 불만 상황이 발생 시는 역지사지로 판단하여 대응할 수 있어야 고객은 감동하게 되어 있다. 고객을 대할 때는 언제나 따뜻하고 온정 어린 손길로 대하고 웃는 얼굴과 상냥하고 친절한 목소리를 잃지 않는 것이 필요하다. 고객의 존재를 부각해 주고 존중해 주며 손님이라는 생각을 항상 염두에 두면서 대할 수 있어야 한다. 고객을 가족처럼 대할 수 있을 때 서비스 마인드가 가슴 한곳에 차곡차곡 쌓여서 자동적으로 친절한 행동의 습관이 만들어지게 되어 있다.

고객을 감동시키는 서비스는 의도적으로 해서는 상대의 가슴을 울리기가 만만치 않다. 최고의 서비스를 베풀었다는 증명은 고객이 지인에게 홍보 전사가 되어 줄 경우다. 고객을 감동시켰다는 것은 브랜드에 대한 충성도가 높다는 것을 의미한다. 충성 고객 확보가 기업의 이익과 직결된다는 것을 염두에 두고 직무 수행을 할 수 있어야 한다. 현대는 고객을 감동시키는 것에서 더 나아가 고객을 공감시킬 수 있는 서비스를 제공하는 시대로 접어들었다. 한결같고 진정한 고객 서비스를 제공하는 직장인이 되어야 하는 이유다.

직장인은 고객이 상대의 첫 이미지와 인상을 중시한다는 점을 인지하고, 눈으로 말하고 가슴속으로 진정성 있게 들어줄 수 있는 자세를 갖도록 해야 한다. 인간미가 철철 넘치게 행동하면서 고객의 눈높이에 다가갈 수 있어야 한다. 그래야 고객이 감동하게 된다. 아무리 사소하고 미미한 일에서라도 임직원이 고객을 존중하고 배려하는 마음을 진심으로 보여줄 때 고객은 충성스런 고객으로 변모하게 된다.

고객을 대할 때는 일의 경중을 떠나 똑같은 자세와 태도로 응대하면서 고객 서비스를 베푸는 것을 우선시할 수 있어야 한다. 천편일률적인 서비스 매뉴얼에 의한 고객 서비스에서 벗어나 고객의 여건 및 상황과 성향에 부합하게 맞춤형 서비스를 제공하는 것이 고객을 감동시키는 데 효과적이다. 최적의 고객 감동은 고객에게 서비스하는 마음은 변함없이 유지하되 고객이 처한 현상을 직시하는 것이다. 그에 적합한 서비스를 하는 것을 염두에 두고 고객을 대하는 자세를 취해야 한다는 것을 놓치지 않아야 한다.

클레임 처리

직장에서 직무를 수행하다 보면 다양한 유형의 고객 클레임을 접하게 된다. 누가 관련 부서와 협력해서 신속하게 불만 처리를 피드백해 주느냐가 불만 고객을 우호 고객으로 전환하는 기준점이 된다. 제품이나 고객 서비스 측면에서 고객의 기대를 저버릴 경우 불평 불만이 쌓이게 되어 브랜드 가치가 하락하고 고객은 소리 소문 없이 떠나가게 되어 있다.

클레임이 발생하는 주된 요인은 제품의 질이 안 좋은 것을 판매하거나 서비스가 형식에 치우쳐서 불성실하게 응대하거나 제품이 마음에 들지 않아 반품·취소를 원할 경우 고객이 원하는 대로 처리해 주지 않아 발생하는 것이 기본적이다. 지키지 못할 약속을 하며 신속하게 불만 처리를 안 해 줄 때노 불만을 표출하게 된다.

고객의 클레임은 발생할 수밖에 없다. 사후 처리를 어떻게 하느냐가 중요한 핵심 포인트다. 직장에서 발생하는 고객 불만 사항을 처리하기 위해서는 협업이 절대적이다. 직장의 클레임 처리는 담당자 개인의 힘으로 해결하기 어려운 사항이 많다. 타 부서 동료와 합심이 절대적으로 요구되기 때문이다.

클레임을 처리할 때는 항시 진정성 있게 진심 어린 말투와 표정으로 사과하고 동의를 구할 수 있어야 한다. 고객 불만 사항을 경청하는 것을 잊어버리지 않고 봉착한 문제를 해결할 수 있는 방안을 모색해야 한다. 처리된 사항에 대해 반드시 확인하는 습관을 들이고 화가 많이 나 있는 고객은 잠정적으로 시간을 주어 화를 삭이게 하는 것도 좋은 방법이다.

간혹 고객과 큰소리로 말다툼하는 직원을 보는 경우가 있다. 상대가 말이 안 통하고 경우에 어긋나게 나오는 바람에 자신도 격양된 목소리로 응수해서 사무실이 시끄럽도록 고객과 언쟁을 하는 광경을 목격하는 일이 의외로 직장에서 빈번히 일어나고 있는 실정이다. 물론 직원 개인 성향이 큰소리가 나는 데 영향을 미치는 것이 크다.

잘나가는 직장인은 어떠한 상황에 접해도 자신의 감정 조절을 잘하여 가급적 고객의 입장을 이해하여 고객 불만 해소에 전력을 다한다. 이 부분이 남과 확연하게 드러나는 고객 응대 차이점이다. 고객에게는 지는 것이 이기는 것이라는 마음 자세를 가지는 것이 우선이라는 것을 명심하고 고객을 대하는 것이 중요하다.

불평 고객에게는 첫 번째로 사과를 먼저 하고 무엇이 불만인지를 잘 들어서 신속하게 처리해서 피드백해 주어야 한다. 처리 사항에 대해서는 직장 상사에게 필히 보고하는 습성을 지녀야 한다. 상대는 이미 화가 나서 어떤 식으로든지 화를 발산하려고 작정하고 있는 상황에서 말문을 막아 버리려고 대응을 하면 더 큰 화를 폭발시키게 만드는 상황을 연출하게 되어 버린다. 끝까지 들어주는 것이 상책이다. 이 대목에서 고객의 클레임 처리를 잘하느냐 못하느냐가 판가름나게 되어 있다.

직장에서 천양지차로 클레임 처리가 이루어지는데, 고객 불만에 대한 초기 미숙한 응대가 브랜드 이미지를 실추시키는 주된 원인을 차지한다고 볼 수 있으므로 각별히 유념할 필요성이 있다. 고객 클레임 처리에서 중요한 것은 초기대응과 피드백해 주는 때가 언제인가이다. 타이밍을 놓친 후의 불만 처리 대책은 잘 해주고도 뒷말을 듣게 될 확률이 높다. 고객은 늘 자신의 관점에서 판단하고 생각한다는 점을 잊지 말아야 한다. 자신이 고객 입장에 서게 되면 마찬가지 현상이 발생하게 된다는 점을 인식하고 고객을 대하는 직장인이 되어야 한다.

고객 니즈 환기

고객의 욕구는 개인의 취향에 따라 판이하다. 원하고 추구하는 것이 천연지차, 각양각색이다. 고객의 니즈는 항시 변화한다. 고객이 무엇을 바라는지 핵심 사항을 찾아내는 것이 우선시 되어야 한다. 고객의 니즈를 파악하기 위해서는 연령대별로 심리와 취향을 파악할 수 있어야 하고 마음속에 숨어 있는 무언가를 발견할 수 있어야 한다.

'언제 어디서 무엇을 어떻게 왜'라는 육하원칙에 입각하여 고객에게 질의하여 근본적인 니즈를 파악하는 것이 효과적인 고객 니즈 환기 방법이다. 고객의 니즈는 감정을 유발해서 밖으로 표출하여 상대가 느끼게 만든다. 보이는 제품과 보이지 않는 제품에 대한 니즈 환기는 서로 다르게 나타나는 것이 일반적이다. 유형 제품은 즉각적으로 니즈가 나타나게 되고 무형 제품은 일정 시일이 지나야만 고객의 반응을 알게 되어 있다.

신규 고객보다 기존 고객의 니즈를 충족시키는 데 더 집중할 때 매출 증대로 직결되는 것이 입증된 사실이다. 새로운 고객 창출을 위한 마케팅 및 홍보 활동도 무시할 수 없는 전략이지만 현재 제품을 애용하고 있는 고객의 욕구를 충족해 주는 데 전력을 쏟아부어야 한다. 시시각각으로 변화하는 시대에 발맞추어 고객 니즈를 파악하는 일이 무엇보다도 중요하다고 할 수 있다. 고객은 항시 새로운 무언가를 추구하고 욕구를 충족하기를 희망하고 갈망하는 입장이다.

고객에 대한 서비스를 잘하기 위한 선행 조건은 고객의 니즈 파악이 우선시 되어야 한다는 것이다. 이것이 제대로 행해지지 않으면 일방적인 고객 서비스에 지나지 않아 자체 만족으로 끝나게 된다. 그렇게 되면 고객의 충성도는 점점 멀어지게 되어 브랜드 파워가 약해지게 되어 있다. 고객은 어떤 상황에서나 대우받기를 원한다. 어찌 보면 무조건적이라는 표현이 맞을 정도다. 이러한 고객의 니즈를 파악하는 것이 쉽고도 어려운 이유다. 나만큼만은 최고의 대접을 받고 싶은 것이 고객의 심리라는 것을 직장인은 염두에 두고 고객을 응대할 수 있어야 한다.

고객의 성향은 천차만별이다. 모든 고객의 욕구를 충족시켜 준다는 것은 어불성설이나 다름없는 말이다. 고객 니즈는 고객 특성에 맞게 세분화하여 거기에 적합한 타겟 마케팅을 전개하고 서비스를 제공해줄 수 있어야 효율적이다. 천편일률적인 고객 서비스에서 벗어나 고객의 취향과 니즈에 부합한 서비스 제공에 만전을 기할 수 있을 때 진정한 서비스 제공을 할 수 있고 고객 클레임을 미연에 방지할 수가 있다는 것을 유의해야 한다.

어느 직장에서 무슨 일을 하더라도 전체 고객의 니즈를 충족시킬 수는 없다. 하지만 온갖 역량을 발휘하여 고객 불만 사항을 최소화하는 것이 직장인의 의무이자 책임이라 할 수 있다. 어느 고객은 가격보다는 성능을, 또 다른 고객은 성능보다는 가격을 더 중시한다. 차별성을 지닌 고객의 니즈를 파악하여 입맛에 맞게 응대하고 서비스를 제공하는 것이 최고의 고객 서비스라 단정할 수 있다. 고객의 니즈를 충족해 주는 것이 결국 매출 증대와 수익 창출로 이어지게 만드는 비결이다.

프로와 아마추어는
전문성과 역량에서 결정된다

프로 마인드

　프로 직장인은 자신에게 주어진 일을 완결 지을 날을 사전에 정해 놓고 기일 내에 완수하는 것이 기본이다. 반면에 아마추어 직장인은 막연하게 언제가 될지 모르지만 마무리만 하면 된다는 생각을 가지는 성향이 많다. 일에 접근하는 마음가짐부터 프로와 아마추어는 천지 차이를 보이는 것이 일반적이다. 시작부터 프로 의식이 다르기에 큰 성과 차이가 난다. 그만큼 직장인이 주어진 임무에 임하는 정신 상태가 어떠냐에 따라서 임무 완수를 잘해서 인정받느냐가 판가름난다고 할 수 있다.

　프로 직장인은 항시 자신은 스스로 일을 처리해서 성과를 낸다는 각오가 밑바탕에 깔려 있어서 일을 두려워하지 않고 적극적으로 추진하는 습성이 매우 강한 편이다. 직장에서 성과를 내는 직원의 공통점은 대부분 프로 의식으로 투철하게 뭉쳐있다는 것이다. 모든 일을 사전에 할 수 있고 해내고 만다는 생각이 우선시 되어야만 성과를 낼 수가 있음을 직장인은 새겨야 한다.

프로 직장인의 특성 중의 하나는 난관에 닥쳤어도 그 한계를 넘어서 이겨내고 만다는 것이다. 직장 생활을 하다 보면 수많은 일로 상사로부터 질책을 받고 남에게 말하지 못할 고민이 쌓이게 된다. 직장 일의 속성이다. 이때 슬기롭고 지혜롭게 헤쳐나가서 극복해 가는 직장인이 있는가 하면 반대로 그 자리에서 자포자기하고 부정적인 사고를 가지는 직장인이 있다. 프로와 아마추어의 특성을 극명하게 나타내주는 결과이다.

인간의 힘이나 기량 및 능력으로 더 이상 버티기 힘들 정도의 상황에서도 이를 극복해 나갈 수 있는 사람이 진정한 프로라고 할 수 있다. 운동선수 세계에서 프로와 아마추어의 연습과 실전 경기를 보면 쉽게 알 수 있는 것처럼 프로의 자세는 남다르다. 특히 대우 면에서도 현저한 차이를 보인다. 프로 선수들 사이에서도 큰 폭의 연봉 차이를 보면 얼마나 프로 세계가 냉혹하고 냉정한지 한눈에 알 수 있다. 직장에서 승진 가도를 달리고 대우를 잘 받는 직장인을 보면 누가 보아도 확연하게 뛰어난 면을 볼 수가 있다.

프로 직장인은 임무 수행을 잘해서 팀 성과를 높여주고 기업의 수익 창출에 기여한다. 기업은 결국 이윤 추구를 최우선으로 하기에 목표 달성을 해주는 직장인을 인정해 주고 상응하는 처우를 해 주게 되어 있다. 이에 맞추어 직무를 할 줄 아는 직장인이 최고의 직장인이다. 결국 프로는 돈과 직결되는 일을 할 줄 안다는 말과 같은 맥락이다. 팀 성과급을 많이 받게 해 주고 나아가 기업이 많은 영업 이익을 내게 해 주는 데 중추적인 역할을 한다.

이에 비해 아마추어는 직무를 수행하는 데만 급급해서 경제성까지
는 생각조차 하지 못하면서 맡겨진 직무만 수행하기에 일로써 끝나 버
리기 일쑤다. 또한 자신이 한 일에 대해서 완벽하게 해냈다고 스스로 위
안으로 삼는 경우가 흔하다. 순전히 스스로 합리화하려는 경향이 강하
다고 볼 수 있다. 프로와 직무 성과에 대한 이해도가 다르고 경제적인
측면에 대한 의식 자체가 판이하다고 할 수 있는 데서 비롯되는 결과의
산물이다. 프로 직장인은 주어진 일을 완수하는 것이 이윤 추구와 직결
된다는 것을 항시 염두에 두면서 맡은 바 임무를 다하는 의지가 강하다.

계획 및 실행

프로 직장인은 일하기 전에 왜 일을 해야 하는가에 대한 취지와 배
경을 이해한 후 목표를 설정하고 과정 관리에 대한 명확한 업무 프로세
스를 정립하며 투입되는 비용을 효율적으로 책정하고 일을 추진한다.
즉 일하는 방식이 아마추어와는 눈에 보일 정도로 다르다는 것이다. 이
업무를 하면서 얻는 것이 무엇이고 이 일을 완성하기까지 어떻게 해야
하는지에 대한 플랜을 사전에 선명하게 세울 줄 안다. 정립된 것에 대해
서는 기대한 만큼 결과를 내도록 열과 성을 다해 추진한다.

무턱대고 상사가 시키니 하고 반복적인 일을 매일 같게 처리하는 직
장인은 전형적인 아마추어 발상의 사고를 하는 직장인이다. 직장은 직
급과 직책으로 조직의 상하가 정해져 있고 업무 영역이 정확하게 구분
된 조직이다. 개념과 계획성 없이 임무를 수행하는 직장인은 성과를 기

대하기 어렵다.

프로는 철저하게 계획을 세워 목표 달성을 위해 효율적으로 적극성을 가지고 실행하는 것이 대다수이다. 매사 철두철미하다. 생각보다는 행동을 중시하는 습관이 몸에 배어 있다고 할 수 있다. 이에 비해 아마추어는 상사가 시킨 것만 하고 그것도 지시한 방식에 의해 일을 하면서 자신은 임무를 잘 해냈다고 착각에 빠지는 경향이 많다. 실천보다는 생각이 먼저 앞서는 것도 일반적인 성향이다.

프로는 상대방의 의견을 경청하며 사리 분별을 하는데 아마추어는 자신의 말을 앞세우는 경향이 짙다. 직장은 프로 근성을 지닌 구성원에게 기업의 수익 창출의 성패가 달려있다고 해도 과언이 아니다. 그만큼 어떤 일을 추진할 때 사전에 구체적으로 실천 가능한 계획을 세우는 일은 중요하다. 조직이 처한 환경에 부합하지 않은 계획은 무의미한 일이다. 이처럼 계획과 실천은 항시 병존해야만 성과 달성이 가능하게 되어있음을 직장인은 중시해야 한다. 기업의 근본적인 목적을 달성하는 지름길이기 때문이다.

프로 직장인은 누구나 현장 중심의 업무를 중시하고 현장 활동을 강화하고 고객 중심의 사고를 바탕으로 맡은 직무를 수행하는 습성이 강하다. 해법을 현장에서 찾는다는 것이다. 제품과 서비스를 제공하여 금전으로 전환하기 위해서는 고객의 니즈를 충족시켜야만 한다는 확실한 신념이 있기 때문이다. 또한 타이밍 포착을 잘해서 결실을 잘 맺는다.

아마추어 직장인은 현장보다는 사무실에서 머릿속으로만 이것저것 구상한다. 정작 실천하려면 이런저런 이유를 앞세워 실제 행동으로 옮기지 못하는 경우가 흔하다. 설령 실행하더라도 소극적으로, 한 달 급여를 받아야 하기에 중간만 가자는 생각으로 행동하는 경우가 없지 않은 편이다. 그렇기에 성과를 기대한다는 것이 어려울 수밖에 없다.

현장에 모든 답이 있다고 대다수의 경영자는 말한다. 하지만 실제 현장을 최우선으로 하는 직장인이 드문 것이 오늘의 현실이다. 프로는 늘 현장을 가까이하고 그 속에서 성과물을 가져오는 특성이 있다.

전문 지식과 경험

프로 직장인이 되기 위해서는 업무 지식이 있어야만 가능하다. 기업마다 지니는 특성이 있기에 그에 맞는 직무 능력을 우선적으로 쌓아서 내 것으로 만들고 있어야 한다. 적성이 안 맞아서, 내가 갈 길이 아니라서 라는 말을 입에 달고 사는 직장인은 원천적으로 프로가 될 수 없다.

직장에서 간혹 보면 자신의 판단과 기준 속에서 속단하고 자신이 현재 맡은 업무를 할 능력이 있다고 규정지어 버리면서 임무를 수행하는 사례가 있다. 순전히 자기 판단 기준에서 내리는 결정이다. 도저히 나와는 맞지 않는 직무가 직장에서는 존재할 수 있다. 자신과 맞지 않는 부서에 배속되었을 시 신속하게 인사 요청을 하는 지혜가 있어야 한다. 그것이 본인과 팀을 위해 바람직한 처신이다.

프로가 되는 데는 겪어온 경험도 무시 못 한다. 어떤 일을 하든지 무의미한 시간과 투자는 없다. 반드시 언젠가 자신에게 도움을 주게 되기 때문이다. 직장인이 지식과 경험을 지속적으로 쌓아야 하는 이유다.

프로 직장인은 한평생 공부하는 습관을 지니고 있다. 사람 만나기를 좋아하고 그 속에서 무언가를 내 것으로 만드는 기술이 있다. 한시도 헛되이 보내지 않는다는 것이다. 아마추어는 일시적으로 얄팍하게 학습하기를 일상화하면서 많은 것을 배웠다고 자화자찬하는 일이 흔한 편이다.

직장에서 인정받으려면 제일 먼저 맡은 직무를 하면서 효율적으로 성과를 낼 수가 있어야 한다. 이것이 전제로 바탕에 깔려 있을 때 일 외적인 부분에서도 상사의 눈 안으로 들어오게 되어 있다. 주어진 직무 완수가 최우선인 셈이다.

아마추어는 직무 외적인 곳에서 상사에게 인정받으려는 습성이 있다. 마침내 밑바닥이 보이게 되어 승진은 고사하고 정착마저 힘들게 되는 일이 생길 수가 있다. 남이 못 보는 것을 보는 혜안을 가지려면 학습이 최고다. 그래서 공부는 평생 한다고 하는 것이다.

오랫동안 책을 가까이하고 집필에 몰두해서 후배 양성에 일평생을 바친 저명한 학자들은 이구동성으로 죽는 날까지 배워야 한다고 강조한다. 지식이 쌓일수록 삶의 기쁨이 많아지고 커진다고 역설한다. 항상 새로운 것을 접할 때 에너지를 얻게 되고 삶의 활력소가 된다고 주장한다.

작금의 기후 변화와 바이러스 전파로 인해 라이프 사이클이 변화하고 있는 시대에 살고 있는 현대 직장인은 시대의 흐름에 앞서가기 위해 배움을 중시해야 한다. 프로는 상대의 강점을 빠르게 내 것으로 만드는 재주가 탁월하다. 좋은 점을 받아들일 수 있는 준비 자세가 되어 있다고 볼 수 있다.

반면에 아마추어는 남의 강점에 대해 시기하고 질투하며 배척하려는 성향이 있다. 그래서 발전이 없고 제자리에 머물게 되는 경우가 많다. 프로 직장인이 되려면 학습은 선택이 아닌 필수다. 무엇이든지 배우려는 자세를 늘 지녀야 한다.

성과물 창출

프로 직장인은 직무 수행을 하면서 반드시 결과를 내서 수익과 연계를 시킬 줄 안다. 하는 일마다 성과를 내서 상사로부터 인정받고 신망을 받는다. 아마추어 직장인은 일을 하긴 하는데 결과물이 없고 일 자체로 끝나 버리는 경우가 많은 편이다. 결과는 내 본 사람이 연속성 있게 내게 되어 있다.

프로는 자존심을 걸고 해내는 습성이 강하다. 성실하게 열심히 직무를 이행하는데도 상사가 바라는 기대치를 주지 못하는 것은 아마추어 직장인이다. 직장에서 결과를 얻으려면 우선 왜 이 일을 하는지에 대해 명확한 이해가 앞서야 하며 어떻게 추진하는 것이 최선인지 간파하고 실천하는 자세가 확립되어야 한다.

기업의 성과는 팀장의 맥과 팀원의 강력한 실행력이 병행되어야 가능한데 아마추어 발상으로는 이루기 힘들다. 결과물은 과정이 없이는 불가능하다. 진척 관리는 필수적인데 여기서 프로와 아마추어가 구분되게 되어 있다. 프로는 성과물에 올인 하는 성향이 강해서 무슨 일을 추진하든지 결과가 나온다고 할 수 있다.

프로 직장인은 자신의 일에 변명과 책임 회피를 하지 않는다. 아마추어는 정반대다. 핑계를 항시 달고 다닌다. 남의 탓과 환경 탓으로 돌리는 경우가 다반사다. 프로 근성은 전문가라는 자긍심을 가지고 끝장을 보아 추구하는 목적을 달성하고 말겠다는 의지가 있다는 뜻이다. 이러한 근성이 프로 의식을 가지게 만들어서 결과물을 가져오게 하는 발로라 할 수 있다.

변명은 습관이다. 한번 하기 시작한 핑계와 탓은 계속해서 습관으로 굳어져서 나쁜 습성으로 자리매김하게 되어 스스로 아마추어로 남게 만든다. 직장에서 상사에게 꾸지람을 들어도 의연하게 자신을 돌아보고 문제점을 스스로 찾아서 재발하지 않도록 할 수 있을 때 프로 직장인이라 지칭한다. 말처럼 쉽지 않지만 이 벽을 넘어야 프로가 되는 것이다. 모든 것을 다해 열정을 쏟아부어야 결과물이 나오게 되는 것이 당연하지만 그보다 추진한 일에 대해 책임을 지는 행태를 보일 줄 알아야 프로 소리를 들을 수 있다.

프로 직장인은 직장 생활 동안 찾아오는 호기를 놓치지 않고 잡을 줄 안다. 상시로 기회를 잡을 수 있는 준비와 역량을 쌓아 놓았기에 기회를 놓치지 않는다고 단언할 수 있다. 아마추어 직장인은 기회가 왔는지도 모르고 능력이나 실력이 부족해서 도전을 할 시도조차 못 하고 나하고는 무관한 일이라 여기고 흘려 지나쳐 버리는 일이 많다.

요즘 젊은 세대는 직장에서 출세를 크게 염두에 두지 않는다고 한다. 하지만 인사 고과를 남보다 잘 받아 많은 연봉을 받으면서 빠르게 승진하는 것이 직장인의 희망이고 염원인 것은 불변의 진리이다. 이것을 부정하는 직장인은 현실에 처한 자신의 위치를 합리화, 정당화하는 것에 지나지 않는다. 직장 생활 속에서 진가를 발휘할 수 있는 기회가 왔을 때 꽉 잡을 수 있어야 한다. 프로 의식을 항시 지녀야 하는 큰 이유다.

지금도 수많은 직장인은 경쟁 구도 속에서 살아남으려고 안간힘을 쓰면서 직장 생활을 하고 있다. 언제 나에게 불현듯 다가올지 모르는 기회를 얻기 위해서는 평소 역량 개발에 힘을 쏟아야 한다. 능력이 없으면 기회조차도 없고 설령 주어진 기회도 내 것으로 만들기 어렵다.

Self Control

프로 직장인은 주어진 일을 스스로 알아서 처리해 갈 줄 안다. 누군가의 통제와 관리 속에 있는 자체를 싫어한다. 직장 상사로부터 업무 지시를 받았을 경우 일을 처리해 가는 과정을 알기에 자신의 역량을 발휘해 완벽하게 임무를 완수해야 한다는 의식이 강하다. 누군가의 간섭 자체를 근본적으로 싫어하고 자신을 사랑하고 믿는 경향이 큰 편이다.

반면 아마추어는 매사 관여하고 지도하고 관리하면서 잘하고 있는지 감독을 해야 한다. 이런 일이 지속적으로 반복해서 일어나기에 성과를 기대하기가 어렵게 된다는 것이다. 운전할 시 옆 좌석에 앉은 사람이 이리 가라 저리 가라 하면 운전자는 아무 생각 없이 옆에서 말하는 대로 운전을 하게 되어 운전 자체가 힘들어지고 머릿속이 하얗게 되는 것과 같은 이치이다. 아무 생각 없이 운전한다는 의미다. 창조적 사고는 기대할 수 없게 되는 것과 같은 이치다. 스스로 개념 정리를 하면서 일을 추진할 때 원하는 결과를 얻을 수가 있다는 점을 직장인은 깊이 새길 필요가 있다.

직장에서 자신이 알아서 척척 해나가려면 전제되어야 할 것이 자기 관리다. 자신을 통제하지 못하고는 이룰 수 없는 일이다. 프로는 철저한 Self Control을 할 줄 안다. 그래서 실수를 줄이고 남에게 책잡히는 말과 행동을 덜 하게 된다고 볼 수 있다. 자신에게 오는 유혹을 뿌리치지 못하고는 진정한 프로가 될 수 없는 것이 자명한 사실이다.

직장 생활을 하다 보면 수많은 부정적인 사고에 빠지는 일이 다반사다. 상사 및 직무로 인해 직장을 그만두고 싶은 심정이 하루에도 여러 번 드는 것이 직장인의 현실인데 프로 직장인은 이런 한계를 극복해 가는 힘이 있다. 목표가 뚜렷하고 자존감이 높기 때문이다.

프로는 어떤 일을 해도 주어진 환경 속에서 어려운 일에 봉착했을 때 그것을 뛰어넘는 기량이 출중하다. 장애물을 뚫고 나갈 줄 알기에 결국은 원하는 바를 이루어 승리의 깃발을 꽂게 된다. 프로는 자신이 프로라는 관념을 항시 마음속에 깊이 간직하고 있다. 또한 자신과의 싸움에서 이길 줄 안다. 남의 관리와 통제가 있으면 오히려 반발 심리가 있게 되어 성과를 이루는 데 장애 요인으로 대두되는 일이 많다.

1부터 10까지의 업무 중요도가 있다고 가정하자. 1에 가까울수록 더 중요한 일이라고 할 때, 아마추어 직장인에게는 6부터 10까지의 업무도 일일이 관리 감독을 해주어야 한다. 그래야 사고를 안 내기 때문이다. 팀장 및 팀원이 아마추어일 경우에는 향후 팀 발전을 기대할 수 없는 원리다. 경영진은 1부터 3까지 관심을 두고 경영을 펼쳐야 기업의 수익 극대화와 미래에 대해 청사진을 펼치게 된다. 그런데 6부터 10까지에도 일일이 시간과 정열을 쏟게 되면 실제 전력을 다해야 하는 곳에서 전략과 실행을 소홀히 하는 일이 발생하게 된다. 생산성과 수익성에 불가피하게 불필요한 낭비와 손실을 초래하게 될 수 있다.

프로는 최소한 4부터 10까지의 업무는 스스로 처리해 갈 줄 안다. 그래서 프로라고 칭하는 것이다. 객관적으로 기본적이고 상식이라고 판단되는 일은 굳이 상사의 지시 및 통제 없이도 실천할 수 있는 직장인이 되어야 한다. 직장인에게 일머리를 중시하고 기업에서 인재를 도입하고 육성하는 데 전력을 다하고 있는 근본적인 이유다.

에·필·로·그

함께 해야
업무 성과가 배가 된다

오랫동안 직장 생활을 해오면서 어떻게 직무를 수행해야 직장에서 인정을 받게 되고 일 외적인 스트레스를 최소화할 수가 있는지에 대한 생각과 반문을 제기해본 적이 많았다. 많은 직장인은 서로를 경쟁 상대로 삼고 그 속에서 두각을 나타내어 남보다 빠른 승진을 하려고 안간힘을 쓴다. 그래서 직장 생활에서 해야 할 처세와 처신을 비롯하여 어떠한 직무 능력과 역량을 지니고 있어야 하는지 도움을 주고자 몸소 겪어서 체험한 것을 생생하게 사실적인 표현으로 담아 글로써 정리하여서 출간하게 되었다.

개인의 능력은 출중한데 소통을 잘하지 못하여 동료와 상사와의 관계가 원만하지 못해서 중도에 이탈하는 후배들을 많이 보았다. 작은 부분을 놓쳐서 일을 그르치고 좋은 기회를 놓쳐서 후회하지 않도록 먼저 시행착오를 겪어 본 선배 입장에서 직장 내의 전반적인 일들에 대한 원인과 해법을 제시해 주고 싶었다. 그렇기에 직장에서 신명 나게 일하며 신망을 받는 직장인이 되는 데 보탬이 될 것이라 믿어 의심치 않는다는 신념으로 이 책을 집필하였다.

일하고 싶은 직장, 즉 좋은 직장의 선택 기준을 보면 회사의 문화가 차지하는 비중이 크다. 조직이 지니고 있는 성질상의 방향과 믿고 실천하려는 의지와 정해져서 익숙해져 버린 행동 양식 및 반드시 지켜야 할 일이 환경적으로 어떻게 구성되어 있는지가 미치는 영향이 크다는 것이다. 근무 시간과 대우 및 복지도 좋은 직장이라 부르는 데 무시할 수 없는 항목에 속한다. 보편적으로 좋은 회사는 직원들의 자율성이 보장되고 객관적으로 능력을 평가해서 인정해 주며 가족적인 분위기를 조성해 주는 회사이고 비전이 있는 회사이다.

자신만의 기술을 보유하고 있을 때 장기간 직장 생활을 하는 데 유리한 고지를 점령할 확률이 높다. 기술직은 경력이 쌓일수록 나이가 들어도 특수직으로 채용하는 일이 많기 때문이다.

반면에 사무직은 시스템에 의해 직무가 이루어지고 있어서 특별한 기법을 요구하지 않는다고 할 수 있다. 또한 후배가 지속적으로 밀고 올라와서 자리를 불가피하게 내주어야만 하는 상황이 발생하는 경우가 많다고 할 수 있다. 사무직으로 퇴사한 직장인은 재취업이 용이하지 않고, 어렵게 입사해도 경영자와 회사 문화 및 시스템이 회사마다 판이한 경우가 많아 정착이 힘들어 다시 나오게 되는 일이 많은 것이 현실이다.

사물에 대한 가치 판단 기준과 인식된 사상과 생각은 한번 학습되어 버리고 습관화되면 이후는 고치기 힘들다. 인성이 형성되기 전의 학습은 인생관과 가치관을 체계적으로 정립시키고 뇌리에 자리 잡게 하여 평생의 사고 판단 기준과 습관을 형성하게 되어 있다. 직장인이 자신의 부족한 점을 고쳐 보려고 해도 쉽게 안 되는 것이 이미 고정화되어 버린 경험과 학습 때문이다.

이러한 점을 극복하기 위해 직장에서 발생하는 일 중 가볍게 넘어가는 부분과 큰 비중을 차지하고 있는 부분 모든 것에 대해 이해하고 수긍하며 시정하고 훈련하여 옳은 습관을 들일 수 있도록 내용을 다루었다. 잘나가는 직장인이 되도록 정리하는 데 집중했으므로 이 책을 통해 새로운 직장인으로 탈바꿈할 수 있으리라 믿어 의심치 않는다.

직장인이 지니고 있는 잠재 능력을 발산하여 강력한 실행력을 바탕으로 추구하는 목표를 달성하기를 바란다. 실시간으로 상황이 발생하고 있는 직장에서 문제의 씨앗을 조기에 없애서 업무에 불필요한 장애 요인을 최소화하는 데 도움이 되기를 기대한다. 독자 모두가 당당하고 자신감 넘치고 확신에 찬 직장 생활을 영위하는 전기를 마련하는 계기가 되리라 확신한다.

이 책을 통해 상호 팀워크를 잘 이루어 직무 능력과 역량을 최대한 발휘하고 업무 성과를 극대화해서 개인과 회사가 공동의 비전을 달성하는 계기가 되어서 책을 출간한 보람을 느꼈으면 하는 마음이다. 직장 내의 작은 부정적인 요인이 말끔하게 해소되어 우리 모두가 신나게 근무하여 각자의 보람을 찾기를 기대해 본다.

모든 분의 행운을 빈다.

최고의 직장인

초판 1쇄 인쇄 2021년 04월 13일
초판 1쇄 발행 2021년 04월 20일
지은이 김진석

펴낸이 김양수
편집디자인 이정은
교정교열 이봄이

펴낸곳 휴앤스토리

       출판등록 제2016-000014

       주소 경기도 고양시 일산서구 중앙로 1456(주엽동) 서현프라자 604호

       전화 031) 906-5006

       팩스 031) 906-5079

       홈페이지 www.booksam.kr

       블로그 http://blog.naver.com/okbook1234

       포스트 http://naver.me/GOjsbqes

       이메일 okbook1234@naver.com

ISBN 979-11-89254-56-8 (03190)